정책, 규제와 입법

박 균 성

박영사

머리말

　이 책은 정책, 규제와 입법을 통합적·융합적으로 연구·서술한 책이다. 정책과 규제에 대한 법적 고찰, 정책, 규제와 입법 상호간의 관계, 입법의 이론과 실제를 연구대상으로 하고 있다. 이에 관한 연구의 방법론, 연구대상 및 연구범위, 연구내용에 대해서는 서론 등에서 서술하고 있다. 이 책은 정책, 규제와 입법을 서술하고 있지만, 연구의 중점은 법과 입법 연구에 있다. 기존의 법학 연구는 법의 해석론에 중점을 두고 있는데, 이 책에서는 법과 입법을 연구하면서도 특히 정책과 규제와의 관계에서 연구하고 있다.

　기존에 정책과 법, 규제와 법 그리고 입법학에 대한 연구가 있었지만, 그 연구는 많지 않았고, 아직 시작의 단계에 있다. 이 책에서는 이들 선행연구를 참조하면서 정책, 규제와 입법을 종합적·체계적·일반적으로 서술하고 있고, 정책, 규제와 입법에 대한 이론과 실무를 통합적으로 연구하고자 하였다. 사회과학에서 이론은 순수이론도 있지만, 대부분 실무에서 제기되는 문제에 대한 해결의 과학적인 기준으로서의 성격을 갖는다. 법학에서도 그러하다. 저자는 행정법교수로서 행정법이론과 행정실무를 통합적으로 연구하여 왔고, 환경법을 부전공으로 하여 환경정책과 환경법을 통합적으로 연구하였다. 10여 년 전부터는 입법 연구 및 정책과 규제에 대한 법적 연구를 하고 있다. 수년간 경희대학교 법무대학원에서 규제와 입법에 관한 강의를 하였고, 최근에는 법학전문대학원에서 법정책학을 강의하기도 하였다. 그동안 「주소자원관리법」 제정안, 「정보통신기반보호법」 제정안, 「방사성폐기물관리법」 제정안, 「행정소송법」 개정안, 「행정심판법」 개정안 등의 법안 작성에 참여하였고, 다수 법률 제정안 및 개정안에 대한 자문에 참여하였다. 그리고 10여 년 정도 법제처와 국민권익위원회에서 자체평가 위원 또는 위원장으로서 정책평가를 한 경험이 있다. 이 책은 저자의 이러한 연구와 강의, 실무경험에 기초하여 서술되었다.

이 책은 정책, 규제와 법의 상호관계, 법정책학 및 입법학의 연구를 위한 입문서가 될 수 있다. 그리고 이 책이 정책, 규제와 입법 담당 실무자에게는 정책과 규제를 법과의 관계에서, 입법을 정책 및 규제와의 관계에서 쉽게 이해하는데 길잡이가 되면 좋겠다. 정책의 수립 단계부터 정책수단인 규제와 입법에 대한 고려를 하고, 규제의 설계와 입법에서 정책목적 달성의 실효성을 배려하고, 규제와 입법의 집행에서 정책목적의 실현을 구현해내야 정책이 소기의 성과를 제대로 거둘 수 있는데, 그렇지 못한 것이 우리의 현실이고, 그것이 정책 실패의 중요한 원인이 되고 있다. 그리고 이 책은 법정책학이나 입법학 과목의 교과서가 될 수 있을 것이다. 현재 법정책과 입법에 관한 전문가와 학자가 많이 필요함에도 매우 부족한 것이 현실이므로 대학이나 대학원에서 법정책학이나 입법학 강좌를 보다 많이 개설하고, 공무원 교육에서도 정책법실무, 규제법실무, 입법실무 교육을 확대·강화하여야 할 것이다.

정책, 규제와 입법에 대한 통합적·융합적 연구는 우리나라에서는 아직 시작의 단계에 있다. 이 연구에 정책학자, 규제학자 및 법학자의 동참을 기대한다. 저자도 정책, 규제와 입법에 대한 연구를 지속할 것을 다짐한다. 조만간 법정책학, 입법학, 규제법학, 정책법학이 독자적인 학문으로 자리매김하기를 고대한다.

마지막으로 이 책의 출판을 허락해 주신 안상준 사장님과 편집을 담당해 준 한두희 과장님 등 박영사 관계자 여러분에게 깊이 감사드린다.

2022년 4월 11일
저자 씀

차 례

제1장

서 론

제2장

정책과 법

제3장

규제와 법

제4장

입 법

제1절 입법 개설

제2절 입법의 과제: 입법의 질 제고(좋은 입법 운동)

제3절 좋은 입법의 기준(Standard)

제6절 입법의 절차

제7절 법령의 해석 및 적용

POLICY

제1장

서 론

REGULATION

LEGISLATION

제1장

서 론

정책, 규제와 입법은 각각 독립된 행위형식이고, 독립된 학문의 대상이 된다. 정책은 정책학 또는 법정책학의 연구대상이 되고, 규제는 규제학 또는 규제법학의 연구대상이 되고, 입법은 입법학 또는 법정책학의 연구대상이 된다.

그런데 정책, 규제와 입법은 상호 깊이 관련되어 있다. 정책은 규제와 입법을 통해 실현되는 경우가 많고, 규제는 정책을 실현하고, 입법을 통해 실현되는 경우가 많다. 입법은 정책 또는 규제를 실현하기 위해 행해진다.

그럼에도 불구하고 정책, 규제와 입법 상호간의 관계에 대한 연구는 아직 문제의 제기와 방향모색의 단계에 있다.[1] 그동안의 정책, 규제와 입법 상호간의 관계에 대한 연구는 시론적인 연구에 그쳤고, 부분적이고 단편적인 연구에 그쳤다.

이 책에서는 입법을 중심으로 정책, 규제와 입법 상호간의 관계에 대한 종합적이고 일반적인 연구를 행하고자 한다. 이를 위해서는 정책, 규제와 입법 상호간의 관계에 대한 학제간 연구 나아가 융합적 연구를 해야 한다. 그리고 이론과 실무(실제)는 상호 영향을 주며 변증법적으로 발전하는 것이므로 정책,

---

1) 홍준형, 법정책의 이론과 실제, 법문사, 2008 ; 한국법정책학회, 법정책학이란 무엇인가, 삼원사, 2015.

규제와 입법 상호간의 관계에 대한 이론뿐만 아니라 실무(실제)도 함께 연구해야 한다.

I. 정책과 입법의 상호관계

정책이라 함은 바람직한 상태를 실현하기 위한 국가운영의 기본방침을 말한다. 정책 그 자체는 법이 아니므로 정책과 법은 구별된다. 그러나 정책과 법은 밀접한 관련을 갖는다. 정책을 지속적 안정적으로 시행하기 위해 정책을 법률로 제정하는 경우도 있고(예, 각종 정책기본법), 정책을 보다 실효성 있게 실현하기 위해 정책이 법률로 구체화되는 경우가 많다. 법치국가에서 법은 가장 중요한 정책수단의 하나이다. 법치주의의 한 내용인 법률유보의 원칙에 따르면 공권력의 행사 중 중요한 사항은 법률로 정해야 한다(중요사항유보설).

정책의 실효성을 높이기 위해서는 정책수립시 정책실현수단도 검토되어야 하므로 정책수립시 정책실현의 중요한 수단인 법에 관한 검토가 필요하다. 그런데 실무에서는 정책에 대한 법적 검토 없이 정책을 수립하는 경우가 많다. 이 경우 정책의 입법단계에서 법적 문제로 인해 그 정책이 좌절되거나 중대한 변경을 받는 경우가 적지 않다.

정책은 사회의 바람직한 발전을 목표로 설정하는데, 헌법 등 법의 일반원칙은 사회가 추구하는 가치와 정의를 국민의사의 합의에 따라 이미 설정해놓고 있다. 그러므로 법은 정책실현의 수단이기도 하지만, 정책결정의 여건이 된다. 정책 실현을 위해 법을 개정할 수는 있지만, 정책의 실현은 법(특히 헌법) 아래서 행해져야 한다. 정책 수립시에는 헌법 등 법의 일반원칙이 추구하는 가치와 정의를 고려해야 한다. 물론 정책은 기존의 법에 반드시 구속되는 것은 아니다. 정책의 실현에 장애가 되는 법은 개정할 수 있으며 사회가 추구하는 가치와 정의도 불변의 고정된 것은 아니고 발전적으로 변경할 수 있는 것이다. 그렇지만, 통상의 경우 헌법 등 법의 일반원칙이 추구하는 가치와 정의는 공동체의 합의에 의해 결정된 것으로서 그 준수가 요구되므로 변경의 필요성이 없는 한 정책은 그에 합치하여야 한다.

또한, 정책은 공동체 구성원의 이해관계에 영향을 미치는 경우가 많은데, 이 경우 적법절차의 원칙에 따라 이해관계인의 정책참여가 요청된다. 그리고 이해관계의 조정은 법의 중요한 기능 중의 하나이다. 그러므로 정책을 수립함에 있어서는 정책으로 인한 기존의 이해관계에 대한 영향에 대해서 조사·분석하고, 법적인 검토를 행해야 한다.

다른 한편으로 법은 규범이면서 동시에 정책의 성격을 갖는다. 입법에는 입법목적이 있는데, 입법목적은 정책목표의 성격을 갖는다. 입법은 정책을 실현하는 수단과 방법을 법규범으로 규정한 것이다. 입법은 그 자체가 정책이다. 그러므로 입법에 있어서는 정책적 고찰이 필요하다. 정책을 실현하기 위한 입법에 있어서는 더욱 그러하다.

법의 해석·적용에 있어서도 정책적 고찰이 필요하다. 법의 해석·적용에 있어서의 정책적 고찰은 법의 해석에 있어서 입법목적 및 입법의사 나아가 입법정책의 고려, 법의 적용에 있어서 정책목표 달성의 고려 등으로 나타난다. 특히 정책적 성격이 강한 법의 경우에는 더욱 그러하다. 재판(사법)에서도 정책적 고려를 하는 것(사법적극주의)이 타당한 것인가 하는 문제가 제기된다.

그러므로 법의 정책적 성격을 인정하고 법의 정책적 측면을 연구할 필요가 있다. 기존의 규범법학에서 놓치고 있는 법의 정책적 의미와 기능, 법을 통한 정책목표의 달성을 연구할 필요가 있다. 이러한 연구를 위해 다양한 연구방법론이 개발되어야 한다. 예를 들면, 법학의 방법론을 취하면서도 기존의 규범법학에 머무르지 않고, 규범법학의 문제점을 보완하기 위해 법의 정책적 측면에 대한 연구를 추가하는 연구방법론과 정책학의 연구방법을 취하면서 법도 정책의 하나로 보고, 정책학의 관점에서 법을 연구하는 연구방법론이 있을 수 있다. 나아가 법학과 정책학을 융합하여 새로운 연구방법론을 정립하려는 움직임(예를 들면, 법정책학의 모색)도 있다.

Ⅱ. 규제와 입법의 상호관계

규제라 함은 공익을 실현하기 위해 공권력이 사적 부문에 개입하는 것을 말한다. 규제 그 자체는 사실작용이므로 규범인 법과 구별된다.

그렇지만, 규제와 법은 밀접한 관계에 있다. 법치주의에 따르면 공권력의 행사 중 중요한 사항은 법률로 정해야 한다(중요사항유보설). 행정규제기본법도 규제법정주의를 선언하고 있다. 규제는 법을 통한 규제와 비법적 규제로 나눌 수 있는데 전자가 규제의 중심이 된다. 그리고 법치주의에서 규제는 법을 준수해야 한다. 법은 규제수단이 되기도 하지만 규제를 통제하는 수단이 되기도 한다.

특히 규제와 행정법은 밀접하게 관련되어 있다. 규제는 공권력의 민간에 대한 개입을 의미하므로 규제이론은 행정법이론과 밀접하게 관련되어 있다. 규제목적은 공권력 행사의 정당화사유로서의 공익과 밀접한 관련을 갖는다. 규제수단 중 행정입법, 허가, 등록, 신고, 행정벌, 경제적 수단 등은 중요한 행정의 행위형식이다. 규제의 기본원칙은 행정법이론과 관련이 있다. 규제는 명확하고 객관성·투명성·공정성이 있어야 할 뿐만 아니라 규제대상의 다양성을 고려한 형평성이 있어야 한다. 규제의 명확성·객관성·투명성·공정성은 행정법상 평등의 원칙, 행정의 투명성 보장, 명확하고 구체적인 행정기준의 설정·공표 등과 관련이 있고, 규제의 형평성은 입법방식, 재량준칙에 따른 행정권의 행사방식, 거부재량의 인정 여부 등과 밀접한 관계를 갖고 있다.[2] 이러한 점에서 규제이론을 행정법이론에 포섭하려는 노력이 필요하다.[3]

또한 규제는 입법학과 밀접한 관련이 있다. 규제법정주의에 따라 규제는 기본적으로 입법을 통해서 행해진다. 그리고 입법은 규제목적을 달성하면서도 규제 상대방의 권익도 보호하여야 하므로 규제는 입법학, 법제도의 설계 및 연구와 밀접한 관계를 갖고 있다.

그러므로 규제연구에서는 법에 대한 연구가 필연적으로 수반되어야 한다. 법연구에서도 법의 규제적 성격이 고려되어야 한다. 규제적 성격을 갖는 법에 대해서는 입법이나 해석·적용에 있어서 규제적 고찰이 요구된다.

Ⅲ. 법정책과 법정책학

1. 법정책

법정책은 다의적 개념이다. 우선 법정책이라 함은 법의 발전정책, 즉 법이 제 기능을 발휘하도록 함으로써 국가와 사회의 발전에 기여하는 것을 목적으로 하는 국가의 법에 대한 정책을 말하는 것으로 이해할 수 있다. 법무부가 추진하는 법무정책은 그 예가 된다. 이 경우 법정책은 사회에서의 법기능상의 문제를 조사하고, 그 문제를 해결하는 방안을 모색하는 활동지침을 마련하는 것을 내용으로 한다. 달리 말하면 법정책은 사회 법현상의 문제를 시정하여 바람직한 법상태를 실현하기 위한 국가활동의 지침을 말한다. 이러한 의미의 법정책, 즉 법무정책은 법일반의 정책이고 개별 법령의 정책과 구별된다. 다

---

2) 박균성, 획일규제에서 형평규제로의 변화 모색, 공법연구 제43집 제4호, 2015.6 참조.
3) 규제에 대한 행정법적 관점에서의 연구로는 김유환, 행정법과 규제정책, 삼원사, 2017 참조.

음으로 법정책이라는 개념을 법을 통한 정책, 법이 추구하는 정책, 법의 정책적 측면을 의미하는 것으로 볼 수도 있다. 이러한 법정책의 개념은 후술하는 법정책학에서 채택하는 법정책 개념이다. 이러한 법정책은 일반 입법정책과는 다른 개념이다.

입법정책은 입법의 발전을 위해 입법 일반의 바람직한 상태를 실현하기 위해 수립하는 정책을 말한다. 입법정책은 입법 일반에서 입법의 적정성, 실효성과 효율성이라는 목적을 달성하기 위해 어떠한 수단을 통해 입법 일반을 어떻게 실행하는 것이 좋은지를 결정하는 것이다. 이에 반하여 법정책에서의 법은 특정의 개별법을 말하고, 법정책은 법이 실현하고자 하는 정책, 법령을 통한 정책 실현을 말한다.

일반 입법정책에서는 입법에 있어서 입법권과 행정권의 역할 배분과 관계를 어떻게 할 것인가, 입법사전영향평가(분석), 입법대안의 모색, 입법절차 내지 입법과정, 입법에서 얼마나 자세히 규정할 것인가, 입법을 할 것인가 법의 집행, 행정의 재량 또는 판례에 맡길 것인가 하는 것 등이 문제된다. 법의 실효성을 확보하기 위한 정책 즉 행정적 제재, 민사적 제재 그리고 형사적 제재를 어떻게 설계할 것인가, 징벌적 손해배상을 도입할 것인가, 도입의 방식과 정도는 어떻게 할 것인가 하는 것도 이러한 입법정책의 문제에 속한다. 입법정책은 정책의 문제이면서 입법의 문제이다. 이에 반하여 개별법령에서 제재수단 선택의 문제는 입법정책의 문제가 아니고, 입법의 문제이다. 그리고 법적 수단의 선택이 정책의 실현수단의 선택의 성질을 갖는 경우에는 정책의 문제가 되기도 한다.

2. 법정책학

법정책학이라 함은 법정책을 연구대상으로 하는 학문을 말한다. 법정책학의 연구대상인 법정책은 정책으로서의 법 내지 정책 실현 수단으로서의 법을 말한다.

통상의 언어용법에 따르면 법정책학은 정책학으로서 법을 정책학의 연구방법으로 연구하는 것을 말한다. 법경제학이 법을 경제학적 방법으로 연구하는 학문을 말하고, 법사회학이 법을 사회의 사실로 보고, 사회학적 방법으로 연구하는 학문을 말하는 것에 동조(同調)하면 그러하다.

법을 정책학의 연구방법으로 연구하는 것은 법을 하나의 정책으로 보는 것을 전제로 한다. 그동안 법을 정책으로 보고 정책학의 연구방법으로 고찰하는 연구가 거의 없었던 점에서 이러한 연구의 필요성이 있다. 입법에 있어서 정책학의 의사결정이론을 적용하는 것을 대표적인 예로 들 수 있다. 다만 이러한 연구는 법과 관련된 일면만 연구하는 것이라는 문제가 있다. 법은 다양한 성질과 기능을 갖는다. 법은 기본적으로 규범이지만, 정책 실현 수단인 점에서 정책이기도 하고, 정치과정의 결과이기도 하고, 법현상으로서 하나의 사실이기도 하다. 사회과학으로서의 법정책학은 법의 규범으로서의 속성을 간과한다. 법에 대한 총체적이고 종합적인 연구를 위해서는 법학, 정치학, 정책학, 사회학, 경제학, 입법학을 융합하는 연구를 해야 한다.

현재 법정책학의 연구는 모색단계에 있다. 법정책학을 법학의 하나로 보는 입장, 정책학의 하나로 보는 입장, 독자적인 학문으로 보는 입장이 있을 수 있다. 우선 법정책학을 법학의 하나로 보는 입장은 정책의 헌법 및 법의 일반 원칙, 법체계에의 합치성 내지 정합성, 정책 실현을 위한 법 개정의 방향 및 방법의 모색 등을 연구한다. 정책 실현을 위한 법 개정에는 정책 실현을 지원하는 법의 제정과 정책 실현에 장애가 되는 법의 개정 또는 폐지가 있는데, 이에 관한 연구도 필요하다. 사회의 변화에 따른 법이론의 변경도 연구되어야 한다. 법정책학을 정책학의 하나로 보는 입장은 정책실현수단으로서의 법의 연구, 법에 대한 대안으로서의 비법적인 정책실현수단의 연구, 법을 통한 정책 실현의 성과조사 및 평가 등을 연구한다. 법 개정에서의 의사결정에 관한 이론 및 실제를 정책학의 방법으로 연구할 수도 있다. 법정책학을 독자적인 연구방법에 의한 독자적인 학문으로 보려는 입장도 있다. 특히 입법에서의 의사결정은 일반 정책결정에서의 의사결정과 달리 법적 성격을 가질 수 있다고 본다.[4] 법정책학이 독자적인 학문으로 성립할 수 있을지에 대해서는 아직 단언할 수 있을 정도로 연구가 진행되어 있지 못하다. 그렇지만, 입법에 대한 연구, 특히 입법에서의 의사결정에 대한 연구에 있어서는 법학의 연구와 정책학의 연구가 학제적으로 또는 융합적으로 행해져야 한다는 것은 부정할 수 없다.

결론적으로 말하면 법을 하나의 정책으로 보고 연구하는 학문을 광의의 법정책학이라 할 수 있다. 법정책학이 독자적인 학문이 될 수 있을지에 대해서는 논란이 있다. 광의의 법정책학에는 정책으로서의 법을 정책학의 방법으로 연구하는 학문으로서의 법정책학, 법을 법학 및 정책학의 통합적 또는 융합적 연구방법으로 연구하는 학문으로서의 법정책학, 독자적인 학문으로서의 법정책학이 있다고 할 수 있다.[5]

정책학의 연구대상은 사실인데, 법정책학의 연구대상인 법은 규범이라는 점에서 법정책학은 일반 정책학과 다른 특성을 갖는다는 점은 부인할 수 없다. 법정책학의 연구에서는 정책학의 연구방법을 차용해야 할 것이지만, 법논리 즉 규범의 논리를 따라야 하는 측면에서는 법학의 연구방법도 필요하다.

---

4) 법정책학을 일반 공공의사결정론과 다를 수 있는 법적 의사결정론 및 법제도설계론과 기법으로 보는 입장(平井宜雄, 法政策学, 有斐閣, 1987)을 하나의 예로 들 수 있다.

5) 이 세 가지 연구방법은 연구 필요와 연구 목적에 따라 각각 유용한 연구방법이다. 그 어느 하나만이 옳은 연구방법이 아니라 모두 법정책을 보다 잘 이해하는 데 필요한 연구방법이다.

그러므로 법정책학에 있어서는 정책적 고찰뿐만 아니라 법적 고찰을 함께 행해야 한다.

Ⅳ. 정책법과 정책법학

정책법이라 함은 정책의 수립과 집행을 규율하는 법령을 말한다.

정책법학이라 함은 이러한 의미의 정책법을 연구하는 법학을 말한다. 정책법학은 정책을 연구대상으로 하여 법학의 연구방법으로 연구하는 학문을 말한다. 정책기본법의 제정, 정책결정절차, 정책영향의 평가(분석) 및 정책평가의 법제화, 정책재량, 정책재량의 법적 통제, 정책에 대한 신뢰보호의 문제 등이 정책법학의 연구대상이 된다. 정책의 실현수단인 법령과 법이론도 정책법학의 연구범위에 포함될 수 있다.

Ⅴ. 입법학

입법학이라 함은 입법을 체계적·과학적으로 연구하는 학문을 말한다. 입법학은 합리적인 입법을 지향한다. 입법학의 방법론은 입법에 대한 사회과학적 연구뿐만 아니라 규범적(법학적) 연구를 포함한다. 입법에 관한 사회과학으로는 법경제학, 법사회학, 법정책학, 법심리학, 법정치학 등을 들 수 있다. 입법학은 입법에 관한 이론뿐만 아니라 입법실무도 연구한다. 이러한 점에 비추어 보면 입법학은 여러 학문의 연구방법을 종합적으로 사용하는 학제적 연구를 행한다.

입법학의 분야로는 입법이론, 입법원칙론, 입법정책론, 입법과정론, 입법평가론, 법안작성기술을 연구하는 입법기술론 등이 있다.

입법학은 입법의 합리성, 민주성, 효과성, 효율성, 예측가능성이라는 가치를 추구한다. 입법학의 실천적 목표는 좋은 입법을 제정하는 것이다.

Ⅵ. 이 책의 연구범위와 방법

이 책에서는 정책 및 규제의 법관련성과 법의 정책 및 규제관련성을 연구하고, 이를 기초로 하여 입법정책 및 입법의 이론과 실제를 연구하는 것을 내용으로 한다. 입법연구에서는 기존의 입법학에 정책 및 규제와의 관련성도 포함하고자 한다.

법은 규범이면서 정책이고 사실이다. 규범과 현실, 이론과 실제는 상호 작용을 하며 변증법적으로 발전하므로 규범과 사실(현실), 이론과 실무(실제)를 함께 연구하는 것으로 한다.

그리고 이 책에서는 법정책의 연구에 있어서 정책의 입법화를 연구대상으로 하고, 연구방법에 있어서는 법학과 정책학의 학제적 연구를 하는 것으로 하고자 한다. 이러한 법정책의 연구가 독자적인 학문이 될 수 있는지에 대해서는 결론을 유보한 채, 독자적인 학문으로의 발전가능성을 열어 놓고, 그러한 가능성도 모색해보고자 한다.

POLICY

제2장

정책과 법

REGULATION

LEGISLATION

제2장

정책과 법

I. 정책의 의의

정책이라 함은 정치적·행정적 목적을 달성하기 위해 마련한 정부의 기본적인 활동지침을 말한다. 정책은 정책목표와 정책수단으로 이루어진다.

정책은 현실의 문제를 체계적·지속적·효과적으로 해결하기 위하여 수립된다. 정책수립의 대상이 된 문제를 정책의제라고 한다. 따라서 정책수립을 위해서는 먼저 현실의 문제를 정확하게 진단하여야 한다.

정책은 현실의 문제를 해결하여 바람직한 상태를 달성하는 것으로 목적으로 한다. 따라서 정책은 미래지향적이다. 정책은 미래지향적이므로 미래예측을 포함한다. 정책을 통해 달성하고자 하는 목표가 정책목표인데, 정책목표는 공동체가 추구하는 가치의 실현, 공익의 실현을 내용으로 한다. 정책목표에는 궁극목표와 중간목표가 있다. 정책의 궁극목표는 공익(공동체 전체의 이익)[6])의

---

6) 공익은 공동체(국가 또는 지방자치단체) 구성원 전체의 이익을 의미한다. 공익은 공동체의 이익이지만, 공동체 자체의 이익만으로는 공익이 될 수 없다. 즉, 국가 또는 지방자치단체의 단순한 재정상 이익은 원칙상 공익이 아니다. 공익으로서의 공동체의 이익은 각 개인의 이익의 총합이 아니며 개인의 이익을 초월하는 이익이다. 개인의 이익(사익)의 산술적 총합, 달리 말하면 최대다수의 최대의 행복을 공익으로 보는 공리주의적(功利主義

실현이다. 중간목표로는 안전의 보장, 경제발전, 공정경쟁, 복지의 실현, 환경의 보전, 문화·예술의 진흥 등이 있다. 중간목표에는 여러 단계가 있다. 안전을 보장하기 위해 전염병관리정책의 목표를 정하는데, 전염병관리정책의 목표를, 전염병의 치명률, 전염병의 전염성, 전염병의 종식가능성, 전염병환자의 입원시설의 현황, 전염병통제(규제)의 경제적 영향 등을 고려하여, 전염병의 종식(또는 최소화)으로 할 수도 있고, 전염병의 종식(또는 최소화)이 아니라 전염병의 지속가능한(통제가능한) 관리로 할 수도 있다.

정책은 정책목표를 달성하기 위한 수단과 방법을 포함한다. 정책목표를 달성하기 위한 정책수단과 방법에는 재정수단, 법적 수단, 비법적 수단, 정책실현조직, 공식적 수단과 비공식적 수단, 명령강제수단과 지원·장려수단, 정부조직수단과 민관협력수단 등이 있다.

정책을 보다 지속적·통일적으로 실현하기 위해 정책의 기본방향을 정하는 정책지침을 정한다. 정책을 보다 체계적·지속적·효과적으로 실현하기 위해 정책계획을 수립할 수도 있다. 정책계획이라 함은 정책달성을 위한 수단과 방법을 조직화·종합화한 것이다. 정책계획에는 정책의 기본방침을 정하는 기본계획과 정책의 집행을 위한 구체적인 사항을 정하는 실시계획이 있다.

결론적으로 정책결정은 정책의제, 미래예측, 정책목표, 정책수단, 활동지침을 개념요소로 한다.

정책결정 후에는 결정된 정책을 집행하여 정책목표를 달성하여야 한다. 정책의 집행 중 또는 집행 후에 정책의 성과를 평가하여 정책을 보완하고 변경하는 것이 필요하다.

的) 공익 개념은 공법과 사법을 구별하지 않는 영미행정법에서는 채택될 수 있지만, 공법과 사법을 구별하는 우리 행정법에서는 부분적으로만 그 타당성이 인정될 수 있다. 공익 개념은 절대적 개념이 아니라 시대의 구체적 상황 속에서 판단되는 상대적 개념이다.

이와 같이 정책은 다음과 같은 과정을 거쳐 결정되고 집행된다.

정책의제 설정(미래사회의 발전, 문제의 해결 등) ― **정보의 수집**(조사, 현실진단 및 미래예측) ― **정책결정**(정책초안 ― 대안 검토 ― 정책영향평가 ― 정책결정) ― **정책집행**(입법, 행정 등) ― **정책평가** ― **정책의 변경**

Ⅱ. 정책의 형식, 수단과 방법

정책은 법률·정책·계획·정부방침·정책지침·사업·사업계획 등과 같이 여러 형식으로 표현된다. 정책계획에는 정책의 기본적인 사항만을 정하는 정책기본계획과 정책의 실현에 관한 세부적인 사항을 정하는 정책시행계획이 있다.

정책수단은 정당성(가치부합성, 민주적 정당성), 효과성, 효율성을 갖추어야 한다.

정책의 실효성을 보장하기 위해서는 정책의 실행여건을 조성하여야 하고, 정책의 실효성을 확보하는 수단을 마련하여야 한다. 정책의 입법화는 정책의 실효성을 확보하기 위한 중요한 수단 중의 하나이다.

Ⅲ. 정책의 종류

정책과 법의 관계를 검토함에 있어 의미 있는 정책의 종류는 아래와 같다.

① 안전관리정책은 위험관리정책이라고도 할 수 있다. 교통안전정책, 식품안전정책, 건축물안전정책, 화재예방정책, 원자력안전정책, 재난관리정책, 전염병관리정책 등을 들 수 있다. 안전관리는 국가의 가장 기본적인 임무이다.

국가는 위험을 관리하고 안전을 보장하기 위해 안전관리정책을 수립하고, 안전규제를 행하고, 안전을 보장하기 위한 법을 제정하고, 안전관리행정을 수행한다.

② 경제정책에는 공정경쟁보장정책, 중소기업진흥정책, 재벌규제정책, 물가정책, 금리정책, 외환정책, 신산업정책, 벤처기업육성정책, 증권정책, 금융정책, 신성장동력정책 등이 있다.

③ 환경정책에는 폐기물정책, 물환경정책, 수자원정책, 대기환경정책(지구온난화방지정책 포함), 자연환경보전정책, 토양환경보전정책 등이 있다.

④ 에너지정책에는 신재생에너지(풍력, 태양광)정책, 수소에너지정책, 원자력에너지정책, 화력발전정책, 수력발전정책, 조력발전정책 등이 있다.

⑤ 재분배정책은 부의 불평등을 시정하기 위해 소득을 재분배하는 정책이다. 누진세 등 과세정책, 생활보호대상자에 대한 급여 등 사회보장정책을 예로 들 수 있다.

⑥ 구성정책이라 함은 정부기관의 구성에 관한 정책을 말한다. 정부기관의 신설이나 변경, 선거구의 조정, 공직자의 보수, 연금에 관한 정책 등을 구성정책의 예로 들 수 있다.[7]

그 밖에 재정정책, 국토개발정책과 계획, 과학기술정책, 지방분권정책, 복지정책, 농업정책 등이 있다.

정부마다 중점정책을 발표한다. 문재인 정부는 제4차산업혁명정책, 그린뉴딜정책, 디지털뉴딜정책을 추진하였다. 제4차산업혁명이라 함은 제1차, 제2차, 제3차 산업혁명[8]과 구별되는 고도의 신기술과 신산업을 통해 사회에 커

---

7) 권기헌, 정책학강의, 박영사, 2019, 102면 이하 참조.

8) 제1차 산업혁명 시대는 증기기관과 기계화에 의한 공업의 발전, 도시화의 진행, 근대 자유국가의 출현을 주된 내용으로 한다. 제2차 산업혁명 시대는 전기의 도입, 에너지(석유,

다란 변화를 가져오는 기술과 산업의 혁명을 말한다. 인공지능, 빅데이터, 클라우드, 사물인터넷(IoT), 드론, 나노, 생명공학, 뇌공학, 자율주행, 블록체인 등의 기술을 기반으로 인공지능산업, 무인자동차산업, 무인항공기산업, 로봇산업, 디지털헬스케어산업, 핀테크산업 등의 발전을 가져올 것이다. 이들 기술은 상호간 융합을 통해 새로운 기술과 산업을 기하급수적으로 발전시킬 것이다. 정보와 사물의 결합을 통한 사물인터넷이 발전하고, 실물세계와 가상세계가 연결되고 통합될 것이다. 정보통신기술과 산업기술(제조업기술)의 결합에 의해 자율자동차, 드론, 무인비행기 등 다양한 융합기술이 등장할 것이다. 인공지능, 로봇과 빅데이터의 발전으로 인간의 능력을 초월하여 고도의 기술과 지식을 만들어내는 인공지능 로봇이 출현할 것이다. 인공지능, 빅데이터의 지원에 의해 인간의 능력은 상상 이상으로 증강될 수도 있다. 또한, 제4차 산업혁명은 제1차, 제2차, 제3차 산업혁명에 비하여 그 발전의 속도가 비할 바 없을 정도로 빠르다는 것이 또 다른 특징의 하나이다. 그린뉴딜정책이라 함은 기후변화에 대한 대응으로 탄소제로시대를 지향하면서 2050년까지 탄소중립을 실현하기 위해 신재생에너지(풍력, 태양광), 수소에너지 등을 확대시키는 정책을 말한다. 디지털뉴딜정책이라 함은 인공지능, 빅데이터, IoT(사물인터넷), 인터넷금융 등 디지털 기술 및 산업의 발전을 통해 경제발전을 이루고자 하는 정책을 말한다.

원자력 에너지)의 확대, 대량생산체제의 구축, 중화학공업의 발전, 그로 인한 빈부의 격차의 심화, 급부국가의 출현을 특징으로 한다. 제3차 산업혁명 시대는 인터넷을 통한 가상공간의 탄생, 국경을 초월하여 세계가 하나의 정보망으로 연결되어 24시간 내내 실시간으로 공간을 초월한 소통이 가능한 정보화 사회가 발전하였다는 것을 특징으로 한다. 국민이 인터넷을 통해 직접 국정에 참여하는 것이 가능해졌다는 것도 제3차 산업혁명의 중요한 내용이다. 국민이 인터넷을 통해 여론을 형성하고 국정에 직접 참여하게 됨으로써 참여민주주의, 직접민주주의가 강화되고 있다.

정책 중에는 구체적인 성격의 정책도 있다. 예를 들면, 수도이전정책, 지방자치단체의 특정기업유치정책, 고속철도건설정책 등이다.

Ⅳ. 정책의 가치

정책은 민주성, 합리성(공정성), 효율성, 효과성이라는 가치를 추구한다.

법치주의에서는 정책의 가치에 법질서에의 부합(적법성) 내지는 법과 정책의 양립가능성이 추가되어야 한다. 물론 정책 실현을 위해 법의 변경이 필요하면 법을 변경할 수 있다. 정책을 지원하는 법을 제정하고 정책에 장애가 되는 법령을 개정하거나 폐지해야 한다. 그러나 일반적으로 법의 개정은 쉬운 것이 아니고, 법이라는 것은 하나의 체계를 이루고 있으므로 관련 법령 중 일부만 변경하는 것이 어려운 경우도 있다. 그리고 법이 개정이 되지 않는 한 법에 부합하여야 하고 법의 구속을 받아야 한다. 그러므로 정책의 법에의 부합 내지 정책과 법의 양립가능성을 정책이 추구하는 가치의 하나로 보아야 한다.

Ⅴ. 정책결정

1. 정책결정이론

(1) 전통적 공공의사 결정

전통적으로 공공기관의 의사는 관료에 의해 결정된다. 관료는 공익을 위해 비례의 원칙에 따라 공공의사를 결정해야 한다.

관료에 의한 공공의사의 결정이 제대로 작동하기 위해서는 관료의 전문성과 윤리성이 요구되는데, 문제는 관료의 전문성과 윤리성이 미흡한 경우가 적지 않다는 점이다.

(2) 공공선택론

공공선택론은 정책결정과정을 경제학의 원리와 방법으로 분석한 이론이다. 정책결정을 제도적이나 이념적으로 접근하지 않고, 정책결정의 현실과 실제에 중점을 두고 접근한다. 공공선택론의 주장은 다음과 같다. ① 공무원은 공익을 위해 일하는 것이 아니라 승진 등 자기이익 극대화를 위해 일한다. 정치인은 국민의 의사를 대표하기 보다는 재선을 위해 노력한다. ② 공무원은 의사결정에서 이해관계인의 영향을 받는다. 특히 로비력이 있는 이익집단의 영향을 많이 받는다. ③ 전통적인 관료제를 비판하고 공공부문의 시장경제화를 지향한다. ④ 공무원은 조직의 예산, 조직과 권한을 늘리려고 노력한다. 이러한 문제점을 시정하기 위해 작은 정부를 지향하고, 규제완화를 주장한다.

공공선택론에 대해서는 다음과 같은 비판이 제기된다. ① 공무원을 이기적인 존재로만 보는 것은 문제가 있다. 국민 전체의 봉사자로 성실하게 직무를 수행하는 공무원도 많다. ② 행정을 시장의 논리로 분석하는 것에는 문제가 적지 않다. 정부의 성과는 시장의 가치로 측정하는 것이 어려운 경우가 많다. ③ 공공선택론은 공무원과 시민의 의식이 높은 경우에는 긍정적으로 작동할 수도 있지만, 공무원과 시민의 의식이 높지 못한 경우가 많은 현실에서는 이해관계인의 로비 및 이기적인 의사결정을 부득이한 것으로 용인할 우려가 있다. ④ 공공선택론은 적법절차의 요구, 민주적 정책결정의 요구, 공무원의 국민 전체에 대한 봉사자로서의 공익 실현의 의무를 간과하고 있다.

2. 정책 결정권자 및 참여자

(1) 개설

정책결정권자라 함은 공식적으로(제도적으로) 정책결정의 권한을 가진 자를 말한다. 법률로 정책을 결정하는 경우에는 국회가 정책결정권자가 된다. 그 예로 환경정책기본법, 세종특별자치시 설치 등에 관한 특별법 등이 있다. 정부의 정책은 대통령이 결정하기도 하고 각부 장관 등 기관장이 결정하기도 한다.

정책참여자라 함은 정책결정의 권한은 없지만 정책결정에 참여하는 자를 말한다. 정책참여자에는 정책과정에 대한 참여가 법적이나 제도적으로 보장되어 있는 참여자(공식적 참여자)와 참여권이 보장되어 있지는 않지만 실제에 있어 정책결정에 참여하여 영향을 미칠 수 있는 주체(비공식적 참여자)가 있다.

공식적 참여자로는 국회, 정당, 대통령, 공무원, 국민투표시 투표권자, 주민투표시 주민, 제도적으로 참여가 보장된 이해관계인 등이 있다. 비공식적 참여자로는 일반 시민, 언론, 전문가, 이익집단, 시민단체 등이 있다. 정책결정에 이익집단을 참여시키는 경우에는 참여하는 자의 대표성이 중요하다. 그리고 이해관계가 대립되는 경우에는 특정 이해관계인에게 편향되게 참여의 기회를 주어서는 안 되고, 대립되는 이해관계인이 공평하게 참여할 수 있도록 해야 한다.

정책은 정치권력이 수립하는 경우도 있고, 행정조직이 수립하는 경우도 있고, 정치권력과 행정권력의 협의를 거쳐 수립하는 경우도 있다. 정치권력이 수립하는 정책에는 그 정책을 집행하는 행정조직의 참여가 필요하다. 기술과 관련이 있는 정책에는 기술전문가도 참여시켜야 한다.

(2) 대통령과 관료

대통령은 직접 선거에 의해 선출되고, 행정부의 수반이며 정부에게는 법률안제출권이 있으므로 정부의 정책결정에 있어 가장 중요한 권한을 갖는다. 또한, 대통령 선거에서 제안한 선거공약이 정책으로 채택되어 국민의 평가를 받는다. 선거공약이 그대로 정책으로 채택되어야 하는 것은 아니고 수정·보완되어야 하지만, 선거공약은 국민의 포괄적 신임을 받은 것이므로 무시되어서는 안 된다.

삼권분립의 원칙, 민주주의 원칙, 법치주의 원칙에 따르면 정책은 정치가 결정하고, 관료는 행정부 공무원으로서 그것을 집행하는 것이 정상적일 수도 있다. 그러나 정책의 합리성과 실효성을 보장하기 위해서는 정책결정에서 전문성을 갖고 있고, 정책을 집행하는 관료의 역할이 클 수밖에 없다. 결론적으로 말하면 정책은 정치와 행정의 상호작용을 통해 결정하는 것이 바람직하다.

(3) 당정협의

국무총리 훈령인 「당정협의업무 운영규정」이 있는데, 「당정협의업무 운영규정」은 행정부가 정당과의 정책협의업무를 수행함에 있어서 필요한 사항을 정하는 국무총리의 훈령인 행정규칙이다.

각 부·처·청 및 위원회의 장은 다음 각 호의 사항에 관하여 여당과 협의하여야 한다. 1. 법률안, 2. 대통령령안, 3. 국민생활 또는 국가경제에 중대한 영향을 미치는 정책과 관련된 총리령안·부령안, 4. 예산안 또는 국정과제 이행방안 등 국민생활 또는 국가경제에 중대한 영향을 미치는 정책안(제4조 제1항). 여당이 없는 경우에는 각 부·처·청 및 위원회의 장은 제1항 제1호 및 제4호의 사항에 관하여 각 정당과 협의하여야 한다(제2항). 여기에서 "여당"이라 함은 대통령이 소속한 정당을 말한다. 다만, 여당과 정책공조를 합의한 정당은 여당으로 본다(제2조 제2호).

국무총리는 정당의 요청이 있거나 필요하다고 인정될 경우에는 각 부·처·청 및 위원회의 장에게 정당에 대한 정책자료의 제공을 지시할 수 있다(제10조).

(4) 국민토론 등 사회적 합의

정책결정이 대규모 공공갈등을 일으키는 경우 공동체적 의사결정방식(사회적 합의)으로 정책을 결정하는 것이 바람직한 면이 있다.

우리나라에서 폐원전정책의 결정을 공론화위원회(예, 신고리 5,6호기 공론화위원회)를 통해 결정한 바가 있다. 폐원전정책공론화위원회는 폐원전정책이라는 중요한 국가의 정책을 실질적으로 결정하였는데, 법적 근거가 없었으므로 행정조직·권한법정주의상 문제가 있다.

사회적 합의에 의한 정책은 공공갈등이 큰 정책을 투명하고, 공정하게 그리고 종국적으로 결정할 수 있고, 정책결정에 전문가와 일반시민을 참여시키고 토론을 통해 정책을 결정하는 점에서 숙의(토의)민주주의의 발전, 정책의 합리적 결정에 기여하는 장점이 있다. 그러나 사회적 합의에 의한 정책결정은 비용이 많이 들고, 정책결정에 있어서 책임성이 결여될 수 있는 문제가 있다.

프랑스의 국가공공토론위원회(CNDP: la Commission nationale du débat public, 이하 '위원회'라 한다)는 국민토론의 참고할 만한 예이다. 위원회는 환경 또는 국토정비에 중요한 영향을 미치거나 사회경제적으로 중요한 영향을 미치는 고속도로, 철도, 송전시설 등 국가적 이익의 시설에 대한 계획의 수립과정에 계획의 초기(사전연구)부터 공공조사절차(l'enquête publique)까지 국민의 참여를 보장하고 있는지를 감시하는 것을 주된 임무로 하고 있다. 위원회는 1995년에 창설되었는데, 2002년 2월 27일 「근접민주주의에 관한 법률」로 독립행정기관(autorité administrative indépendante)이 되었다. 위원회는 국민토론(débat public)이나 협의(concertation)를 통해 국민의 참여를 실현한다. 위원회는 국민토론의 조직과 진행을 담당한다. 위원회는 참여자(국민, 단체(association)나 노동조합(syndicat)의 구성원, 지방의원, 국가의 대표 등)가 충분히 자신의 입장과 논리를 주장할 수 있도록 하여야 한다. 모든 참여자가 국민토론에 동등(équité)하게 참여할 수 있도록 하여야 한다. 위원회는 국민토론의 결과 보고서(compte rendu)를 작성하여 결정권자에게 제출한다. 보고서에는 참여자 모두의 입장과 논리를 자세하게 서술한다. 그리고 위원회는 국민의 의견을 고려하여 결정권자에게 권고를 한다, 그리고 결정권자는 이 권고에 대해 3개월 이내에 자세하게 답변을 하여야 한다. 또한 위원회는 국민, 시설사업자, 일정한 국가 및 지방자치단체의 기관에 대해 국민토론에 대한 홍보를 할 수 있다.

(5) 시민 참여와 갈등 관리

정책결정에 대한 일반 시민의 참여는 정책결정에서의 민주주의의 실현, 사회 갈등의 조정을 위해 요청된다. 시민은 주권자로서 또한 정책의 이해관계자로서 정책에 참여할 권리가 있다. 정책은 공익 실현을 목적으로 하는데 공익이라 함은 시민 전체의 이익이라고 할 수 있으므로 시민은 정책에 이해관계를 가질 수밖에 없다. 정책으로 인한 갈등을 예방하고 해결하기 위해서도 시민의 참여가 필수적이다.

대통령령인 「공공기관의 갈등 예방과 해결에 관한 규정」(약칭: 공공기관갈등예방규정)에 따른 갈등 예방 및 해결의 원칙은 다음과 같다: 이해관계인의 자율해결과 신뢰(정책담당자의 전문성과 공정성 중요)확보(제5조), 참여와 절차적 정의(제6조), 이익의 비교형량(제7조), 정보공개 및 공유(제8조), 지속가능한 발전의 고려(제9조).

공공기관갈등예방규정은 공공정책으로 인한 갈등의 예방 및 해결에 관한 사항을 규정하고 있다. 중앙행정기관의 장은 공공정책을 수립·추진할 때 이해관계인·일반시민 또는 전문가 등의 실질적인 참여가 보장되도록 노력하여야 한다(제6조). 중앙행정기관의 장은 공공정책을 수립·추진할 때 달성하려는 공익과 이와 상충되는 다른 공익 또는 사익을 비교·형량하여야 한다(제7조). 중앙행정기관의 장은 이해관계인이 공공정책의 취지와 내용을 충분히 이해할 수 있도록 관련 정보를 공개하고 공유하도록 노력하여야 한다(제8조). 중앙행정기관의 장은 공공정책을 수립·시행·변경함에 있어서 국민생활에 중대하고 광범위한 영향을 주거나 국민의 이해 상충으로 인하여 과도한 사회적 비용이 발생할 우려가 있다고 판단되는 경우에는 해당 공공정책을 결정하기 전에 갈등영향분석을 실시할 수 있다(제10조 제1항).

갈등영향분석이라 함은 공공정책을 수립·추진할 때 공공정책이 사회에 미치는 갈등의 요인을 예측·분석하고 예상되는 갈등에 대한 대책을 강구하는 것을 말한다. 갈등영향분석에는 다음 각 호의 사항이 포함되어야 한다. 1. 공공정책의 개요 및 기대효과, 2. 이해관계인의 확인 및 의견조사 내용, 3. 관련단체 및 전문가의 의견, 4. 갈등유발요인 및 예상되는 주요쟁점, 5. 갈등으로 인한 사회적 영향, 6. 갈등의 예방·해결을 위한 구체적인 계획, 7. 그 밖에 갈등의 예방·해결을 위하여 필요한 사항(제3항).

행정청은 주요 정책 등에 관한 국민과 전문가의 의견을 듣거나 국민이 참여할 수 있는 온라인 또는 오프라인 창구를 설치·운영할 수 있다(행정절차법 제52조의3). 행정청은 국민에게 영향을 미치는 주요 정책 등에 대하여 국민의 다양하고 창의적인 의견을 널리 수렴하기 위하여 정보통신망을 이용한 정책토론(이하 이 조에서 "온라인 정책토론"이라 한다)을 실시할 수 있다(행정절차법 제53조 제1항).

주민은 법령으로 정하는 바에 따라 주민생활에 영향을 미치는 지방자치단체의 정책의 결정 및 집행 과정에 참여할 권리를 가진다(지방자치법 제17조 제1항).

(6) 국민투표

대통령은 필요하다고 인정할 때에는 외교·국방·통일 기타 국가안위에 관한 중요정책을 국민투표에 붙일 수 있다(헌법 제72조).

(7) 주민투표

주민투표는 지방자치단체의 주요 결정사항 또는 국가정책 중 지방자치단체와 중대한 이해관계가 있는 사항의 결정에 주민의 의사를 물어 반영하려는 목적을 갖는 주민참여의 한 방식이다. 주민투표는 지방자치법 제14조 및 주민투표법에 의해 규율되고 있다. 국가정책에 관한 주민투표에 관하여는 주민투표법 제7조, 제16조, 제24조 제1항·제5항·제6항, 제25조 및 제26조의 규정이 적용되지 아니한다(제8조 제4항).

서울시 무상급식정책, 원자력발전소유치정책, 폐기물처분장유치정책 등이 주민투표에 붙여진 예이다. 서울시 무상급식정책은 지방자치단체의 주요결정사항에 대한 주민투표의 예이고, 원자력발전소유치정책, 폐기물처분장유치정책은 국가정책 중 지방자치단체와 중대한 이해관계가 있는 사항에 대한 주민투표의 예이다.

지방자치단체의 주요결정사항에 관한 주민투표의 대상은 주민에게 과도한 부담을 주거나 중대한 영향을 미치는 지방자치단체의 주요결정사항 중에서 조례로 정하도록 하되, 주민투표에 부치기에 부적합한 다음 사항은 대상에서 제외된다. ⅰ) 법령에 위반되거나 재판중인 사항, ⅱ) 국가 또는 다른 지방자치단체의 권한 또는 사무에 속하는 사항, ⅲ) 지방자치단체의 예산·회계·계약 및 재산관리에 관한 사항과 지방세·사용료·수수료·분담금 등 각종 공과금의 부과 또는 감면에 관한 사항, ⅳ) 행정기구의 설치·변경에 관한 사항과 공무원의 인사·정원 등 신분과 보수에 관한 사항, ⅴ) 다른 법률에 의하여 주민대표가 직접 의사결정주체로서 참여할 수 있는 공공시설의 설치에 관한 사항. 다만, 제9조 제5항의 규정에 의하여 지방의회가 주민투표의 실시를 청구하는 경우에는 그러하지 아니하다. ⅵ) 동일한 사항(그 사항과 취지가 동일한 경우를 포함한다)에 대하여 주민투표가 실시된 후 2년이 경과되지 아니한 사항(주민투표법 제7조).

중앙행정기관의 장은 지방자치단체의 폐치·분합, 주요시설의 설치 등 국가정책의 수립에 대한 주민의 의견을 듣기 위하여 필요한 때에는 지방자치단체의 장에게 주민투표의 실시를 요구할 수 있다(주민투표법 제8조).

지방자치단체의 장 및 지방의회는 주민투표 결과 확정된 내용대로 행정·재정상의 필요한 조치를 하여야 한다(제24조 제5항). 지방자치단체의 장 및 지방의회는 주민투표 결과 확정된 사항에 대하여 2년 이내에는 이를 변경하거나 새로운 결정을 할 수 없다. 다만, 제1항 단서의 규정에 의하여 찬성과 반대 양자를 모두 수용하지 아니하거나, 양자택일의 대상이 되는 사항 모두를 선택하지 아니하기로 확정된 때에는 그러하지 아니하다(제24조 제6항). 그러나 주민투표법 제8조 제4항은 "국가정책에 관한 주민투표에 대하여는 제24조 제1항·제5항·제6항의 규정을 적용하지 아니한다"고 규정하면서 국가정책에 관한 주민투표의 결과에는 법적 구속력을 부여하지 않는다.

지방자치단체에 중요한 문제에 대한 주민의 의견을 묻는 차원의 주민투표는 법적 근거 없이도 지방의회의 결정이나 지방자치단체의 장의 결정에 의해 실시할 수 있다고 보아야 한다.

(8) 이해관계인의 참여와 이해관계의 조정

정책으로 수혜를 받는 사람이 있는 반면에 정책으로 피해를 보는 사람이 있다. 정책의 수립과 집행시에 이해관계인의 의견을 수렴하고, 이해관계인이 정책의 수립과 집행에 참여할 기회를 마련하여야 한다. 의견을 개진할 능력이 없는 자(미래세대, 미성년자, 생태계, 경제적 약자 등)의 의견을 수렴하는 방안도 마련하여야 한다.

정책으로 인한 이익은 불로소득으로서 그 이익이 과도한 경우에는 사회로 환원되도록 하여야 한다. 반면에 정책으로 입는 피해는 그것이 수인한도 내에 있는 경우에는 공익을 위해 감수해야 하지만, 그것이 수인한도를 넘는 경우에는 일정한 구제조치(손실보상, 손해배상, 경과조치, 행정적·재정적 지원 등)를 마련하는 것이 타당하다.

3. 정책영향평가

정책영향평가라 함은 정책이 사회·경제 등에 미치는 영향의 분석과 대안 검토 등을 통해 합리적인 정책의 수립을 지원하는 제도이다. 정책영향평가는 법적 근거 없이 내부적인 규정만으로도 실시가 가능하다.

정책영향평가의 방법으로 정책의 효율성 제고를 목적으로 하는 비용효과분석(cost-effectiveness analysis)과 비용편익분석(cost-benefit analysis)이 있다. 정책으로 인한 공익 및 이해관계자의 이익에 대한 영향 및 사회갈등에 대한 영향과 이해조정방안, 정치적 영향과 정치적 수용(가능)성, 입법방안 및 집행가능성도 검토하여야 한다. 공공정책으로 인해 국제투자자가 받은 피해에 대한 국제투자협정(자유무역협정(Free Trade Agreement: FTA) 또는 양자간 투자조약(Bilateral Investment Treaty: BIT))에 근거한 투자자-국가분쟁(ISD)(간접수용(indirect expropriation)에 따른 손해배상청구 등)의 제기가능성 및 패소가능성과 예상 손해배상액, ISD 예방 대책도 검토하여야 한다.[9]

---

9) 박균성, 한미 FTA의 국내법적 문제에 대한 시론적 연구, 행정법연구 32호, 2012, 83-111 면 ; 김인숙, 공공정책 관련 ISD 소송의 국내적 시사점 연구—우리나라 관련 ISD사건을

나라에 따라 정책영향평가만 도입한 나라, 정책영향평가와 함께 입법영향평가도 도입하고 있는 나라, 입법영향평가만 도입하고 있는 나라가 있다. 정책영향평가와 입법영향평가는 그 대상이 다르고 내용도 다르지만, 정책이 입법으로 이어지는 경우 정책영향평가와 입법영향평가는 동일한 사항에 대한 영향이 중복하여 분석평가될 수 있다. 그렇지만, 이 경우에 정책영향평가단계에서는 정책에 의해 결정된 기본적인 사항으로 인한 영향이 초기에 평가되는 것이고, 입법영향평가단계에서는 입법안으로 구체화된 사항으로 인한 영향이 평가되는 것이다. 환경영향평가가 기본계획단계에서는 전략환경영향평가가 행해지고, 실시계획단계에서는 좁은 의미의 환경영향평가가 행해지는 것과 같다.

4. 정책 수립시 입법방안 사전검토

국가는 정책 수립시 정책이 몰고 올 부작용 및 이해관계의 대립을 미리 파악하여 이에 대한 대비책을 마련해야 하는데, 현실을 보면 그러한 배려 없이 일단 정책을 실시하고, 제기되는 문제는 임기응변으로 해결하면 된다고 생각하는 경우가 많다. 대립되는 이해관계를 사전에 조정하지 못한 미숙한 정책수립으로 인해 피해를 보는 이해집단의 분노와 반발이 유발되고 격화된 후 그것을 수습하는데 큰 어려움을 겪거나 정책 집행 자체가 포기되거나 어쩔 수 없이 축소·변형되는 경우가 적지 않다. '타다'사건 등 차량공유정책의 예에서 교훈을 얻어야 한다.

이해관계의 적절한 조정을 위해 규제정책 수립시 법전문가를 다수 참여시켜야 한다. 규제정책은 기존의 이해관계에 영향을 미치므로 이해관계를 조정

중심으로, 법제연구 제55호, 2018.12, 193면 이하 ; 김인숙, ISD 소송사례를 통해서 본 간접수용 판단의 기준과 국내적 시사점 연구, 원광법학 제37집 제2호, 2021 등.

하는 것도 규제정책 수립에 포함하여야 하는데, 이러한 부분은 법전문가만이 잘 해낼 수 있다. 그런데 그동안 법전문가가 정책수립에서 소외되어 온 것에는 법전문가의 잘못도 있다. 법전문가는 국가의 정책에 대해 법적 문제점을 지적하는데 그치고 대안을 제시하지 못하는 경우가 많았기 때문에 무엇인가 새로운 정책을 펼치고자 하는 정책입안자는 법전문가를 환영하지 않았다. 따라서 법전문가가 정책수립에 참여하기 위해서는 문제점을 지적하는데 그치지 않고, 합법적이면서도 적정한 대안을 제시할 수 있도록 법전문가 스스로 변해야 한다. 대안을 제시하기 위해서는 법만의 전문가가 되어서는 안 되고, 정책에 대한 전문성이 있어야 하고 법이 규율하는 분야의 현실도 잘 알아야 한다. 법전문가의 정책자문능력을 개발하여 고양시켜야 한다. 자문분야에 대한 전문성, 법과 정책, 기술을 융합하는 전문성, 대안을 제시할 수 있는 능력을 길러야 한다.

정책은 법치주의하에서 헌법 및 법질서에 합치하여야 한다. 정책이 입법을 예상하는 경우에는 법체계 정합성을 사전에 검토하여야 한다. 정책이 법률로 제정되는 경우에 헌법에 합치하여야 하고 법의 원칙 등 법질서에도 합치하여야 한다. 물론 개혁입법을 추진하는 경우에는 필요한 경우 최소한으로 법질서에 대한 예외를 입법할 수는 있다. 그렇지만 헌법 및 헌법정신에는 합치하여야 한다.

2021년 법제처에 '법령의견제시과'가 창설되었다. 정부나 지방자치단체가 정책을 추진하는 과정에서 제기되는 법적 쟁점에 대해 법제처에 자문을 요청하면 법제처가 검토의견을 제시하고 있다. 나아가 정책의 수립단계에서부터 법제처 등 법률전문가의 자문을 받도록 할 필요가 있다.

Ⅵ. 정책평가와 정책변경

정책이 지향하는 소기의 정책목표를 달성하지 못하는 정책실패가 발생할
수 있다. 정책실패의 원인은 다음과 같다: ① 잘못된 정책목표의 설정, ② 미
래 예측의 잘못, ③ 정책집행의 잘못(입법의 과오, 지체 포함), ④ 이해관계인간
의 갈등으로 인한 정책집행의 좌절 또는 부정적인 결과 발생. 따라서 정책을
집행한 후에는 정책과정 및 정책성과에 대한 평가(정책평가)를 통해 필요한 경
우 정책의 변경을 가져올 필요가 있다. 이를 정책평가의 환류라고 한다. 정책
의 변경은 예측하지 못한 새로운 사정의 발생에 의해 요구되기도 한다.

Ⅶ. 정책에 대한 국민의 신뢰 보호

정책은 국정운영의 방향과 지침을 제시한다. 국민은 이러한 정책을 신뢰하
고 대응을 하므로 정책에 대한 국민의 정당한 신뢰는 보호되어야 한다. 정책
에 대한 신뢰[10]가 법적으로까지 보호할 가치가 있는 경우도 있는데, 이 경우
에는 정책 변경으로 인한 신뢰이익의 침해가 손실보상이나 손해배상의 대상
이 될 수 있다. 예를 들면, 지방자치단체가 지역경제의 활성화와 일자리 창출
을 위해 특정 공장의 유치 정책을 적극적으로 추진하고, 상당한 단계까지 진
척되었는데, 선거에 의한 단체장 등의 변경 등의 이유로 그 정책의 추진이 포
기된 경우에 손실보상이나 국가배상의 요건이 충족되면 손실보상이나 국가배
상을 해주어야 한다. 한미FTA는 공공정책으로 인해 미국투자자가 받은 피해

---

10) 정책이 구체화되고 명확할수록 정책에 대한 국민의 신뢰가 높고 그 신뢰의 보호가치도
    크다.

에 대한 구제를 규정하고 있다.

정책의 본질상 정책에 대한 국민의 신뢰가 법적으로 보호되기 어려운 측면도 있다. 우선 정책은 국정운영의 방향을 제시한 것으로서 그 내용이 추상적이고 구체적이지 못하다. 그리고 정책은 상황 변화에 따라 변경될 수 있는 가능성이 있다. 그리고 정책은 법령의 제정으로 구체화되는데, 정치적 상황에 따라 정책 실현 입법이 국회에서 좌절될 가능성도 있다. 국민은 이와 같은 정책의 본질을 고려하여 정책변경의 가능성을 염두에 두면서 대응하여야 한다. 정책의 변경가능성이나 입법조치의 불확실성 등은 정책에 대한 국민의 신뢰에 대한 법적 보호에 대한 한계로 작용한다. 정책 변경으로 인해 국민의 신뢰가 침해된 것에 대해 법적 보상이나 배상이 인정되지 못하는 경우에도 정책적으로 그 피해를 구제할 필요가 있는 경우에는 적절한 피해구제책을 마련하는 것이 바람직할 수도 있다.

POLICY

제3장

규제와 법

REGULATION

LEGISLATION

제3장
_____

규제와 법

Ⅰ. 규제 개설

1. 규제의 개념

넓은 의미의 규제라 함은 민간(사적 부문, 사인의 활동)에 대한 정부의 개입(간섭, 영향)을 말한다. 넓은 의미의 규제는 민간에 대한 통제뿐만 아니라 민간에 대한 조정과 지원을 포함한다.

협의의 규제라 함은 개인의 활동에 대한 제한(통제, 권리 제한 및 의무 부과)을 의미한다. 민간에 대한 조정과 지원은 배제된다. 협의의 규제는 질서행정에 가까운 개념으로 급부행정은 여기에서 제외된다.[11]

규제를 의미하는 영어인 "regulation"은 개인의 활동에 대한 규율을 의미하는데, 'regulation'은 규범 그 자체를 의미하기도 하고, 규범을 정립하거나 집행하는 것을 의미하기도 한다.

행정규제기본법[12]상 "행정규제"(이하 "규제"라 한다)란 국가나 지방자치단체

---

11) 계인국, 『규제개혁과 사법심사에 관한 연구』, 사법정책연구원, 2017, 38면, 48면, 50면.
12) 행정규제기본법은 행정규제에 관한 기본적인 사항을 규정하여 불필요한 행정규제를 폐지하고 비효율적인 행정규제의 신설을 억제함으로써 사회·경제활동의 자율과 창의를 촉진

가 특정한 행정 목적을 실현하기 위하여 국민(국내법을 적용받는 외국인을 포함한다)의 권리를 제한하거나 의무를 부과하는 것으로서 법령등13)이나 조례·규칙에 규정되는 사항을 말한다(제2조 제1호). 행정규제기본법 제2조 제2항에 따른 행정규제(이하 "규제"라 한다)의 구체적 범위는 다음 각 호의 어느 하나에 해당하는 사항으로서 법령등 또는 조례·규칙에 규정되는 사항으로 한다. 1. 허가·인가·특허·면허·승인·지정·인정·시험·검사·검정·확인·증명 등 일정한 요건과 기준을 정하여 놓고 행정기관14)이 국민으로부터 신청을 받아 처리하는 행정처분 또는 이와 유사한 사항, 2. 허가취소·영업정지·등록말소·시정명령·확인·조사·단속 등 행정의무의 이행을 확보하기 위하여 행정기관이 행하는 행정처분 또는 감독에 관한 사항, 3. 고용의무·신고의무·등록의무·보고의무·공급의무·출자금지·명의대여금지 그 밖에 영업 등과 관련하여 일

하여 국민의 삶의 질을 높이고 국가경쟁력이 지속적으로 향상되도록 함을 목적으로 하는 법이다(제1조). 행정규제기본법은 다음 각 호의 어느 하나에 해당하는 사항에 대하여는 적용되지 아니한다. 1. 국회, 법원, 헌법재판소, 선거관리위원회 및 감사원이 하는 사무, 2. 형사(刑事), 행형(行刑) 및 보안처분에 관한 사무, 2의2. 과징금, 과태료의 부과 및 징수에 관한 사항, 3. 「국가정보원법」에 따른 정보·보안 업무에 관한 사항, 4. 「병역법」, 「통합방위법」, 「예비군법」, 「민방위기본법」, 「비상대비자원 관리법」, 「재난 및 안전관리 기본법」에 규정된 징집·소집·동원·훈련에 관한 사항, 5. 군사시설, 군사기밀 보호 및 방위사업에 관한 사항, 6. 조세(租稅)의 종목·세율·부과 및 징수에 관한 사항(제3조 제2항).

13) 행정규제기본법상 "법령등"이란 법률·대통령령·총리령·부령과 그 위임을 받는 고시 (告示) 등을 말한다(제2조 제2호). "위임을 받는 고시(告示)"는 법규명령의 효력을 갖는 법령보충적 고시를 말한다. 행정규제기본법 제2조 제1항 제2호 및 제4조 제2항 단서에서 "고시 등"이라 함은 훈령·예규·고시 및 공고를 말한다(행정규제기본법 시행령 제2조 제2항).

14) 행정규제기본법상 "행정기관"이란 법령등 또는 조례·규칙에 따라 행정 권한을 가지는 기관과 그 권한을 위임받거나 위탁받은 법인·단체 또는 그 기관이나 개인을 말한다(제2조 제4호).

정한 작위의무 또는 부작위의무를 부과하는 사항, 4. 그 밖에 국민의 권리를 제한하거나 의무를 부과하는 행정행위(사실행위를 포함한다)에 관한 사항(행정규제기본법 시행령 제2조 제1항).

「기업활동 규제완화에 관한 특별조치법」(약칭: 기업규제완화법)상 "행정규제"란 국가, 지방자치단체 또는 법령에 따라 행정권한을 행사하거나 행정권한을 위임 또는 위탁받은 법인·단체 또는 개인이 특정한 행정목적을 실현하기 위하여 기업활동에 직접적 또는 간접적으로 개입하는 것을 말한다(제2조 제2호).

규제의 중심요소는 '공익을 위한 개입'이다. 그러므로 규제를 '사적 활동에 대하여 공익을 위하여 개입하는 것'이라고 넓게 정의하는 것이 타당하다.[15]

2. 규제의 목적

규제목적에는 최종목적으로서의 공익, 공익 달성을 위한 분야별목적인 중간목적이 있다. 중간목적에도 분야의 세분화에 따라 상하위의 중간목적이 있다. 규제분야를 최대한 세분하여 유형화하고 최하위 규제대상 분야에 적합한 가장 구체적인 규제목적을 명확히 하여야 한다. 규제목적은 추상적으로 규정될 수밖에 없는 경우가 많은데, 이 경우 규제목적을 명확히 하는 방법으로 규제설명서나 가이드라인의 제정을 들 수 있다.

3. 규제의 정책 및 입법과의 관계

정책집행을 위한 규제는 정책의 집행수단이 된다. 규제의 설정과 개혁의 지침을 정하는 규제정책(규제 일반의 정책)은 그 자체가 정책이다.

법률유보의 원칙(중요사항유보설)에 비추어 규제 중 중요한 사항은 법률로 제정되어야 한다. 행정규제기본법은 규제 법정주의를 규정하고 있다. 즉, 규제

---

15) 이원우, 『경제규제법론』, 홍문사, 2010, 9-12면.

는 법률에 근거하여야 하며, 그 내용은 알기 쉬운 용어로 구체적이고 명확하게 규정되어야 한다(제4조 제1항). 규제는 법률에 직접 규정하되, 규제의 세부적인 내용은 법률 또는 상위법령(上位法令)에서 구체적으로 범위를 정하여 위임한 바에 따라 대통령령·총리령·부령 또는 조례·규칙으로 정할 수 있다. 다만, 법령에서 전문적·기술적 사항이나 경미한 사항으로서 업무의 성질상 위임이 불가피한 사항에 관하여 구체적으로 범위를 정하여 위임한 경우에는 고시 등으로 정할 수 있다(제2항). 행정기관은 법률에 근거하지 아니한 규제로 국민의 권리를 제한하거나 의무를 부과할 수 없다(제3항).

4. 규제의 주체

규제는 공익의 실현을 목적으로 행해지므로 공익의 담당자인 공권력(정부)이 규제의 주체가 된다. 입법규제의 경우에는 입법기관이, 행정규제의 경우에는 행정기관이 규제의 주체가 된다. 법상 규정된 규제권자가 최종적으로 규제를 결정하지만 실제에 있어서는 관료가 규제 결정에서 중요한 역할을 하는 경우가 많다. 오늘날의 참여민주주의하에서는 규제 결정에 대한 전문가와 이해관계인의 참여가 양적이나 질적으로 늘고 있다. 행정규제기본법은 "중앙행정기관의 장은 규제를 신설하거나 강화하려면 공청회, 행정상 입법예고 등의 방법으로 행정기관·민간단체·이해관계인·연구기관·전문가 등의 의견을 충분히 수렴하여야 한다."고 규정하고 있다(제9조).

자율규제에 있어서는 협회 등 민간조직이 자율규제의 주체가 된다. 이러한 완전한 자율규제도 있지만, 공익을 위해 공권력이 자율규제를 일정한 정도 통제하는 '통제된 자율규제'도 적지 않다.

규제정책의 결정자는 전술한 바와 같이 정책결정자이다. 입법의 경우에는 입법자가 최종 결정한다. 전문성이 큰 사안일수록 전문가의 의견은 더 큰 영향을 미친다. 국민의 관심이 크고 책임의 문제가 제기될수록 정책결정책임자, 규제책임자가 결정권을 강하게 행사한다. 유권자의 관심이 클수록 정치인의 참여가 커진다.

5. 규제의 필요성, 근거 및 한계

시장경제의 원칙은 경제가 기본적으로 자유롭고 공정한 시장에서 이루어지는 것을 말한다. 자유롭고 공정한 시장에서 거래가 자유롭게 일어나면 시장원리(시장의 보이지 않는 손, 완전경쟁, 공급과 수요의 원리)에 따라 자원이 최적 배분되고 효용과 효율도 극대화된다고 본다. 그러므로 시장경제의 원칙에서 중요한 것은 자유롭고 공정한 경쟁을 보장하는 것이다.

시장의 실패는 규제의 한 원인이 된다. 시장의 실패라 함은 시장의 기능이 제대로 작동하지 않는 것, 즉 시장에서 자유롭고 공정한 경쟁이 행해지지 못하는 상황을 말한다. 시장의 실패에는 독과점의 폐해, 불완전 경쟁(불공정 경쟁), 정보·힘의 비대칭성(생산자와 소비자 사이, 대기업과 중소기업 사이) 등이 있다. 시장경제에서는 시장의 외부적 효과(외부성)인 환경비용, 안전·건강비용 등 사회적 비용이 공동체에 전가되는 문제가 있다. 이에 따라 외부적 효과의 내부화가 필요하다. 지하자원, 공기, 물, 초지[16] 등 공동체가 함께 사용하여야 할 공유자원을 시장경제에 맡겨 놓으면 사람의 이기심 때문에 과도한 사용으로 큰 위기에 봉착한다는 이론인 '공유지의 비극이론'도 시장의 외부적 효과의 한 예이다. 그리고 공공재(공익을 위한 재화와 서비스)를 시장에서 공급하는 것은 한계가 있으므로 공공재의 공급에 있어서는 국가나 지방자치단체가 개입할 여지가 있다. 독과점 등 시장지배적 지위에 있는 자의 권한 남용을 방지하고 실효적인 공정경쟁이 보장될 수 있도록 하는 규제가 필요하다.

---

16) 초지에서 자유롭게 양을 사육할 수 있게 하면 양의 숫자가 늘어나 초지가 없어지게 된다.

규제에서 정부의 실패는 규제의 개혁을 요구한다. 정부(규제)의 실패(역설)라 함은 규제의 목적 달성이 실패하고, 규제가 오히려 문제를 야기 또는 악화시키는 것(규제의 부정적 효과)을 말한다. 그 원인으로는 문제의 원인을 제거하지 않은 채 행해지는 대응적(대증적) 규제, 규제결과 및 영향에 대한 고려 미흡, 현실을 고려하지 않은 이념에 의한 규제, 정치적 고려에 의한 규제, 로비집단 등 이해관계인에 포획된 규제[17] 등이 있다.

안전, 환경, 건강, 소비자보호 등 사회적 공익의 보장이 요구되는 경우에도 규제의 필요성이 대두된다.

규제는 비례원칙에 따라야 한다. 규제의 필요가 있더라도 규제로 인한 사적 자율성의 침해, 규제 상대방의 권익의 제한 등 불이익이 규제로 인한 이익 보다 큰 경우에 해당 규제는 헌법원칙인 비례의 원칙에 반한다. 이 경우에는 비례의 원칙에 합치하는 보다 완화된 규제를 선택하거나 규제로 인한 불이익을 완화하는 조치(경과조치 등)를 취해 비례의 원칙에 합치하도록 하여야 한다.

행정규제기본법은 다음과 같이 규제의 원칙을 규정하고 있다. 국가나 지방 자치단체는 국민의 자유와 창의를 존중하여야 하며, 규제를 정하는 경우에도 그 본질적 내용을 침해하지 아니하도록 하여야 한다(제5조 제1항). 국가나 지방 자치단체가 규제를 정할 때에는 국민의 생명·인권·보건 및 환경 등의 보호 와 식품·의약품의 안전을 위한 실효성이 있는 규제가 되도록 하여야 한다(재 2항). 규제의 대상과 수단은 규제의 목적 실현에 필요한 최소한의 범위에서 가 장 효과적인 방법으로 객관성·투명성 및 공정성이 확보되도록 설정되어야 한 다(제3항).

---

17) 규제를 담당하는 기관이나 공무원이 부패, 상대적인 전문성 부족(정보의 비대칭성) 등으로 인해 규제 이해관계인에게 포획되어 공익을 위한 규제가 아니라 규제 이해관계자의 입장에 맞는 규제를 시행하는 경우가 적지 않다.

전술한 바와 같이 규제의 필요가 있더라도 법치주의의 원칙(법률유보의 원칙)상 권리의 제한이나 의무를 부과하는 등 중요한 사항은 법률로 규정하여야 한다. 다만, 협약 등 비공식적 수단, 규제상대방의 합의를 요하는 계약, 구속력이 없는 권고 등 비공식적 규제는 법적 근거가 없어도 가능하다.

6. 좋은 규제의 요건

「2019 규제영향분석서 작성지침」에 따르면 좋은 규제의 요건은 아래와 같다.

① 목표적합성(Goal targeted): 국가전체 차원에서 달성하고자 하는 궁극적인 목표와 조화를 이루는 동시에 규제가 도입된 구체적인 목표를 성공적으로 달성하는데 효과적으로 기여하여야 한다.

② 투명성(Transparent): 규제 법규의 신설, 강화, 조정, 집행 및 평가의 전 과정은 규제의 영향을 받는 모든 이해관계자의 의견수렴 실시와 그 반영결과 명시를 통해 투명하게 추진하여야 하고 관련 자료는 공개하여야 한다.

③ 비례성(Proportional): 규제로 인한 피규제자의 권익 침해가 최소한도로 제한되어야 하며, 규제로 인하여 피규제자를 비롯한 이해관계자들이 지불하는 비용보다 규제로 인한 편익이 커야 한다.

④ 책임성(Accountable): 규제자는 규제의 효과적 관리에 필요한 기본적인 역량을 갖춰야 하며, 규제의 실효성에 대한 모니터링과 관리를 충실히 수행할 의무를 가져야 한다.

Ⅱ. 규제의 수단과 종류

규제에서 규제수단의 선택은 중요한 문제의 하나인데, 적정한 규제수단을 선택하기 위해서는 규제수단에 대한 이해가 전제되어야 한다.

1. 공식적 규제와 비공식적 규제

공식적 규제라 함은 법령 등(법률, 법규명령(대통령령, 총리령, 부령, 행정위원회의 규칙 등 법규명령인 규칙))에 의한 규제(입법규제)와 법령 등에 근거하여 행정기관이 행하는 규제(행정규제)를 말한다. 행정규칙의 실질을 갖는 것(특히 행정규칙 중 재량권 행사의 기준인 재량준칙)이 법규명령의 형식으로 제정되는 경우가 적지 않다. 판례는 대통령령의 형식으로 정해진 재량행위인 제재처분의 기준을 법규명령으로 보면서 최고한도를 정한 것으로 보는 반면에 부령의 형식으로 정해진 재량행위인 제재처분의 기준은 행정규칙의 효력을 갖는 것으로 보되 특별한 사정이 없는 한 존중하여야 하는 것으로 본다. 부령의 형식으로 정해진 행정규칙은 법적 구속력이 없는 행정규칙이지만 법규명령의 형식으로 제정된 것이고 관보에 공포되므로 공식적 규제수단으로 보는 것이 타당하다. 판례는 법령의 위임을 받아 행정규칙의 형식으로 정한 법령보충적 행정규칙(훈령, 통첩, 고시 등)을 법규명령의 효력을 갖는 것으로 본다. 따라서 법령보충적 행정규칙도 공식적 규제수단으로 보는 것이 타당하다.

비공식적 규제라 함은 법령에 의해 규율되지 않고, 법령의 근거 없이 행해질 수 있으며 규제의 성질이 정형화되지 않은 규제를 말한다. 가이드라인, 행정지도, 행정규칙, 자율규제 등이 이에 해당한다. 비공식적 규제는 법적 근거 없이 규제기관의 판단에 의해 행해질 수 있고, 비공식적 규제도 간접적이지만, 사적 활동에 영향을 미치므로 비공식적 규제를 남용해서는 안 된다. 비공식적 규제는 법적 구속력이 없지만, 행정권이 강한 경우 비공식적 규제는 사실상 강제력을 갖는다. 따라서 필요한 경우에는 행정절차법에 의한 규율, 가이드라인의 공표 등을 통해 비공식적 규제의 불투명성과 자의성을 통제할 필요가 있다. 예를 들면, 행정절차법은 비공식적 규제인 행정지도의 절차를 규율하고 있다. 비공식적 규제 중 공개되지 않고 은밀하게 행해지는 규제를 그림자규제(숨은 규제)라고 한다.

2. 공법(公法)적 규제와 사법(私法)적 규제

규제규정의 대부분은 공법규정이다. 그런데 사법규정도 규제적 기능을 갖는다는 점을 인정해야 하고, 규제를 행함에 있어서 사법의 규제적 기능을 고려해야 한다.

(1) 사법규정의 규제적 기능

종래 규제법상의 규제는 공법적 규제(행정법상 규제)를 의미하는 것으로 보았다. 오늘날에도 공익 보호를 위한 규제는 통상 공법상 규제를 의미한다. 그러나 사법 및 사법상의 수단(예, 계약, 손해배상청구, 방해배제 및 예방청구)에 의한 규제도 규제로 인식하고, 사법적 규제를 규제의 한 유형으로 자리매김할 필요가 있다.

공법상 규제가 없거나 미흡한 경우[18])에 사법 또는 사법상 수단이 공익의 보호를 위해 작동할 수 있다(규제적 기능을 발휘할 수 있다). 예를 들면, 계약법상 계약과 책임 및 불법행위법상 손해배상책임이 안전 및 환경의 보호를 위한 규제수단으로 활용될 수 있다. 소비자는 제품의 안전 보장에 관하여 기업과 계약을 맺고, 계약상 의무 위반으로 안전사고가 난 경우에 채무불이행으로 인한 손해배상청구를 할 수 있다. 그리고 매입한 제품에 하자가 있는 경우에 매수인은 하자담보책임을 물을 수 있다. 기업이 안전을 소홀히 하여 소비자에게 피해를 준 경우에 계약상의 채무불이행 또는 불법행위에 따른 손해배상을 청

---

18) 공법적 규제의 미흡은 사조직의 로비, 경제우선주의, 기업보호주의, 새로운 문제에 대한 규제 준비의 미비 등으로부터 일어난다.

구할 수 있다. 기업이 환경피해를 야기한 경우에 민법상 물권에 근거하여 방해배제 및 예방을 청구할 수 있다.

사법상 불법행위책임은 규제법의 흠결을 보완하기 위해 국가에 의해서도 사용될 수 있다. 달리 말하면 공법상 규제가 미흡한 경우 사법상 규제로 공법상 규제의 불충분함을 보완할 수 있다. 예를 들면, 코로나 19의 감염이 의심되는 자에게 자가격리를 명할 수 있는 규정은 있지만, 자가격리규정을 위반한 경우에 대한 제재규정이 없거나 미흡한 규제의 공백상태에서 그 위반에 대해 민법상 불법행위로 인한 손해배상을 청구할 수 있다. 실제로 자가격리규정 위반으로 코로나 19 감염예방을 위한 조치에 들어가는 비용에 상당하는 손해의 배상을 청구할 수 있다는 경고를 함으로써 자가격리규정의 준수를 압박할 수 있었다. 그 후 자가격리 위반에 대한 과태료부과규정이 신설되었다. 과태료규정이 신설된 경우에도 이 규정의 실효성이 미흡한 경우에는 손해배상청구의 압박은 자가격리규정의 규범력을 높이는 기능을 하였다. 2021년 3월 9일 코로나전염병 예방수칙을 위반한 사람에 대해 민사상 손해배상청구를 할 수 있는 것을 명문으로 신설 입법화한 것[19]은 민사상 손해배상제도의 규제적 기능을 인정하고 이를 활용한 예로 볼 수 있다.

(2) 공법적 규제와 사법적 규제의 선택

공법상 규제를 할 것인지 여부를 결정할 때 사법의 규제적 기능을 고려하면서 공법상 규제를 할 것인지 여부 및 공법적 규제의 내용을 결정하여야 한다.

---

19) 보건복지부장관, 질병관리청장, 시·도지사 및 시장·군수·구청장은 이 법을 위반하여 감염병을 확산시키거나 확산 위험성을 증대시킨 자에 대하여 입원치료비, 격리비, 진단검사비, 손실보상금 등 이 법에 따른 예방 및 관리 등을 위하여 지출된 비용에 대해 손해배상을 청구할 권리를 갖는다(감염병의 예방 및 관리에 관한 법률(약칭 '감염병예방법') 제72조의2).

통상의 경우 안전, 환경 등 공익의 보호는 공법적 규제에 의해 달성하는 것이 타당하지만, 안전, 환경 등 공익의 보호를 위해 공법적 규제를 할 것인가 아니면 공법적 규제를 하지 않고, 사법상 불법행위책임이나 계약책임에 맡길 것인가 하는 선택을 해야 할 경우가 있다. 공법적 규제를 할 여건이 조성되어 있지 않거나 공법적 규제를 할 준비가 충분하게 되어 있지 않은 경우에 그러하다. 즉 공법상 규제가 시기상조인 경우가 있다. 경우에 따라서는 안전, 환경 등 공익의 보호를 위해 공법적인 규제를 하지 않고, 사법상의 불법행위책임과 계약상 책임에 의해 안전, 환경 등 공익의 보호를 달성하는 것이 타당한 경우도 있다. 이러한 경우에는 공법상 규제를 하지 않는 것이 타당하다. 이는 최소규제의 원칙으로부터도 요구된다.

(3) 사법의 규제적 기능의 강화

영미국가에서는 오래전부터 보통법의 규제적 기능을 인식하고 이를 활용해 왔다.

우리나라에서도 사법은 규제법에서 영미에서의 보통법의 규제적 기능과 유사한 기능을 갖는다고 할 수 있다. 다만, 영미법과 비교하여 가해자의 과실이나 인과관계의 입증에 있어서 원고의 입증책임이 상대적으로 엄격하고, 징벌적 손해배상제도가 미흡하고, 집단소송이 극히 제한적으로만 인정되고 있어 사법의 규제적 기능은 약할 수밖에 없다.

무규제시 사법을 통한 공익의 보호를 위해 그리고 규제완화로 인한 공익의 훼손에 대한 우려를 완화하기 위해서는 사법의 규제적 기능이 활성화되도록 인과관계의 입증책임을 완화해주는 법리를 발전시키고, 징벌적 손해배상제도를 확대·강화할 필요가 있다.

(4) 공법과 사법의 구별 및 공법과 사법의 관계

1) 공법과 사법의 구별

우리나라는 대륙법계 국가에서와 같이 공법과 사법을 구별하고 있다. 공법과 사법의 구별은 행정주체와 사인과의 관계는 사인 상호간의 관계와는 다른 법에 의해 규율되어야 한다는 사상으로부터 출발하였다.

공법과 사법의 구별은 규율대상의 차이로부터 나온다. 사법의 규율대상은 사인 상호간의 관계인데, 사인 상호간의 관계는 대등한 관계이다. 그리하여 사법은 사적 자치의 원칙을 기본원칙으로 하고 각 개인에게는 자율권이 인정된다. 공법의 규율대상은 행정주체와 사인간의 관계인데, 행정주체와 사인간의 관계는 행정주체에게 우월적인 지위인 공권력이 주어지는 기본적으로 불대등한 관계이다. 사법은 사익 상호간의 관계를 규율하지만, 공법은 공익 상호간 또는 공익과 사익 상호간의 관계를 규율한다.

공법에는 행정법뿐만 아니라 국제법, 형법, 헌법이 포함되는데, 국내법에서 사법에 대응하여 공법이라 하면 통상 행정법을 말한다.

공법과 사법을 구별하는 법체계는 법률관계의 성질에 맞는 법적 규율을 할 수 있는 장점이 있는 반면에 법질서의 통일이라는 측면에서는 문제가 있다. 공법과 사법을 구별하면 공법상으로는 적법하지만, 사법상으로는 위법한 경우(예, 적법한 건축허가에 따른 건축이 인근주민에게 수인한도를 넘는 일조 등의 침해를 가하는 경우), 사법상으로는 적법하지만 공법상으로는 위법한 경우(허가를 받아야 함에도 허가를 받지 않고 한 영업행위는 공법상 불법이지만 사법상의 효력은 유효하다)가 있게 된다.

■**판례**■ 건축법 등 관계 법령에 일조방해에 관한 직접적인 단속법규가 있다면 그 법규에 적합한지 여부가 사법상 위법성을 판단함에 있어서 중요한 판단자료가 될 것이지만, 이러한 공법적 규제에 의하여 확보하고자 하는 일조는 원래 사법상 보호

되는 일조권을 공법적인 면에서도 가능한 한 보장하려는 것으로서 특별한 사정이 없는 한 일조권 보호를 위한 최소한도의 기준으로 봄이 상당하고, 구체적인 경우에 있어서는 어떠한 건물 신축이 건축 당시의 공법적 규제에 형식적으로 적합하다고 하더라도 현실적인 일조방해의 정도가 현저하게 커 사회통념상 수인한도를 넘은 경우에는 (사법상) 위법행위로 평가될 수 있다(대법원 2004. 9. 13. 선고 2003다64602 판결).

2) 공법과 사법의 관계

공법과 사법은 구분되면서도 일정한 경우 밀접한 관계를 갖는다. 다음과 같이 공법과 사법은 법적 규율을 위해 상호 결합되기도 하고 상호 협력수단이 되기도 한다.

① 우선 일정한 한계 내에서 공법수단과 사법수단간의 선택의 자유가 인정된다. 대표적인 경우는 공법상 계약과 사법상 계약 사이의 선택의 자유이다. 공익목적을 실현하기 위해 공법적 수단을 사용하기도 하고 사법적 수단을 사용하기도 하며 양 수단이 협력적으로 사용되는 경우도 있다. 예를 들면, 환경보호나 소비자보호 등 공익목적을 달성하기 위해 공법적 수단을 사용하기도 하고, 사법적 수단을 사용하기도 한다.

② 다음으로 하나의 행정목적을 위한 행정과정에서 공법수단과 사법수단이 결합되어 사용기도 한다. 행정법상 2단계설에 따른 공법행위와 사법행위의 결합이 대표적인 예이다.

③ 사법형식에 의해 행정활동이 행해지는 행정사법(行政私法)관계(예, 전기공급관계)는 기본적으로 사법에 의해 규율되지만, 공익 보호를 위해 일정한 한도 내에서 공법원리가 적용된다는 것이 일반적 견해이다.

④ 마지막으로 행정이 사법조직에 의해 행해지는 경우가 있다. 전기사업 등 공기업이 주식회사의 형태로 운영되는 것이 대표적인 예이다.

⑤ 공법수단과 사법수단이 상호 협력보완관계에 있는 경우가 있다. 예를 들

면, 일조권의 보호를 위해 공법과 사법이 협력한다.[20]

3) 공법과 사법의 통합론

최근 공법과 사법의 구분에서 공법과 사법의 통합으로 나아가야 한다는 주장이 제기되고 있다. 공법과 사법의 통합의 필요성 및 그 논거로 다음을 들수 있다. 국가에는 하나의 법질서만이 존재하고, 국가의 법질서는 통일성을 가져야 하므로 공법질서와 사법질서가 모순을 일으키는 것은 타당하지 않다. 공법과 사법은 법이라는 점에서는 동일성을 갖는다. 공법과 사법을 전면적으로 통합하는 것은 공법과 사법의 구별을 포기하고 영미법과 같이 단일법을 채택하는 것이어서 당장 가능한 것은 아니지만, 다음과 같이 부분적으로는 공법과 사법의 통합을 모색할 수는 있을 것이다.

① 신의성실의 원칙이나 권한(권력)남용의 금지의 원칙은 전체 법의 일반원칙으로서 사법의 일반원칙이며 동시에 행정법의 일반원칙이다. 기간계산과 같은 기술적 규정은 특별한 사정이 없는 한 공법과 사법에서 다르게 규율할 이유는 없다.

② 공법상 계약에는 특별한 규정이 없는 한 공익상 특수한 규율을 하여야 하는 경우를 제외하고는 널리 사법상 계약에 관한 민법규정이 일반적으로 적용 내지 유추적용된다. 이러한 해결은 공법과 사법의 구별을 전제로 하여 주장되지만, 공법상 계약과 사법상 계약을 통합하여 행정상 계약으로 규율하여야 한다는 주장도 있다.

③ 처분에 대한 항고소송에서 원고는 사권의 침해를 법률상 이익의 침해로 주장할 수 있는 것은 아닌지에 관하여 긍정적인 검토가 행해질 수도 있다.

---

20) 박균성, 건축관련이익의 공법적 조정에 관한 연구, 토지공법연구 제24집, 한국토지공법학회, 2004.12, 291면 이하 참조.

3. 명령·강제규제와 유도·조장규제 또는 스마트규제

명령·강제규제(C&C(Command and Control) Regulation)라 함은 규제목적을 달성하기 위해 명령하고 강제하는 규제를 말한다. 그 예로는 인·허가·등록·신고제, 오염물질배출규제(배출시설·방지시설의 설치의무, 배출허용기준 등), 위법상태에 대한 시정명령, 취소·정지 등 행정적 제재, 형벌·과태료 등 형사적 제재 등이 있다.

유도·조장규제(Incentive Regulation)라 함은 직접적으로 명령하고 강제하는 것이 아니라 인센티브의 제공 등 동기부여에 의해 수범자의 의사결정에 영향을 미쳐 수범자의 행위를 규제목적을 달성할 수 있도록 유도하는 규제를 말한다. 그 예로는 세금(조세부과, 세금감면), 부담금, 보조금, 탄소배출권거래제, 서울남산터널혼잡통행료 등 경제적 규제 등이 있다.

명령·강제규제와 유도·조장규제의 장·단점은 아래와 같다.

명령·강제규제	장점	·공익의 보호에 유리 ·행정이 콘트롤할 수 있음 ·신속하게 효과를 볼 수 있음
	단점	·적정한 입법에 어려움이 있음 ·단속이 어렵고 단속비용이 많이 듦 ·시대의 변화에 맞춰 법을 개정하는 것이 쉽지 않음
유도·조장규제	장점	·입법 및 단속 비용이 적게 듦 ·기업의 자율성을 보장할 수 있음 ·시장친화적 규제방법 ·경쟁을 도입한 규제방식
	단점	·효과가 늦게 나타남. 따라서 긴급한 경우 적절하지 않음 ·중요한 가치의 보장이 필요한 경우 적절하지 않음 ·공익이 훼손될 수 있음

스마트규제(Smart Regulation)라 함은 명령·강제의 엄격한 규제수단이 아니라 경제적 유인수단(시장친화적 규제수단), 정보의 제공, 지원, 자율규제 등 민간의 자율을 존중하고, 상황변화에 탄력적인 규제수단을 사용하여 행하는 규제를 말한다.

4. 경제적 규제와 사회적 규제

경제적 규제라 함은 경제에 대한 규제를 말하고, 사회적 규제라 함은 인간의 사회생활에 대한 규제를 말한다. 경제적 규제의 예로는 공정경쟁규제, 하도급규제, 외환규제, 금융규제, 물가규제 등이 있다. 사회적 규제의 예로는 안전규제, 위생·보건규제, 환경보호규제, 소비자보호규제 등이 있다.

경제적 규제와 사회적 규제를 구별하는 실익은 규제완화의 문제에 대한 대응에 있다. 경제적 규제에 있어서는 시장의 자율을 보장하기 위해 규제완화가 강하게 요구되지만,[21] 사회적 규제에 있어서는 규제완화가 능사가 아니며 그동안 소홀히 다루어진 안전, 환경보호, 소비자보호를 강화하기 위해 규제의 강화가 요구되거나 규제의 적정성이 요구된다.

규제심사의 실무에서 규제영향분석서(표준형, 간이형)는 규제연구센터의 1차 심사를 받는데, 경제분야 규제의 경우 한국개발연구원 규제연구센터, 사회분야규제의 경우 한국행정연구원 규제연구센터의 심사를 받는다.

경제적 규제는 시장에서의 자유로운 경쟁과 공정한 경쟁을 보장하는 것을 목적으로 한다. 시장질서를 보호하고, 시장의 실패를 시정하여 시장의 기능을 회복하는 것을 내용으로 한다. 시장규제에는 다음과 같은 규제가 있다: 진입규제(자격규제, 시설규제), 투입규제(예, 원료에 대한 규제), 생산과정에 대한 규제

---

21) 경제는 시장에 맡기는 것이 원칙이고, 시장의 실패를 시정하는 정부의 경제적 규제는 최소한·보충적으로 행해지는 것이 바람직하다.

(안전규제, 환경규제, 최저임금규제, 근로시간규제 등), 판매규제(가격규제, 끼워팔기 등 판매방법에 대한 규제 등), 결과(판매후)규제(애프터서비스규제, 소비자보호규제, 손해 배상 등).

공정한 경쟁은 동등한 기회를 보장하는 것뿐만 아니라 실질적으로 동등한 경쟁이 행해지도록 하여야 한다. 예를 들면, 대기업과 중소기업에게 동등한 기회를 주는 것만으로 실질적으로 동등한 경쟁이 가능하지 않은 경우에는 중소기업을 우대하는 규제를 하는 것이 필요하다. 자유로운 공정경쟁을 보장하기 위한 규제, 시장의 실패를 시정하는 규제는 일반경쟁규제로서 공정거래위원회의 관할에 속한다. 그런데 특정분야(예, 정보통신, 항공)의 정책(공익)목적을 위한 규제(예, 정보통신요금규제, 운수권 배분)는 해당 특정분야에서의 전문경쟁을 포함하여 해당 특정분야의 중앙행정기관의 권한에 속한다. 항공사간의 경쟁을 촉진하기 위해 복수항공사간 경쟁을 하도록 하는 항공정책을 추진하는 경우에 후발주자인 영세한 항공회사에게 그 항공회사가 경쟁력을 갖출 때까지 수익성이 좋은 항공노선에서의 운수권을 우선배분하는 것은 공정경쟁의 원칙에 반하는 것이 아니며 오히려 항공회사간 공정한 경쟁환경을 조성하기 위해 필요한 조치이다. 그러나 영세한 항공회사가 성장하여 실질적으로 경쟁할 수 있는 상황이 되면 우대조치 없이 공정한 경쟁에 의해 운수권을 배분할 수 있을 것이다. 결론적으로 말하면 운수권 배분은 소형 항공회사에 대해서는 우선배분하고, 대등 항공회사 간에는 경쟁(평가)에 의한 배분이 타당하다.[22]

안전규제는 위험을 예방하고 발생한 위험을 제거하는 것을 내용으로 한다. 구속력 있는 안전규제조치로는 위험물질의 배출허용기준의 설정, 사용정지 등 제재조치 등이 있다. 위험의 예방수단으로 안전성평가제도가 있다. 안전성평가제도라 함은 제품의 출시나 기술의 사용 이전에 안전성평가를 하여 제품

---

22) 「국제항공운수권 및 영공통과 이용권 배분 등에 관한 규칙」(국토교통부령) 참조.

이나 기술의 안전성이 확보되도록 하는 제도이다. 안전성평가제도가 제 기능을 발휘하기 위해서는 안전성평가의 전문성과 공정성이 보장되도록 하여야 한다. 안전성평가 전문가의 부족을 보충하기 위해 전문가 양성 방안을 마련하여야 한다. 위험을 예방하고 발생한 위험을 제거하여 안전을 보장하는 행정을 경찰행정(질서행정)이라 한다. 경찰행정(질서행정)법상 안전을 보장하기 위해 명령하고 강제하기 위해서는 구체적인 위험이 존재해야 한다. 위험의 가능성만으로 경찰규제권이 발동될 수는 없고, 최소한 개연성 있는 위험이 존재해야 한다.[23] 입법실무에서는 통상 '건강이나 환경에 대한 침해의 우려가 있는 경우'로 규정하고 있다. 미국에서는 통상 'unreasonable risk of injury to health or the environment'로 규정하고 있다. 규제로 중대한 기본권의 제한이 가해지는 경우에는 명백하고 현존하는 위험(clear and present danger)이 존재해야 한다. 중대하고 회복할 수 없는 결과를 초래할 수 있는 위험에 있어서는 위험의 개연성에 대한 입증이 없더라도 과학적으로 합리적 의심이 있는 위험이 있으면 안전규제권을 행사할 수 있다는 사전배려원칙(Precautionary Principle)을 적용하여야 한다. 사전배려원칙은 유럽에서는 법적 구속력있는 불문의(명문의 규정이 없는 경우에도 인정되는) 법원칙으로서 인정되고 있는 반면에 미국에서는 법원칙으로 인정되지 않고 있을 뿐만 아니라 이념적 원칙으로서도 그 인정에 대해 소극적인 견해가 우세하다. 사전배려원칙이 적용될 수 있는 예로는 유전자재조합식품에 대한 표시의무제 등 규제, 돼지열병, 조류인플루엔자 유행시 발생 주변지에서의 예방조치로서의 살처분, 코로나 19의 유행시 자가격리의무의 부과, 집합제한, 영업제한 등이 있다.

안전은 기본적으로 과학기술적 안전성이다. 규제의 근거가 되는 위험이 있

---

23) 위험성이 구체적이고 개연성이 있어야 규제권이 발동될 수 있다는 것이 전통 경찰규제법의 법리이다.

는지는 기본적으로 과학기술적으로 결정된다. 그렇지만, 안전의 보장이나 위험을 규제(관리)하는 경우에 안전이라는 가치는 다른 가치(건강, 환경, 비용, 경제 등)와 조화를 이루어야 하므로 과학적 분석뿐만 아니라 경제적, 정치적 고려를 하여 결정된다. 위험에 대한 과학적 입증이 어려워 위험과 안전의 상태가 불확실한 경우[24]가 있다. 이 경우에 규제기관은 규제에 관한 결정을 내리는데 큰 어려움을 갖는다.

신기술과 신산업에 대한 안전규제에 있어서 위험 관련 법 및 법이론의 변화가 요구된다. 신기술과 신산업은 일정한 위험을 갖고 있는데, 그 위험의 실체를 명확하게 입증하기 어려운 경우가 많다. 그리고 신기술 및 신산업의 막대한 영향력에 따라 신기술과 신산업 발전을 위한 국가간, 기업간 경쟁은 매우 치열하다. 이러한 점을 고려할 때 위험 및 안전에 관한 종래의 법이론을 엄격하게 적용하는 것은 타당하지 않을 수 있다. 따라서 4차 산업혁명시대에 맞는 안전 개념을 정립하고, 위험성 판단방식과 위험관리 내리 안전관리의 기준을 정립해야 할 것이다. 새롭게 출현하는 위험(emerging risk)에 대한 규제방식을 정립하여야 한다. 우선 신기술과 신산업에 따른 위험의 불확실성, 그 위험에 관한 정보의 부족 등을 고려할 때 완벽한 안전성을 보장한 상태에서 신기술과 신산업을 허용하는 것은 타당하지 않을 수 있다. 따라서 신기술과 신산업의 위험성을 과학적이고 전문적으로 평가하는 위해성(안전성)평가제도를 도입하여 최소한의 안전성이 보장된 상태에서 신기술과 신산업이 허용되도록 하고, 신기술과 신산업의 발전에 따라 안전성 보장을 조정하고 강화하여야 한다. 신기술과 신산업의 초기단계에서의 안전성의 미흡은 신기술과 신산업의 발전에

---

24) 위험에 대한 과학적 입증의 어려움은 인간에 대한 직접 실험의 어려움으로 동물에 대한 실험을 통해 입증하고 그 입증결과를 기초로 인간에 대한 위험을 산출할 수밖에 없는 점, 실험윤리의 문제로 충분한 실험을 할 수 없는 점, 기술·정보의 제약 등으로부터 나온다.

따라 해소될 수 있다는 것도 고려하여 규제하여야 한다.25) 신기술과 신산업에 대한 임시허가시 안전확보를 위한 잠정적 조건을 부가하고, 위험에 관한 정보의 집적, 기술발전 및 상황변화에 따라 안전성을 조정하고 강화하여야 한다. 신기술과 신산업의 주체가 안전성분석보고서를 제출하고 이를 기초로 주무기관과 안전협약을 체결하고 이를 조건으로 붙여 임시허가를 하는 방안을 생각할 수 있다.

다음으로 과학적 안전성 개념에만 의존할 수는 없다. 주권자인 국민의 심리적 안전성도 고려하여야 한다. 신기술과 신산업의 위험성을 어느 정도까지 수용할 것인가 하는 것을 민주적으로 결정하여야 한다. 과학기술적 안전성과 함께 국민이 수용할 수 있는 안전성, 즉 '민주적 안전성'을 추구하여야 할 것이다. 이를 위해 위험에의 노출에 대한 국민의 자기결정권을 보장하고, 위험관련 정보를 공개하는 것이 필요하다. 신기술과 신산업의 역기능과 순기능을 비교형량하여 신기술과 신산업의 허용 여부와 규제 여부 및 규제의 정도, 안전성의 정도(최소한의 안전성, 설득력 있는 안전성, 상당한 안전성, 확실한 안전성 등)를 민주적으로 결정하여야 한다. 국민은 과학기술의 위험성 그 자체도 두려워하지만, 통제되는 않는 위험, 알지 못하는 위험에 대한 두려움이 더 크다. 신뢰받는 국가에 의해 통제되는 위험, 그 실체를 잘 알고 있는 위험에 대해서는 그 두려움이 완화될 수 있다. 따라서 신기술과 신산업의 허용이 민주적으로 투명하게 결정되고, 그 결정과정에 이해관계인 및 국민이 참여할 수 있도록 하는 것이 필요하다.

환경규제는 건강하고 쾌적한 환경을 보장하는 것을 목적으로 한다. 환경은

---

25) 기술의 안전성이 다소 미흡하더라도 수년 내에 미흡한 점을 해소할 수 있도록 기술이 발전될 수 있다는 것이 예상되면 그 보완을 조건으로 기술의 도입을 인정할 수도 있을 것이다.

훼손된 후에는 그 회복이 매우 어려운 특성이 있으므로 환경의 훼손을 예방하는 것을 최우선의 원칙으로 해야 한다(예방의 원칙). 이러한 환경의 특성에 비추어 환경규제에 있어서는 앞에서 서술한 사전배려의 원칙(Precautionary Principle)이 보다 널리 인정되어야 한다(사전배려의 원칙). 환경은 무상으로 제공되어 환경을 무상으로 이용하고 환경을 훼손하는 경우가 많다. 그런데 환경은 공유의 자산으로서 훼손된 환경을 복원하기 위해 공공의 비용이 든다. 그러므로 환경오염자가 환경비용을 부담하도록 하여 환경비용을 내부화하는 것이 필요하다. 그리고 오염자가 오염된 환경을 회복시키는 책임을 지는 것이 환경정의에 합치한다. 따라서 환경오염에 대해 오염자가 책임을 지고 그 비용을 오염원인자가 부담하도록 하는 것이 필요하다(오염원인자 책임의 원칙). 또한 쾌적한 환경으로부터 수익을 보는 자도 환경보호비용을 일부 부담하는 것이 환경정의에 합치한다(수익자부담의 원칙). 환경을 훼손하는 개발위주의 정책은 지속가능한 개발이 될 수 없다. 개발과 환경을 조화시켜야 한다. 그리고 환경자원은 선대로부터 물려받은 것이고 후대에게 물려주어야 한다. 후세대의 환경에 대한 권리를 보장해주어야 한다(환경적으로 건전한 지속가능한 발전의 원칙). 그리고 환경은 공권력의 노력만으로는 충분하게 보호할 수 없다. 그리하여 환경보호에 대한 기업과 일반 국민의 참여와 협력이 중요하다(참여의 원칙). 환경보호를 위해서는 공권력과 국민이 함께 협동하여야 한다(협동의 원칙). 협동의 원칙에 따라 오염원인자가 아닌 기업이나 소비자인 일반 국민에 대해 환경규제를 하는 경우가 있다. 그 예로 폐기물에 대한 생산자책임재활용제도, 소비자에 대한 분리배출의무의 부과 등을 들 수 있다.

　그리고 환경규제는 법 위반으로 경제적 이득이 큰 반면에 법 위반에 대한 단속이 어렵고 그 목적을 달성하기 위해서는 규제대상의 노력과 협력이 필요한 것이므로 경제적 유인수단에 의한 규제여건이 마련된다면 명령·강제규제

(command and control regulation)보다는 경제적 유인수단을 사용하는 것이 바람직하다.

5. 사전규제와 사후규제

(1) 사전규제의 의의

사전규제라 함은 사적 활동을 하기 위해 사전에 충족해야 하는 규제를 말한다. 사전규제는 진입 전에 갖추어야 하는 진입규제이다. 사전규제를 충족하지 않고 하는 사적 활동은 위법한 것이 되고 행정적 제재와 형사적 제재의 대상이 된다. 인·허가, 등록, 신고 등이 이에 해당한다.

(2) 허가와 특허의 구별의 재검토

학설(법이론)에서는 영업에 대한 인허가를 학문상 '허가'와 '특허'로 구별하는 것이 전통적 견해이다. 실정법령상 허가와 특허를 엄격히 구별하지 않지만, 배타적 영업권의 부여 여부와 관련하여 실질적으로 구별하는 경우도 있다. 판례는 허가와 특허를 명시적으로 구별하고 있지 않지만, 부정하고 있지도 않다.

학문상 허가(許可)라 함은 법령에 의한 자연적 자유에 대한 일반적인 상대적 금지(허가조건부 금지)를 일정한 요건을 갖춘 경우에 해제하여 일정한 행위를 적법하게 할 수 있게 하는 행정행위를 말한다. 영업허가, 건축허가, 어업허가, 주류판매업면허, 기부금품모집허가, 운전면허, 은행업의 인가, 신탁업의 인가가 대표적인 예이다. 이러한 허가는 학문상의 개념이다. 허가라는 개념은 실정법상으로도 사용되나 허가 이외에 면허, 인허, 승인 등의 용어가 실무상 사용되고 있다. 또한 실정법상 사용되는 허가라는 용어 중에는 학문상의 특허(예, 광업 허가) 또는 학문상 인가(예, 토지거래허가)에 해당하는 것도 있다.

학문상 특허(特許)라 함은 상대방에게 직접 권리, 능력, 법적 지위, 포괄적 법률관계를 설정하는 행위를 말한다. 실정법에서는 허가(광업 허가) 또는 면허(어업 면허)라는 용어를 사용한다. 판례 중에는 특허를 '수익적 행정행위'로 성격규정하는 경우도 있다. 특허법상의 특허는 학문상의 특허가 아니고 준법률행위적 행정행위의 하나인 확인행위이다. 권리를 설정하는 행위의 예로는 특허기업의 특허(버스운송사업면허, 전기사업허가, 도시가스사업허가, 국제항공운송사업면허, 통신사업허가, 폐기물처리업허가 등), 광업허가, 도로점용허가, 공유수면점용·사용허가, 어업면허 등을 들 수 있고, 능력을 설정하는 예로는 행정주체 또는 공법인으로서의 지위를 설립하거나 부여하는 행위(예, 재건축정비조합설립인가), 공증인 인가·임명처분(대판 2019. 12. 13, 2018두41907)을 들 수 있고, 포괄적 법률관계를 설정하는 예로는 공무원임명, 귀화허가 등을 들 수 있다. 이 중에서 권리를 설정하는 행위를 협의의 특허라 한다.

허가와 특허의 구별이 어려운 경우도 있고, 영업의 자유라는 관점에서는 허가와 특허를 구별할 필요가 없으므로 허가와 특허를 구별하지 않는 것이 보다 타당할 수 있다. 특허의 대상이 되는 공익사업은 본래 국가가 수행하던 것을 민간에 이양한 것(민영화한 것)[26]이라는 점에서 본래 인간의 자유에 속하는 허가의 대상이 되는 사업과 구별되지만, 특허의 대상이 되는 사업이나 허가의 대상이 되는 사업이나 모두 헌법상 기본권인 영업의 자유의 대상이 되는 것이다. 그런데 종래 특허의 대상이 되던 사업 중에는 시장의 세계화와 경쟁의 강화에 따라 공익성이 약화된 경우도 있고, 허가의 대상이 되는 사업 중에도 공익성이 작지 않은 것도 있다. 오늘날 국가의 고유한 임무는 없는 것이고 국가의 임무는 헌법과 법률에 의해 정해지는 것이라고 보는 견해가 유력해지고 있고, 국가만이 공익을 수행하는 것이 아니라 민간도 공익적 활동을 하고 있거

---

26) 따라서 특허의 대상이 되는 사업은 통상 공익성이 큰 사업이다.

나 공익활동에 참여하고 있다. 전통적으로 허가의 경우 자연적 자유가 회복될 뿐 영업권이 부여되는 것이 아니고, 특허의 경우 독점적 내지 배타적 경영권이 부여된다는 점에서 허가와 특허를 구별하고 있지만, 허가의 경우에도 영업권이 부여되고 있는 것으로 볼 수 있고, 오늘날 특허의 경우에도 독점권이 부여되는 경우는 거의 없고 특허사업에도 경쟁의 원리가 도입되고 있다. 종래 허가를 기속행위로 특허를 재량행위로 보았으나 오늘날 재량권의 부여는 입법자의 결정에 의한다는 것이 일반적인 견해이다. 허가의 경우에도 재량행위 내지 기속재량행위로 인정되는 경우가 있고, 특허의 경우에도 아직 예외적이지만 기속행위로 보아야 하는 경우(예, 실효적인 경쟁관계에 있는 항공회사 간에 운수권의 배분)도 있다. 특허의 경우 기존업자의 경영상 이익이 법적 이익이고, 허가의 경우 영업의 이익은 반사적 이익이라고 보았으나 법적 이익인지 반사적 이익인지도 입법자의 의사에 의해 결정되는 것이지 특허인지 허가인지에 따라 결정되는 것은 아니다. 허가의 경우에도 수허가자의 영업상 이익을 보호할 필요가 있는 경우에는 수허가자의 영업상 이익이 법적 이익이 될 수 있고, 특허의 경우에도 특허사업자 사이에 경쟁이 도입된 경우에는 특허사업자의 영업상 이익을 보호할 필요가 없게 된다. 모빌리티산업에서 보듯이 특허를 받은 자에게 주어지는 배타적 경영권이 새로운 사업모델의 진입에 장애가 되기도 한다.

이러한 점에 비추어 특허와 허가의 구별을 폐지하는 것이 타당하다. 오늘날 선진외국에서도 특허와 허가를 구별하지 않는 것이 일반적인 경향이다. 오늘날에는 허가와 특허를 구별하는 실익보다는 허가와 특허를 구별하는 폐해가 더 크다고 할 수 있다. 그러므로, 허가와 특허의 구별을 폐지하고 광의의 허가(허가 등)를 목적에 따라 분류하는 것이 타당하다. 허가와 특허를 구별하여 획일적으로 규제하기 보다는 허가 등을 규제목적 및 규제상황에 따라 허가와 특허의 구별 보다 세밀하게 분류하여 개별적으로 다양하게 규율하는 것이 보다 타당할 것이다. 예를 들면, 안전보장을 위한 허가(예, 건축허가 등), 자격을 부여하는 허가(예, 사업자 지정), 과도한 경쟁을 제한하는 허가(예, 운송사업허가), 한정된 자원을 배분하는 허가(예, 텔레비전방송채널허가), 독점을 인정할 필요가 있는 허가(예, 지역공급사업허가) 등이 그것이다.

(3) 사전규제의 유형(수단)

영업은 헌법상 영업의 자유에 속한다. 그리하여 법에서 금지하고 있지 않는 한 허용된다. 그런데 공익을 보호하기 위해 영업을 하기 위해서는 사전에 인허가(학문상 허가 또는 특허)를 받거나 등록을 받아야 하는 것으로 규정하는 경우가 있다. 이 경우에는 이러한 인허가나 등록 없이는 영업을 하는 것이 금지되는 것이고, 이 규정을 위반하면 통상 무허가·무등록영업으로 형사처벌을 받는 것으로 규정하고 있다. 영업을 하기 위해 사전에 신고를 받도록 하고 있는 경우도 있는데, 이 경우에는 사전에 신고를 하지 않으면 해당 영업을 금지하는 금지해제적 신고와 해당 영업이 금지된 것은 아니고 정보를 수집하기 위해 사전에 신고하도록 규정하고 있는 정보제공적 신고가 있다. 금지해제적 신고에는 신고요건을 갖춘 신고만 하면 행정청의 수리 여부와 관계없이 금지가 해제되는 '자기완결적 신고'와 신고요건을 갖춘 신고를 하고 행정청이 수리를 하여야 금지가 해제되고 신고의 효과가 발생하는 '수리를 요하는 신고'가 있다. 자기완결적 신고는 통상 신고요건에 대한 행정청의 심사가 신고서류에 의한 심사, 즉 형식적 심사로 한정되는 신고이고, 수리를 요하는 신고는 신고요건이 형식적 요건과 함께 실질적 요건을 포함하고 필요한 경우에 행정청이 실질적 심사를 할 수 있는 신고를 말한다. 행정기본법은 '법률에 신고의 수리가 필요하다고 명시되어 있는 경우(행정기관의 내부 업무 처리 절차로서 수리를 규정한 경우는 제외한다)에 해당 신고'를 '수리를 요하는 신고'로 규정하고 있다(제34조). 그런데 실제 개별법률에서는 '신고의 수리가 필요하다'고 규정되어 있지는 않다. 법제처 실무에 따르면 개별법률에 '수리 여부'나 '수리하여야'와 같은 문언만 있는 경우에도 수리를 요하는 신고로 본다(법제처, 행정기본법 해설서, 350면). 따라서 2017.4.18. 건축법 제14조 제3항의 개정으로 건축신고는 수리를 요하는 신고가 되었다는 것이 법제처 실무의 입장이다(법제처, 행정기본법 해설서 348면 각주 342 참조). 수리를 요하는 신고는 규제의 정도에서 인허가와 자기완결적 신고의 중간에 위치한다. 수리를 요하는 신고는 규제완화정책하에서 인허가를 자기완결적 신고로 규제완화하는 것이 너무 과도하게 규제를 완화하는 것이 되는 경우에 인허가를 수리를 요하는 신고로 규제완화하면서 행정실무의 필요에 의해 도입된 신고의 유형이다. 금지해제적 신고를 위반한 경우에는 신고대상의 중요성 및 처벌정책에 따라 중한 경우에는 형사처벌을 하고 경한 경우에는 과태료를 부과하는 것으로 규정한다. 정보제공적 신고를 하지 않은 경우에는 형사처벌을 할 수는 없고 과태료를 부과하는 것이 타당하다.

실정법령상 등록에는 전형적인(본래의) 등록과 변형된 등록이 있다. 본래의 등록(전형적 등록)은 등록사항을 공적 장부인 등록부에 등재하여 공시하는 행정행위(공증행위)의 성질을 갖는다. 전형적 등록은 신청을 전제로 하는 점에서 신고와 구별되고, 항상 금지해제의 효과를 갖는 것은 아닌 점에서 허가와 구별된다. 그런데 실정법령상 전형적 등록과 신고는 명확히 구별되지 않고 있다. 예를 들면, 주민등록은 학문상 등록으로 보아야 하는데, 실정법령상 신고로 규정되어 있다. 등록은 기속행위인 점, 오늘날 신고의 경우에도 신고된 사항을 신고장부에 기재하고 공시하는 경우가 늘어나고 있는 점 등에서 신고와 전형적 등록은 접근해가고 있다. 실정법령상 등록이라는 명칭을 사용하는 경우 중 요건이 완화되었을 뿐 실질은 허가인 경우가 적지 않다(예, 석유판매업등록). 이러한 등록을 '변형된 등록'이라 할 수 있는데, 변형된 등록은 허가보다 요건이 완화되었을 뿐 실질은 허가라고 보아야 한다. 변형된 등록은 실질이 허가인데, 규제완화로 위장하기 위해 등록이라는 명칭을 사용한 것이므로 등록이라는 명칭을 사용하지 못하도록 하고 해당 명칭을 허가로 변경하는 것이 타당하다.

학문상 인가(認可)라 함은 타인의 법률적 행위를 보충하여 그 법률적 효력을 완성시켜 주는 행정행위를 말한다. 예를 들면, 협동조합 임원의 선출에 대한 행정청의 인가가 그것이다. 협동조합의 임원은 조합원이 선출하는 것이지만 조합원의 선출행위만으로는 선출행위의 효력이 완성되지 못하고 행정청의 인가가 있어야 선출행위가 완벽하게 효력을 발생한다. 기본적 행위는 조합원의 선출행위이고 인가는 기본적 행위의 효력을 완성시키는 보충행위이다. 인가도 허가나 특허처럼 학문상의 개념이다. 판례도 학문상 인가 개념을 인정하고 있다. 실무상 인가라는 개념이 사용되기도 하지만, 승인, 허가(민법 제32조 등)나 인허라는 개념도 사용된다. 학문상 인가는 행정법이론이면서 동시에 민법이론이다. 민법학자들은 행정법상 인가에 대해 재량행위인 것은 "허가", 기속행위인 것은 "인가"라는 용어를 사용하고 있다.27) 학문상 인가의 예로는 사립학교법인의 임원선임행위에 대한 승인(대판 2005. 12. 23, 2005두4823), 토지거래허가(대판 전원합의체 1991. 12. 24, 90다12243), 자동차관리사업자단체인 조합 또는 협회 설립인가(대판 2015. 5. 29, 2013두635), 정비조합조합장 명의변경인가(대판 2005. 10. 14, 2005두1046), 정비조합 정관변경 인가(대판 2014. 7. 10, 2013도11532) 등이 있다. 판례는 주거환경정비법상의 정비조합(재건축조합, 재개발조합) 설립인가처분을 정비조합이라는 공법인의 지위를 설정하여 주는 특허의 성질을 갖는 것으로 본다(대판 2009. 9. 24, 2008다60568).

---

27) 송덕수, 민법강의, 박영사, 2016, 398면, 433면 등.

인가는 사인의 사법상의 행위의 효력을 행정기관의 결정에 맡기는 점에서 공익을 이유로 한 민간의 자율에 대한 제한(개입)의 성격을 가진다. 민간영역의 자율적 운영능력이 부족한 과거에는 인가가 다소 넓게 인정될 수 있었겠지만, 민간의 자율적 운영능력이 행정을 능가할 정도로 높아진 오늘날에 인가는 공익을 위해 필요한 최소한도로 제한하여야 한다. 민간의 자율성을 보장하기 위하여는 인가를 최소한으로 제한하여야 한다. 인가의 인정에 비례의 원칙에 의한 엄정한 통제가 가해져야 한다. 필요한 경우에 한하여 재량행위로 규정하고, 재량권의 범위를 최소화해야 한다. 공익상 인가로 해야 할 것이 아닌 한 신고만으로 효력이 발생하는 것으로 하여야 한다. 2012. 1. 26 사립학교법 개정에서 사립학교 정관에 대한 사전인가제가 폐지되고 사후보고제로의 전환된 것(사립학교법 제45조)은 이러한 의미를 갖는다.

행정판례는 인가를 재량행위로 해석하는 경향이 있다. 판례가 인가제도의 입법취지, 즉 공익을 재량행위의 인정근거의 하나로 들고 있는 것[28]은 인가를 재량행위로 보려는 판례의 입장을 보여주는 하나의 예이다. 그렇지만, 민간의 자율성을 보장하기 위해서는 구체적 타당성을 보장하기 위해 어쩔 수 없이 재량행위로 해야 할 경우를 제외하고는 원칙상 기속행위로 입법할 뿐만 아니라 해석해야 할 것이다. 민법학자들은 법인의 설립과 관련하여 법률에서 "허가"로 규정한 것은 재량행위로 보고, "인가"로 규정한 것은 기속행위로 보고 있다.[29] 민법 제42조 제2항의 정관변경에 대한 주무관청의 "허가"는 본질상 주무관청의 재량행위로 보는 것이 민법학자의 일반적 견해이다.[30] 행정법학자는 위와 같이 학문상 허가와 학문상 인가를 구별하고, 민법 제42조 제2항의

---

28) 대법원 2015. 5. 29. 선고 2013두635 판결.

29) 송덕수, 앞의 책, 398면.

30) 송덕수, 위의 책, 433면.

정관변경에 대한 주무관청의 "허가"도 학문상 인가로 본다. 행정법학자와 민법학자의 용어 사용이 다른 것은 법의 통일성이라는 측면에서 보면 타당하지 않다.

(4) 사후규제의 의의

사후규제는 사전절차 없이 사적 활동을 할 수 있지만, 사적 활동을 함에 있어서 법령에서 정한 사항을 준수하도록 하고, 이를 위반하면 행정적·형사적 제재를 가하는 규제를 말한다. 사적 활동의 준수사항의 규정, 규정 위반에 대해 영업정지, 시설폐쇄 등 행정적 제재, 형벌 또는 과태료를 부과하는 형사적 제재(처벌)가 이에 해당한다.

사전규제는 진입규제이고, 사후규제는 진입규제가 아니므로 사전규제보다는 사후규제가 사적 부문의 자유를 보다 보장하는 것이지만, 사후규제가 항상 사인에게 유리한 것은 아니다. 사전규제에서는 사적 활동의 적법 조건이 사전에 심사되어 사전규제를 충족하면 그에 따라 사적 활동을 자유로이 할 수 있는데, 사후규제는 사적 활동의 적법 조건에 대한 사전심사 없이 사적 활동을 할 수 있다는 점에서 유리하지만, 자본을 투자하여 진입 후 사후 규제로 사적 활동에 제한을 받을 수 있는 우려가 있는 점에서 사실상 불안한 상태에 놓일 수 있다. 특히 사후규제사항이 추상적으로 불명확하게 규정되어 있고, 행정기관이 사후규제권한을 자의적으로 행사하는 경우에는 더욱 그러하다.

규제학에서의 사전규제는 사업시행 전에 규제를 설정하는 것, 즉 선규제를 말하고, 사후규제라 함은 사업시행 후 사후에 규제를 마련하는 것, 즉 후규제를 말하는 것으로 사용한다.

6. 정부규제(타율규제)와 자율규제

정부규제는 정부가 규제주체가 되는 규제를 말한다. 피규제자의 입장에서 보면 정부규제는 타율규제이다. 정부가 공익의 수호자이므로 통상의 규제는 정부규제이다.

그런데 최근 영미국가에서 발달한 자율규제(self-regulation)를 확대하는 것이 바람직하다는 주장이 힘을 얻어가고 있다. 자율규제는 피규제자가 자율적으로 공익적 가치를 보호하도록 하는 규제이다. 자율규제는 공익을 위한 규제를 정부기관이 아니라 민간에 맡기는 것이다. 자율규제는 사적 부분의 자율성을 존중하고, 피규제자가 각자의 사정에 맞는 규제를 할 수 있는 점에서 피규제자에게 유리할 뿐만 아니라 피규제자가 자율적으로 규제목적을 달성한다면 정부의 규제부담을 줄이고, 규제목적이 실효적으로 달성될 수 있는 장점이 있다. 자율규제는 기업의 특성과 다양성을 반영하여 적정한 규제를 할 수 있도록 하는 기능도 있고, 자율적으로 규제하는 것이기 때문에 잘 운영되면 규제의 실효성을 높일 수 있는 장점도 있다.[31] 그러나 자율규제가 성공하기 위해서는 일정한 조건을 갖추어야 한다. 우선 기업에게 사회적 책임의식이 있어야 한다. 기업이나 기업협회의 사회적 책임의식이 약하고, 기업이 자신의 이익을 최우선으로 하고 기업협회도 회원기업의 이익만을 추구하는 경우에는 자율규제의 실효성이 담보되기 어렵다. 다른 한편으로 징벌적 손해배상, 엄격한 형사책임 등 엄격한 책임제도가 존재해야 자율규제의 실효성이 담보될 수 있다. 그리고 자율규제의 민주성과 공개성이 확보되어야 한다.

그런데 우리나라의 현실은 이러한 자율규제의 성공조건이 매우 미흡하다.

---

31) 이론상 자율규제(Self-Regulation)가 타율규제(Command and Control Regulation)보다 앞선 규제라는 것이 규제학자의 일반적 견해이다.

자율규제의 실효성이 담보되지 않으면 공익에 대한 위험을 초래한다.[32] 따라서 자율규제를 인정하는 경우에는 자율규제의 실효성을 보장하기 위한 여건 조성이 함께 행해져야 한다. 또한 자율규제가 미흡한 경우에는 국가가 일정 부분 개입하여 자율규제를 보완하고 공익을 보장하여야 한다. 자율규제의 여건이 마련되지 않은 경우에는 완전한 자율규제를 인정하는 것 보다는 정부와 민간이 공동으로 규제하는 공동규제(co-regulation), 자율규제에 대해 정부가 지도·감독하는 통제된 자율규제(controlled self-regulation, audited self-regulation)를 취해야 할 것이다. 자율규제가 제대로 기능할 수 있도록 정부가 규제하는 자율규제를 '규제된 자율규제'라고 한다.

어느 형식의 자율규제든지 자율규제에서는 공익성 담보장치가 마련되어야 하고, 국가의 최종적인 공익보장책임이 확보되어 있어야 한다.

7. 규제수단의 선택

규제목적을 달성하기 위해 적합한 수단을 채택하여야 하고(적합성의 원칙), 그 중에서도 국민의 권익을 가장 적게 침해하는 수단을 채택하여야 한다(최소침해의 원칙).

그 밖에 앞에서 서술한 좋은 규제의 요건을 충족하여야 한다.

Ⅲ. 네거티브규제정책의 재검토

사업활동의 허용에 관한 규제방식으로 포지티브규제와 네거티브규제가 있다.

---

32) 자율규제로 선박 적재화물을 단속하는 권한이 선박회사로 구성된 한국선주협회에 주어졌는데, 화물적재의 단속이 제대로 되지 못한 것이 세월호 사고의 원인 중 하나라는 것은 시사하는 바가 크다. 자율규제의 여건이 미비함에도 자율규제방식을 채택하면 공익 훼손이라는 부작용이 발생한다.

본래 네거티브규제는 법상 금지되는 것을 규정하고, 나머지는 모두 허용하는 규제방식을 말한다. 이러한 네거티브규제 개념은 좁은 의미의 개념인데, 보다 엄밀히 말하면 '네거티브 리스트 규제'를 말한다.[33]

네거티브규제의 반대 개념은 포지티브규제인데, 포지티브규제는 법상 허용되는 것을 규정하고, 나머지는 모두 금지하는 규제방식을 말한다. 포지티브규제(입법)에서는 규제(인허가 등)의 근거가 있어야 사적 활동이 허용된다.

원래 네거티브규제는 통상법에 있어서 수출입 허용 여부에 대한 규제방식에서 유래하였다. 수출입을 허용하는 품목을 열거하고 나머지는 금지하는 포지티브규제방식과 수출입이 허용되지 않는 품목의 리스트를 고시하고 나머지는 모두 허용하는 네거티브규제방식이 있다.

종래 우리나라는 사업활동에 관하여 포지티브규제를 원칙으로 하고 있다. 그런데 우리나라에서 네거티브규제라는 용어가 등장한 것은 대략 1997년 IMF 구제금융사태 이후에 규제축소 내지 규제완화를 위한 규제 패러다임의 전환으로 네거티브규제를 주장하면서부터이다. 규제축소 내지 규제완화에 대한 행정공무원의 저항을 극복하고 대폭적인 규제축소 내지 규제완화를 이루기 위해서는 규제 패러다임을 전환하여 당시의 포지티브규제를 네거티브규제로 바꾸어야 한다고 주장하였다. 그리고 이러한 주장은 아직까지도 행해지고 있다.

규제정책과 규제실무에서도 이명박 정부 이래 '포지티브규제입법'을 '네거티브 리스트 규제입법'으로 바꾸려는 노력을 국가 중요정책으로 추진하였다. 그런데 그 성과는 초라했다.[34] 이와 같이 협의의 네거티브규제 방식인 금지

---

33) 이를 형식적 의미의 네거티브규제라고 부르는 견해도 있다(김유환, 규제방식의 유형과 개선방안에 관한 연구, 규제개혁위원회 연구보고서, 2008.10).

34) 포지티브규제를 네거티브규제로 바꾼 대표적인 예로는 화장품 제조에 사용가능한 원료목

나열식 네거티브 리스트규제의 성과가 저조하자 문재인 정부에서는 '포괄적 네거티브'를 규제정책의 핵심으로 제시하였다. 즉, 문재인 정부는 2017년 10월 '신산업분야 네거티브규제 발굴 가이드라인'을 제정하여 '포괄적 네거티브규제'의 실현을 제4차 산업혁명에 대응한 규제혁신과제로 제시하였는데, '포괄적 네거티브규제'라는 개념을 네거티브리스트, 포괄적 개념정의, 유연한 분류체계, 사후평가관리, 임시허가, 시범사업, 규제탄력적용, 사후규제를 포함하는 것으로 사용하고 있다. '포괄적 네거티브규제'라는 개념을 직역하면 네거티브규제가 포괄적이라는 것이고, 이는 금지사항을 구체적으로 열거하는 것이 아니라 포괄적으로 규정하고 나머지를 허용한다는 것으로 이해된다. 즉, 포괄적 규제와 네거티브규제를 합성한 조어이다. 그런데 '포괄적 네거티브규제'는 포괄적 규제와 네거티브규제뿐만 아니라 앞에서 본 바와 같이 문재인 정부의 신산업분야에 대한 규제 전체를 대표하는 개념으로 사용하였다.

오늘날에는 네거티브규제를 최소규제 내지 원칙허용·예외금지로 이해한다.[35] 포지티브규제를 '원칙금지-예외허용' 방식의 규제로 보고, 네거티브규제를 '원칙허용-예외금지' 방식의 규제로 보는 견해가 이에 해당한다.[36] 이러한

록을 폐지하고, 금지원료를 지정하는 것으로 규제입법방식을 바꾼 2011. 8. 4. 전부개정 2012년 2월 5일 시행된 화장품법 개정을 들 수 있다. 다만, 신원료 심사제를 폐지하는 대신에 국민 보건상 위해 우려가 있는 화장품 원료에 대하여 위해요소를 평가하여 위해성이 있는 화장품 원료는 사용할 수 없도록 하였다. 2014. 1. 14. 「국토의 계획 및 이용에 관한 법률 시행령」<별표 7>의 개정에서 '준주거지역에서 건축할 수 있는 건축물'을 '준주거지역에서 건축할 수 없는 건축물'로 규정방식을 변경하였다(법제처 법령입안·심사기준, 2017. 12, 86-87면 참조).

35) 김재광, 규제재설계에 따른 행정작용법적 함의－포괄적 네거티브 규제체계를 중심으로, 법학논총 38(2), 전남대학교 법학연구소, 2018.5, 174면.

36) 최승필, 규제 완화에 대한 법적 고찰: 인·허가 및 신고, 등록제도와 네거티브 규제를 중심으로, 공법학연구 제12권 제1호, 2011, 331-332면.

의미의 네거티브규제를 넓은 의미의 네거티브규제라고 할 수 있다.[37] 광의의 네거티브규제에 대응하는 광의의 포지티브규제 개념은 '선 규제입법-후 허용'을 의미하는 것으로 사용되고 있다.

이와 같이 네거티브규제라는 개념은 규제완화 및 규제혁신의 대명사로 사용되어 왔는데, 광의의 네거티브규제 개념은 규제축소 또는 규제개혁에 해당하는 다양하고 이질적인 것을 모두 포괄하는 개념으로 사용되게 되면서 용어와 그 의미가 일치하지 않게 되었다. 광의의 네거티브규제는 그 의미와 용어에 불일치가 있으므로 네거티브규제는 협의의 네거티브규제, 즉 네거티브리스트규제로 이해하고, 광의의 네거티브규제는 그 의미에 충실하게 '우선허용-사후규제'로 용어 사용을 변경하는 것이 타당하다. 개념의 혼란을 막고, 규제혁신의 방향을 올바르게 제시하기 위해서는 네거티브규제 개념을 '네거티브 리스트 규제'를 의미하는 것으로 한정하여 사용하고, 광의의 네거티브규제의 개념은 폐기하는 것이 바람직하다. 광의의 네거티브규제 개념은 우선허용-사후규제(또는 원칙허용-예외금지)를 의미하는 것으로 사용되고 있으므로 네거티브규제라는 용어 대신 우선허용-사후규제(또는 원칙허용-예외금지)라는 문구를 사용하는 것이 규제혁신정책의 혼란을 방지하고 광의의 네거티브 규제원칙을 보다 명확히 전달할 수 있다.

이 시점에서 네거티브(리스트)규제의 타당성을 검토할 필요가 있다. 우선 왜 현대의 '포지티브규제입법'을 네거티브 리스트 규제입법으로 바꾸는 것이 잘되지 않고 있을까에 대해 의문을 제기해 보아야 한다. 나아가 모든 규제를 네거티브 리스트 규제만으로 할 수는 없는 것이 아닌가 하는 반문을 제기해야 한다. 더 나아가 포지티브규제를 대부분 네거티브 리스트 규제로 바꿀 수 있

---

37) 넓은 의미의 네거티브규제를 실질적 의미의 네거티브 규제라고 부르는 견해도 있다(김유환, 앞의 보고서).

다는 환상에서 벗어나야 하는 것은 아닌가하는 문제제기를 해야 한다. 네거티브 리스트 규제 중심의 규제가 불가능하고 잘못된 것임에도 불가능하고 잘못된 네거티브규제의 환상을 좇는 것이 우리의 규제개혁의 방향을 오도하고, 규제개혁의 에너지를 낭비하게 만들고, 올바른 규제개혁을 이룰 수 없게 만드는 역효과를 야기하고 있는 것은 아닐까 진지하게 의문을 제기해야 한다.

네거티브 리스트 규제는 금지되는 것으로 열거된 것을 제외하고는 모두 허용하므로 새로운 신기술 및 신산업을 기존의 법에서 금지하고 있지 않는 한 허용하는 기능을 가질 수 있는 장점이 있다. 그런데 모든 분야에서 네거티브 리스트 규제를 도입할 수는 없다. 국민의 생명·신체 등의 안전 또는 중요한 환경에 회복할 수 없는 중대한 위험을 초래할 우려가 있는 경우에는 네거티브 리스트 규제를 도입하는데 신중하여야 한다. 사업분야에 따라 포지티브규제가 타당한 영역과 네거티브규제가 타당한 영역이 있다고 보아야 한다. 일반적으로 자유로운 시장에 맡기는 것이 타당한 경우 또는 우선 시장에 맡기고 사후에 입법을 보완하여도 괜찮은 경우, 창의와 혁신을 위해 자유가 보장되어야 하는 영역인데 회복할 수 없는 중대한 악영향을 가져오지 않는 영역에서는 네거티브 리스트 규제가 타당할 수도 있다. 그러나 무규제시 국민의 생명·신체 등의 안전에 중대한 위험을 초래하는 경우(국민의 권익에 회복할 수 없는 중대한 피해를 가져올 가능성이 큰 영역), 중요한 공익의 보호가 강하게 요구되는 영역, 이해관계의 조정이 강하게 요구되는 영역에서는 포지티브규제입법이 보다 타당한 입법방식이라고 할 수 있다.

그리고 네거티브규제입법방식은 민사상 손해배상제도 및 형사처벌제도와 밀접한 관계가 있다. 미국에서와 같이 국민의 생명·신체 등의 안전 또는 중요한 환경에 회복할 수 없는 중대한 피해를 초래하는 경우 기업의 존폐에 영향을 줄 만큼 큰 금액의 민사금전벌(civil penalty)이라는 징벌적 손해배상을 부과하거나 중한 형사처벌을 하고, 협회 등을 통한 자율적 규제가 실효성 있게 작동하는 국가에서는 네거티브규제가 타당할 수도 있다. 그렇지만, 우리나라에서와 같이 아직 징벌적 손해배상제도의 도입이 미흡하고, 원칙상 피해자가 가해자의 고의·과실과 손해를 입증해야 하고, 입증된 손해만 배상하는 법제하에서 그리고 규제가 없으면 안전에 큰 투자를 하지 않는 것이 기업의 일반적 행태인 경우[38])에는 네거티브규제의 도입에 신중해야 한다. 네거티브규제의 문제점은 무규제상태하에서 공익이 훼손될 우려가 크고, 규제되는 행위와 규제되지 않는 행위 사이에 규제형평성의 문제가 제기된다는 것이다. 위험성이 있는 신기술과 신산업에 대해 금지하는 법이 없다고 무규제상태로 허용하는 것은 공익을 포기하는 결과가 된다. 법령에서 유해화학물질로 규정되어 있지는 않지만, 고도의 유해성이 의심되는 물질의 사용을 사용금지규정이 없다고 무조건 허용할 수는 없다. 가습기살균제사건에서 교훈을 얻어야 한다. 가상화폐가 어떠한 규제도 없이 유통되어 투기, 사기 등의 문제를 야기한 것을 우리는 경험한 바 있다. 따라서 네거티브규제를 도입하는 경우에는 자율규제, 사후규제 등 공익보장책 그리고 징벌적 손해배상 등 강한 민사적 규제제도를 마련해야 하고, 형사처벌도 강화해야 한다.

또한 네거티브규제가 피규제자에게 항상 유리한 것도 아니다. 네거티브규제에 따라 사업이 우선 허용된 후에 안전 등 공익을 위한 규제가 사후에 강화되어 큰 금액이 이미 투자되었음에도 불구하고 더 이상 사업을 수행할 수 없게 된다면 피규제자는 더 큰 피해를 볼 수 있다. 이러한 점에서 보면 네거티브규제는 사후규제의 가능성으로 인해 기업에 불확실성을 주고 예측가능성을 훼손할 수 있다. 그리고 네거티브 리스트를 과도하게 입법하거나 네거티브 리

---

38) 안전에 투자하기 보다는 대강의 안전만 확보하고 손해가 발생하면 피해자가 입증한 경우에 한해 배상해주는 것이 훨씬 비용이 적게 든다는 생각에서 그렇게 하고 있다.

스트를 일반적 기준에 의해 포괄적으로 입법하면 오히려 사업이 과도하게 금지될 수 있다. 이러한 점에서 '포괄적 네거티브규제'[39]라는 개념은 문언대로만 해석하면 과잉규제의 문제를 야기할 수도 있다.

포지티브규제와 네거티브규제는 규제입법의 문제이면서 공무원의 규제태도 내지 규제문화의 문제라고 보는 견해도 있다. 새로운 기술이나 사업에 대해 기존의 규제입법에 포섭시켜 이를 규제하려고 하거나 규제입법을 만든 후 이를 허용하려는 공무원의 태도, 즉 '포지티브규제태도'가 문제라는 것이다. 신기술이나 신산업이 기존 규제입법의 적용대상에 포섭되는 경우도 있겠지만, 가능하면 기존 규제입법의 금지대상으로 보지 않고, 기존 규제입법에 의해 금지되지 않는 것으로 보아 일단은 이를 허용하고 사후에 필요한 최소한의 규제를 하려는 규제태도, 즉 '네거티브규제태도'가 필요하다고 주장한다.

포지티브규제의 문제점의 하나는 새로운 기술이나 산업을 허용하는 법률이 제정되지 않으면 새로운 기술이나 산업을 실행할 수 없다는 것이다. 특히 포지티브규제를 함에 있어서 필요 이상으로 금지대상을 일반적으로 규정하고, 허용규정을 기술의 발전가능성을 고려하지 않고 경직되게 규정하는 경우에는 더욱 그러하다. 예를 들면, 인터넷방송(IPTV)이 이를 허용하는 법이 제정되지 않아 기술개발이 된 후에도 수년간 실현되지 못한 경험이 있다. 그러나 포지티브규제하에서도 적정한 규제입법을 신속하게 제정하거나 후술하는 유연한 규제방식을 도입하고, 임시허가제 등 규제샌드박스를 도입하여 신기술이나 신산업을 최대한 허용할 수 있는 해결방안을 찾을 수도 있다는 것을 알아야 한다.

규제혁신을 실효성 있게 추진하기 위해서는 규제유형별로 입법모델을 개발하여 규제입안자이며 법안입안자인 행정각부에 제공할 필요가 있다. 네거티브 리스트 규제, 유연한 분류체계 등 유연한 규제, 열거식 규제와 포괄적 개념

---

39) '포괄적 네거티브규제'라는 개념이 어떻게 탄생하였는지 조사해 볼 필요가 있다.

정의 등 포괄적 규제, 탄력적 규제, 지역특구제도, 규제샌드박스의 입법 모델을 개발하여 제공하면 규제혁신을 위한 입법을 지원·촉진할 수 있을 것이다.

Ⅳ. 신기술, 신산업에 대한 선허용·후규제정책

1. 선허용·후규제의 필요성 및 법적 근거

기존의 규제입법을 신기술 및 신산업에 그대로 적용하는 것은 타당하지 못한 경우가 많다. 또한 신기술 및 신산업에 대해 규제입법을 사전에 마련한 후에 신기술 및 신산업을 허용하는 것은 신기술 및 신산업의 시급성에 비추어 타당하지 못하다. 신기술이나 신산업이 안전 등 공익이 보장된 상태하에서 인정되는 것이 바람직하지만, 오늘날 기술이나 사업의 경쟁이 국내차원이 아니라 세계적으로 이루어진다는 점을 고려하면 안전성 등이 과학적으로 명확하게 입증되지 않은 기술이나 산업도 최소한의 안전성이 보장된 상태에서 실험·실행될 수 있도록 할 필요가 있는 경우가 있다. 신기술 및 신산업에 대해서는 선허용-후규제의 원칙을 적용하는 것이 바람직하다.

행정규제기본법은 2019년 4월 6일 우선허용·사후규제 원칙을 규정하는 제5조의2를 신설하였다. 행정규제기본법상의 '우선허용·사후규제 원칙'은 문재인 정부가 추진한 '포괄적 네거티브규제'를 의미하는 것으로 규정되어 있다. 즉, "국가나 지방자치단체가 신기술을 활용한 새로운 서비스 또는 제품(이하 "신기술 서비스·제품"이라 한다)과 관련된 규제를 법령등이나 조례·규칙에 규정할 때에는 다음 각 호의 어느 하나의 규정 방식을 우선적으로 고려하여야 한다. 1. 규제로 인하여 제한되는 권리나 부과되는 의무는 한정적으로 열거하고 그 밖의 사항은 원칙적으로 허용하는 규정 방식(열거식 네거티브리스트 규제입법), 2. 서비스와 제품의 인정 요건·개념 등을 장래의 신기술 발전에 따른 새로운 서비스와 제품도 포섭될 수 있도록 하는 규정 방식(포괄적 개념 정의=개방적 포지티브입법), 3. 서비스와 제품에 관한 분류기준을 장래의 신기술 발전에 따른 서비스와 제품도 포섭될 수 있도록 유연하게 정하는 규정 방식(유연한 분류체계), 4. 그 밖에 신기술 서비스·제품과 관련하여 출시 전에 권리를 제한하거나 의무를 부과하지 아니하고 필요에 따라 출시 후에 권리를 제한하거나 의무를 부과하는 규정 방식(기타 선허용·후규제의 원칙)"(행정규제기본법 제5조의2 제1항). 국가와 지방자치단체는 신기술 서비스·제품과 관련된 규제를 점검하여 해당 규제를 제1항에 따른 규정 방식으로 개선하는 방안을 강구하여야 한다(제2항).

포괄적 개념 정의라 함은 인허가 대상(사업, 제품·시설, 시설·장비의 재료(소재)의 범위·종류) 또는 지원대상(업종범위, 기업, 사람)의 개념을 포괄적으로 규정하는 것을 말한다. 이렇게 규정함으로써 새로운 사업 등을 포괄적 개념 정의에 해당하는 것으로 해석·포섭함으로써 새로운 법령의 제정 없이 새로운 사업 등이 가능하도록 할 수 있다. 예를 들면, '선박급유(석유)업'을 '선박 연료공급업'으로 개정함으로서 LNG공급도 가능하게 한 것이다.

유연한 분류체계라 함은 한정적으로 나열된 인허가 유형 또는 지원 유형에 새로운·다양한 유형이 허용될 수 있도록 기타 (혁신) 카테고리규정을 신설하는 것을 말한다.

임시허가, 적용특례 등 규제샌드박스도 우선허용-사후규제를 실현하는 제도이다.

2. 우선허용·사후규제

우선허용·사후규제의 방식으로는 무규제후 사후규제, 가이드라인에 의한 규제 후 사후규제, 규제샌드박스 후 사후규제, 원칙규제 및 가이드라인에 의한 규제 후 시후규제, 실험법률 후 정식의 법률제정 등이 있다.

3. 우선허용 · 사후규제 원칙의 문제점

행정규제기본법이 우선허용 · 사후규제 원칙을 선언한 것은 타당하지만, 그 규정의 내용이 타당한 것인지에 대하여는 검토가 필요하다. 행정규제기본법 상의 '우선허용 · 사후규제 원칙'은 '포괄적 네거티브규제'를 의미하는 것으로 규정되어 있는데, 제5조의2 제2호와 제3호는 엄밀한 의미에서는 우선허용 · 사후규제로 보기 어렵다. 입법시 이들 규정내용에 대한 법적인 검토가 충분하지 않았던 것은 아닌가하는 의문이 든다.

자유시장경제하에서 신기술이나 신산업이 당시의 법령상 금지되지 않은 것이라면 허용하는 것은 당연한 원칙이다. 문제는 기존 법령에서 신기술이나 신산업을 부당하게 금지하거나 과도하게 불합리한 조건을 요구하고 있는 경우가 있다는 점이다. 또한 다른 한 편으로 기존 법령에서 신기술이나 신산업을 금지하지 않고 있지만, 그것이 안전 등 공익에 중대한 영향을 미칠 우려가 있을 수도 있고, 안전 등 공익에 대해 어떠한 영향을 미칠 것인지가 불확실한 경우가 있을 수도 있다.

신기술이나 신산업이 회복할 수 없는 중대한 위험을 야기할 우려가 큰 경우에는 안전성이 입증된 후 허용해야 한다. 신기술이나 신산업이 회복할 수 없는 중대한 위험을 야기할 우려가 큰 경우에 해당하지 않는 경우에는 신기술이나 신산업을 원칙상 허용하되 최소한의 안전성을 확보하는 조건하에 신기술이나 신산업을 수용 · 허용해야 한다. 이를 위해 '위해성 평가제도'를 도입할 필요가 있다. 즉, 기업이 자율적으로 위해성 평가를 하고, 행정기관이 자율평가의 적정성을 판단하도록 하고, 만일 안전에 중대한 영향을 미칠 우려가 있는 경우에는 공신력 있는 기관으로 하여금 위해성 평가를 하도록 하는 것이 필요하다. 위해성 평가 후 필요한 경우 일응의 안전 확보 조건부로 허용하는 것도 필요하다.

선허용-후규제는 네거티브규제방식으로도 실현될 수 있고 포지티브규제방식으로도 실현될 수 있다. 기존의 포지티브규제방식을 네거티브규제방식으로 바꾸어야만 선허용이 가능한 것은 아니다. 네거티브규제입법하에서 신기술이나 신산업은 특별한 규정이 없다면 잠정적으로 무규제상태에 놓이게 된다. 무조건부로 허용이 되는 것이다. 그러나 화장품법에서 보듯이 자율적 그리고 타율적 위해성 평가의 대상이 되는 것으로 할 수도 있다. 신기술이나 신산업에 대해 잠정적으로 느슨한 사전규제를 한 후 정식의 사후규제를 하는 것도 가능하다.

산업융합촉진법상의 실증특례나 임시허가는 기존의 불합리한 법령에 의해 산업융합 신제품·서비스가 불가능한 경우에 그럼에도 불구하고 임시로 이를 허용하려는 제도이다. 신제품·서비스를 허용하되 행정기관은 허가조건(부담)을 통해 공익보장을 모색해야 한다. 사업자는 자율규제를 통해 공익을 보장하려고 노력해야 하고, 국가는 공익보장에 대한 최종적 책임을 져야 한다.

선허용-후규제가 항상 좋은 것은 아니다. 선허용 후 후규제가 강한 규제로 실시되거나 예측하지 못한 규제가 되는 경우에 막대한 투자가 물거품이 될 수가 있다. 이에 반하여 선규제시 시장 진출에 어려움을 겪게 되지만, 예측가능성이 보장된다. 따라서 신산업에 대한 선허용-후규제의 경우 장래의 불확실성을 제거하고 예측가능성을 보장해주는 것이 중요하다. 즉, 임시로 허용된 신산업이 안전 등 공익을 심히 훼손하지 않는다면 선허용된 신산업은 정식으로 허용될 것이고, 잠정적 규제하에 신산업이 허용된 후 행해지는 정식의 규제가 합리적으로 행해질 것이라는 것에 대한 신뢰를 주어야 하고, 실제로 그렇게 되어야 한다. 신산업을 추진하는 기업의 합리적 예측과 정당한 신뢰를 보호해

주어야 한다.

결론적으로 말하면 4차산업혁명은 거역할 수 있는 세계적인 물결이며 국가의 발전에 긍정적 또는 부정적으로 지대한 영향을 미칠 것이므로 신기술이나 신산업을 가능한 한 수용하면서도 그 부작용을 최소화하는 정책과 입법방식을 취해야 한다.

4. 규제샌드박스제도

규제샌드박스는 어린이가 놀이터의 모래밭에서 자유롭게 다양한 놀이를 하는 것처럼 기업들이 자유롭게 혁신 활동을 할 수 있도록 기존의 규제를 면제·유예해주는 규제제도이다. 규제샌드박스는 입법지체에 따른 신기술과 신산업에 대한 법적 장애를 극복하기 위한 제도의 성질을 갖는다. 규제샌드박스는 신기술과 신산업을 포용하는 규제방식으로 불합리한 규제를 일정 기간 유예해주는 제도이다. 규제샌드박스는 신기술과 신산업을 포용하면서도 안전, 환견 등 공익을 보장할 수 있다는 점에서 우리나라의 법체계와 국민정서에 맞는 규제혁신제도이다. 2019. 1. 17 산업융합 촉진법 및 정보통신 융합법상의 규제샌드박스가 대폭 보완되어 확대 시행되었다. 특히 외국의 규제샌드박스는 아직 제한적으로 개별적으로 인정되고 주로 실험을 위해 적용되지만, 우리의 그것은 제품의 생산 및 서비스의 제공을 위해서도 인정되고 있다.

규제샌드박스, 즉 실증특례나 임시허가는 네거티브규제인가 포지티브규제인가? 규제샌드박스를 네거티브규제의 일종[40]으로 보거나 포괄적 네거티브규제로 보는 견해가 적지 않다.[41] 규제샌드박스를 네거티브규제의 하나로 보

---

40) https://blog.naver.com/jhnyang/221528344275.

41) 국무조정실 이련주 규제조정실장은 2019년 5월 8일 서울 포스트타워에서 4차산업혁명위원회와 정보통신정책연구원(KISDI) 공동주최로 개최된 '규제 혁신의 성과와 과제 컨퍼런

는 것은 규제샌드박스가 선허용-후규제에 해당하기 때문인 것으로 보인다. 그러나 규제샌드박스, 즉 실증특례나 임시허가는 포지티브규제(허가규제)를 전제로 포지티브규제의 문제점을 보완하는 규제방식으로서 네거티브리스트규제는 아닌 것으로 보아야 한다. 규제샌드박스는 기존의 포지티브규제를 적용하지 않으면서도 무조건적 허용하는 것이 아니라 조건부로 잠정적으로 허용하고, 사후에 포지티브규제입법을 보완한 후에 정식허가를 받도록 하는 제도이다. 임시허가는 신산업에 대한 기존의 포지티브규제의 장벽을 적용하지 않고 선허용한 후 포지티브규제를 정비하겠다는 것이다.

(1) 규제샌드박스의 규제수단

1) 규제의 신속확인

규제의 신속확인이라 함은 혁신사업 등을 추진하고자 하는 자에게 허가등의 필요 여부 등 혁신사업 등을 규율하는 규제를 공식적으로 확인(규제확인)해 주는 것을 말한다.

행정규제기본법은 "중앙행정기관의 장은 신기술 서비스·제품과 관련된 규제와 관련하여 규제의 적용 또는 존재 여부에 대하여 국민이 확인을 요청하는 경우 신기술 서비스·제품에 대한 규제 특례를 부여하는 관계 법률로 정하는 바에 따라 이를 지체 없이 확인하여 통보하여야 한다."고 규정하고 있다(제19조의3 제1항).

스'에서 "새로운 접근 전략이 필요하다. 입법 방식 유연화와 규제 샌드박스 등 포괄적 네거티브 규제를 통해 신제품·신서비스 시장 출시 당시 우선 허용 후 필요시 사후규제를 하는 '先 허용-後 규제' 방식을 확산해야 한다."고 하였다. 이 날 유영민 과학기술정보통신부 장관은 '적극적인 네거티브규제 해석'의 필요성을 강조했다(https://m.post.naver.com/viewer/postView.nhn?volumeNo=20032778&memberNo=10486863&vType=VERTICAL).

2) 실증을 위한 규제특례

실증을 위한 규제특례라 함은 혁신사업 또는 전략산업 등이 다른 법령의 규정에 의하여 각종 허가·승인·인증·검증·인가 등을 신청하는 것이 불가능하거나 허가 등의 근거가 되는 법령에 기준·규격·요건 등이 없거나 법령에 따른 기준·규격·요건 등을 적용하는 것이 맞지 아니하여 사업시행이 어려운 경우 신기술을 활용한 새로운 제품 또는 서비스에 대한 시험·검증 등을 할 수 있도록 규제의 전부 또는 일부를 적용하지 않는 것을 말한다.

행정규제기본법은 중앙행정기관의 장은 제19조의3 제2항에 따라 규제를 정비하여야 하는 경우로서 필요한 경우에는 해당 규제가 정비되기 전이라도 신기술 서비스·제품과 관련된 규제 특례를 부여하는 관계 법률로 정하는 바에 따라 해당 규제의 적용을 면제하거나 완화할 수 있다고 규정하고 있고(제19조의3 제3항), "중앙행정기관의 장은 신기술 서비스·제품과 관련된 규제 특례를 부여하는 관계 법률에 규제의 적용을 면제하거나 완화하는 규정을 두는 경우에는 다음 각 호의 사항을 종합적으로 고려하여야 한다. 1. 국민의 안전·생명·건강에 위해가 되거나 환경 및 지역균형발전을 저해하는지 여부와 개인정보의 안전한 보호 및 처리 여부, 2. 해당 신기술 서비스·제품의 혁신성 및 안전성과 그에 따른 이용자의 편익, 3. 규제의 적용 면제 또는 완화로 인하여 발생할 수 있는 부작용에 대한 사후 책임 확보 방안"라고 규정하고 있다(제19조의3 제4항).

3) 임시허가

임시허가라 함은 혁신사업 또는 전략산업 등에 대한 허가등의 근거가 되는 법령에 기준·규격·요건 등이 없거나 법령에 따른 기준·규격·요건 등을 적용하는 것이 맞지 아니한 경우에 법령정비 후 정식허가를 받기 전까지 실험 또는 시범판매 등을 위해 일정한 기간 동안 임시로 허가를 해주는 것을 말한다.

임시허가는 기존의 규제를 완화하여 허가자의 법적 지위를 형성해주는 행위이므로 명시적인 법적 근거가 필요하다. 임시허가는 종국적 허가가 아닌 점에서 잠정적 행정행위이지만, 다단계 행정결정에서의 잠정적 행정행위와 다른 점은 규제법의 미비를 전제로 규제법의 보완을 예상하고 내려진다는 것이다. 임시허가가 통상의 잠정적 행위행위와 다른 점은 종국허가를 받는 것이 최종목표라는 점이다. 통상의 잠정적 행정행위에서는 종국적 행정행위가 반드시 행해져야 하는 것은 아니다. 임시허가가 확약의 성질을 갖는 내인가와 다른 점은 종국적 허가에 대한 확약은 없고, 종국적 허가가 보장되지 않는다는 것이다.

임시허가는 실험을 가능하게 하는 점에서는 실험법률과 같지만, 임시허가는 행정행위인 반면에 실험법률은 입법작용이다.

통상 임시허가는 허가요건에 공백인 부분이 적지 않고, 이익형량을 전제로 하므로 재량행위로 보아야 한다. 임시허가 기준에 맞으면 임시허가를 해주되 공익 보호를 위한 부담을 허가청과 허가신청자가 협약의 형식으로 구체적으로 자세하게 정한 후 허가조건으로 붙이도록 하는 것이 바람직하다. 피규제자는 허가조건을 준수하면서 허용된 기간내에 합리적인 정부규제를 충족하도록 노력하고, 입법자는 기존의 불합리한 법령을 개정하고, 기술과 산업의 발전에 맞추어 규제법령을 신속하게 제정해야 한다.

임시허가가 허가 기간 후 갱신이 거부되는 경우 사업자는 큰 불이익을 입을 수 있다. 따라서 특별한 사정이 없는 한 임시허가의 기간은 '허가자체의 존속기간'이 아니라 '허가조건의 존속기간'으로 보아야 한다. 특별한 사정이 없으면 갱신신청이 있는 경우에 허가를 갱신해주어야 하고, 공익보장을 위해 허가조건만을 변경할 수 있다. 다만, 피규제자에게 충분한 기간을 주었음에도 피규제자가 공익보장 조건을 충족하지 못하고 있고, 앞으로도 공익보장 조건을 충족시킬 가능성이 없으면 갱신거부가 가능하다. 입법자가 입법자의 잘못으로 규제법령을 제정하지 못하여 정식허가를 받을 수 없게 되는 경우에는 임시허가만이라도 계속 갱신해주도록 해야 한다.

4) 신속한 규제정비

규제샌드박스는 임시적이고 과도기적인 규제수단이다. 규제샌드박스를 시행하는 경우에는 불합리한 관련 규제를 신속하게 정비하여 신기술 서비스·제품이 정식으로 허용되도록 해야 한다.

행정규제기본법은 "중앙행정기관의 장은 신기술 서비스·제품과 관련된 규제와 관련하여 다음 각 호의 어느 하나에 해당하여 신기술 서비스·제품의 육성을 저해하는 경우에는 해당 규제를 신속하게 정비하여야 한다. 1. 기존 규제를 해당 신기술 서비스·제품에 적용하는 것이 곤란하거나 맞지 아니한 경우, 2. 해당 신기술 서비스·제품에 대하여 명확히 규정되어 있지 아니한 경우"라고 규정하고 있다(제19조의3 제2항).

(2) 규제샌드박스 4법의 주요 내용

규제샌드박스제도를 도입한 대표적인 법률로는 「산업융합 촉진법」, 「정보통신 진흥 및 융합활성화 등에 관한 특별법」(약칭: 정보통신융합법), 「규제자유특구 및 지역특화발전특구에 관한 규제특례법」(약칭: 지역특구법), 「금융혁신지원 특별법」(약칭: 금융혁신법)이 있다. 이외에도 '스마트규제혁신지구'내에서 스마트혁신사업이나 스마트실증사업의 실시를 허용하는 「스마트도시 조성 및 산업진흥 등에 관한 법률」(약칭: 스마트도시법)과 연구개발특구에서의 신기술 창출을 목적으로 하는 연구개발을 위한 실증특례를 허용하는 「연구개발특구의 육성에 관한 특별법」(약칭: 연구개발특구법)이 있다.

1) 산업융합촉진법상 규제특례 및 임시허가 등

가. 산업융합촉진법상 규제특례 및 임시허가 등의 신청

산업융합 신제품·서비스를 활용하여 사업을 하려는 자는 산업통상자원부장관에게 해당 신제품 또는 서비스와 관련된 허가등의 필요 여부 등을 확인(규제신속확인)하여 줄 것을 신청할 수 있다(제10조의2 제1항).

산업융합 신제품·서비스를 시험·검증하기 위한 목적으로 사업을 하려는 자는 다음 각 호의 어느 하나에 해당하는 경우에 산업통상자원부장관에게 해당 산업융합 신제품·서비스의 실증을 위한 규제특례를 신청할 수 있다. 1. 허가등의 근거가 되는 법령에 해당 산업융합 신제품·서비스에 맞는 기준·규격·요건 등이 없는 경우, 2. 허가등의 근거가 되는 법령에 따른 기준·규격·요건 등을 해당 산업융합 신제품·서비스에 적용하는 것이 맞지 아니한 경우, 3. 다른 법령의 규정에 의하여 허가등을 신청하는 것이 불가능한 산업융합 신제품·서비스에 대하여 제한된 구역·기간·규모 안에서 실증이 필요한 경우(제10조의3 제1항). 산업융합촉진법상 "실증을 위한 규제특례"란 산업융합 신제품 또는 산업융합 서비스(이하 "산업융합 신제품·서비스"라 한다)가 다른 법령에 따라 허가·승인·인증·검증·인가 등(이하 "허가등"이라 한다)을 신청하는 것이 불가능하거나 허가등의 근거가 되는 법령에 기준·규격·요건 등이 없거나 법령에 따른 기준·규격·요건 등을 적용하는 것이 맞지 아니하여 사업 시행이 어려운 경우 해당 신제품 또는 서비스에 대한 시험·검증 등을 하기 위하여 규제의 전부 또는 일부를 적용하지 않도록 하는 것을 말한다(제2조 제8호).

산업융합 신제품·서비스를 활용하여 사업을 하려는 자는 다음 각 호의 어느 하나에 해당하는 경우에 산업통상자원부장관에게 해당 산업융합 신제품·

서비스에 대하여 임시허가를 신청할 수 있다. 1. 허가등의 근거가 되는 법령에 해당 산업융합 신제품·서비스에 맞는 기준·규격·요건 등이 없는 경우, 2. 허가등의 근거가 되는 법령에 따른 기준·규격·요건 등을 해당 산업융합 신제품·서비스에 적용하는 것이 맞지 아니한 경우(제10조의5 제1항). 산업융합 촉진법상 "임시허가"란 산업융합 신제품·서비스에 대한 허가등의 근거가 되는 법령에 기준·규격·요건 등이 없거나 법령에 따른 기준·규격·요건 등을 적용하는 것이 맞지 아니한 경우로서 안전성 측면에서 검증된 경우 일정한 기간 동안 임시로 허가등을 하는 것을 말한다(제2조 제9호).

　제조자등은 다음 각 호의 어느 하나에 해당하는 사유로 산업융합 신제품과 관련된 개별 법령상의 각종 허가등을 받지 못하는 경우에는 대통령령으로 정하는 바에 따라 소관 중앙행정기관의 장에게 해당 산업융합 신제품의 적합성 인증을 신청할 수 있다. 이 경우 소관 중앙행정기관이 둘 이상인 경우에는 그 중 어느 하나의 소관 중앙행정기관의 장에게 적합성 인증을 신청할 수 있으며, 신청을 받은 소관 중앙행정기관의 장은 신청서 사본을 즉시 다른 소관 중앙행정기관의 장에게 통지하여야 한다. 1. 허가등의 근거가 되는 법령에 산업융합 신제품에 맞는 기준·규격·요건 등이 없는 경우, 2. 허가등의 근거가 되는 법령에 따른 기준·규격·요건 등을 산업융합 신제품에 적용하는 것이 맞지 아니한 경우(제11조 제1항). 제12조에 따라 적합성 인증의 심사를 하는 소관 중앙행정기관의 장은 안전성 등의 측면에서 특별한 문제가 없는 경우로서 산업융합 신제품의 특성을 고려할 때 그에 맞거나 적용할 수 있는 기준·규격·요건 등을 설정할 수 있는 경우에는 적합성 인증의 신청을 받은 날부터 6개월의 범위에서 대통령령으로 정하는 기간 내에 제12조 제2항에 따른 적합성 인증 관련 협의를 거쳐 지체 없이 적합성 인증을 하여야 한다. 다만, 부득이한 사정이 있는 경우에는 그 기간을 한차례만 30일까지 연장할 수 있다(제13조

제1항). 소관 중앙행정기관의 장은 제1항에 따라 적합성 인증을 하는 경우에는 산업융합 신제품의 안전성 등을 확보하기 위하여 필요한 조건을 붙일 수 있다 (제2항). 소관 중앙행정기관의 장이 제1항에 따라 산업융합 신제품에 대하여 적합성 인증을 한 경우에는 허가등의 근거가 되는 법령에 따른 허가등을 받은 것으로 본다(제3항).

나. 산업융합촉진법상 규제특례 및 임시허가 등의 요건과 한계

① 산업융합 신제품(산업융합의 성과로 만들어진 제품으로서 경제적·기술적 파급효과가 크고 성능과 품질이 우수한 제품) 및 산업융합 서비스(산업융합의 성과를 활용하여 기존 서비스의 경쟁력 및 효율성을 획기적으로 향상시키거나 새로운 시장을 창출하는 서비스)이어야 한다. 외국과 달리 실험 실증에 한정하지 않고, 사업규모의 제한도 없다.

② 기간 제한: 규제 특례 및 임시허가는 2년 이하의 범위에서 한 차례만 유효기간을 연장할 수 있다(제10조의5 제1항, 제10조의6 제9항). 다만, 임시허가의 경우 연장된 임시허가의 유효기간 내에 허가 등의 근거가 되는 법령 정비가 완료되지 않은 경우에는 법령 정비가 완료될 때까지 유효기간이 연장되는 것으로 본다(제10조의6 제13항). 정보통신융합법에는 이러한 규정이 없다.

② 신청자는 책임보험에 가입해야 한다. 다만, 사업자가 책임보험에 가입할 수 없는 경우에는 산업통상자원부장관과 별도 협의를 거쳐 배상 방안을 마련해야 한다(제10조의3 제2항, 제10조의6 제2항).

③ 규제특례심의위원회는 안전성 등을 확보하기 위하여 필요한 경우 조건을 붙일 수 있다(제10조의3 제7항, 제10조의6 제6항).

④ 해당 산업융합 신제품·서비스에 대한 허가등의 근거가 되는 법령이 마련된 경우 지체 없이 그 법령에 따라 (정식)허가등을 받아야 한다(제10조의3 제8

항, 제10조의6 제14항). 다만, (정식)허가에 관한 보장규정은 전혀 없다.

⑤ 산업통상자원부장관의 권한이나 다른 행정기관의 소관에 속하는 규제가 있는 경우 다른(관계) 행정기관의 검토의견을 받아야 한다(제10조의3 제3항, 제10조의6 제3항).

⑥ 규제특례심의위원회의 심의의결을 받아야 한다(제10조의3 제5항, 제6항, 제10조의6 제5항, 제6항).

⑦ 우선허용·사후규제 원칙(제3조의2): ① 국가와 지방자치단체는 산업융합 신제품·서비스를 허용하는 것을 원칙으로 한다. 다만, 산업융합 신제품·서비스가 국민의 생명·안전에 위해가 되거나 환경을 현저히 저해하는 경우에는 이를 제한할 수 있다. ② 국가와 지방자치단체는 산업융합 신제품·서비스 관련 소관 법령 및 제도를 제1항의 원칙에 부합하게 정비하는 방안을 강구하여야 한다.

⑨ 심사기준: 규제특례심의위원회는 법 제10조의5 제6항 전단에 따라 임시허가 여부를 심의하는 경우 다음 각 호의 사항을 종합적으로 고려하여 자체적으로 정하는 심사기준에 따른다. 1. 법 제10조의5 제6항 제1호에 따른 사업실시계획서 내용의 충실성 및 실행 가능성, 2. 임시허가 신청자의 기술적·재정적 능력, 3. 해당 산업융합 신제품·서비스의 혁신성 및 이용자 편익성, 4. 해당 산업융합 신제품·서비스와 관련하여 발생할 수 있는 손해 및 피해자 보호방안의 적절성, 5. 해당 산업융합 신제품·서비스가 국민의 생명·건강·안전 및 환경·지역균형발전 등에 미치는 영향, 6. 해당 산업융합 신제품·서비스로 인한 개인정보의 침해 가능성, 7. 그 밖에 위원장이 해당 산업융합 신제품·서비스의 특성에 따라 필요하다고 인정하는 사항(산업융합촉진법 시행령 제11조의5 제6항).

다. 실행조직

제10조의3에 따른 실증을 위한 규제특례 및 제10조의6에 따른 임시허가에 관한 사항 등 산업융합 관련 정책을 심의·조정하기 위하여 산업통상자원부장관 소속으로 산업융합 규제특례심의위원회를 둔다(제8조 제1항).

규제특례심의위원회는 산업융합 신제품·서비스의 등장에 따라 기존 사업자 등과 갈등 해결이 필요한 경우 사안별로 갈등조정위원회를 설치할 수 있다(제8조의2 제1항).

산업통상자원부장관은 산업융합과 관련한 기업의 애로와 건의 사항을 접수하여 조사하고, 산업융합과 관련된 제도의 개선 방안을 마련하여야 하는데(제10조 제1항), 이 업무를 지원하기 위하여 산업통상자원부에 산업융합촉진 옴부즈만을 둔다(제2항). 산업융합촉진 옴부즈만은 다음 각 호의 업무를 수행한다: 1. 산업융합과 관련한 기업의 애로·건의 사항 접수 및 해소, 2. 산업융합과 관련한 규제의 발굴 및 개선, 3. 그 밖에 산업융합의 촉진과 관련하여 대통령령으로 정하는 업무, 4. 법령 개정 등 개선 권고(제3항).

산업통상자원부장관은 산업융합의 촉진과 융합 신산업의 발전을 효율적으로 지원하기 위하여 전문인력과 시설 등 대통령령으로 정하는 요건을 갖춘 기관 또는 법인을 산업융합지원센터로 지정할 수 있다(제26조 제1항). 센터는 다음 각 호의 사업을 수행한다. 1. 산업융합 시장의 조사·분석과 수집 정보의 이용, 2. 산업융합과 관련한 산업통상자원부 소관 연구개발사업에 대한 지원, 3. 산업융합과 관련된 창업 및 경영 지원과 그에 관한 정보의 수집·관리, 4. 산업융합의 활성화를 위하여 정부로부터 위탁받은 사업, 5. 산업융합을 통한 기업의 경쟁력 강화와 융합 신산업 발굴의 지원에 관한 사업, 6. 산업융합을 통한 중소기업자등의 신제품 개발과 융합 신산업 발굴에 필요한 전문인력의 지원, 7. 그 밖에 산업융합 신제품의 개발이나 융합 신산업의 추진을 위하여 필요한 사항으로서 대통령령으로 정하는 사업(제2항).

2) 「정보통신 진흥 및 융합활성화 등에 관한 특별법」(정보통신융합법)상의
   임시허가

가. 정보통신융합법의 의의

정보통신융합법은 정보통신을 진흥하고 정보통신을 기반으로 한 융합의 활
성화를 위한 정책 추진 체계, 규제 합리화와 인력 양성, 벤처육성 및 연구개발
지원 등을 규정하는 것을 내용으로 한다(제1조).

"정보통신융합"이란 정보통신 간 또는 정보통신과 다른 산업 간에 기술 또
는 서비스의 결합 또는 복합을 통하여 새로운 사회적·시장적 가치를 창출하
는 창의적이고 혁신적인 활동 및 현상을 말한다(제2조 제2호).

나. 정보통신융합법상의 규제샌드박스

㈎ 신규 정보통신융합등 기술·서비스의 신속처리: 신규 정보통신융합등 기술
·서비스를 활용하여 사업을 하려는 자는 과학기술정보통신부장관에게 해당
사업에 대한 신규 정보통신융합등 기술·서비스와 관련된 법령에 따른 허가
·승인·등록·인가·검증 등의 필요 여부 등을 확인하여 줄 것을 신청할 수
있다(제36조 제1항). 해당 신청인은 과학기술정보통신부장관으로부터 받은 통
지가 과학기술정보통신부장관 또는 관계기관의 장의 허가등이 필요하거나 제
37조 제1항에 따른 임시허가가 필요하다는 내용인 경우를 제외하고는 자유로
이 신규 정보통신융합등 기술·서비스를 출시할 수 있다(제5항).

㈏ 허가등의 일괄처리 신청: 신규 정보통신융합등 기술·서비스를 활용하여
사업을 하려는 자는 해당 사업에 2개 이상의 허가등이 필요한 경우 과학기술
정보통신부장관에게 관련 허가등의 심사가 동시에 이루어지도록 일괄처리를

신청할 수 있다(제36조의2 제1항). 일괄처리 신청의 방법·절차 및 통지 등에 필요한 사항은 대통령령으로 정한다(제3항).

㈐ **기술·서비스의 시장출시 등 사업화를 위한 임시허가:** 신규 정보통신융합등 기술·서비스를 활용하여 사업을 하려는 자는 다음 각 호의 어느 하나에 해당하는 경우 해당 기술·서비스의 시장출시 등 사업화를 위하여 과학기술정보통신부장관에게 임시로 허가등(이하 "임시허가"라 한다)을 신청할 수 있다. 1. 허가등의 근거가 되는 법령에 해당 신규 정보통신융합등 기술·서비스에 맞는 기준·규격·요건 등이 없는 경우, 2. 허가등의 근거가 되는 법령에 따른 기준·규격·요건 등을 적용하는 것이 불명확하거나 불합리한 경우(제38조 제1항).

과학기술정보통신부장관은 관계기관의 장과 협의하고 심의위원회의 심의·의결을 거쳐 임시허가를 하는 경우 신규 정보통신융합등 기술·서비스의 안정성 확보 및 이용자 보호 등을 위하여 필요한 조건을 붙일 수 있다(제3항).

임시허가의 유효기간은 2년 이하의 범위에서 대통령령으로 정한다. 다만, 유효기간의 만료 전에 임시허가의 대상이 되는 신규 정보통신융합등 기술·서비스에 대한 허가등의 근거가 되는 법령이 정비되지 아니한 경우 과학기술정보통신부장관은 유효기간을 1회 연장할 수 있다(제5항). 제5항에 따라 연장된 임시허가의 유효기간 내에 허가등의 근거가 되는 법령 정비가 완료되지 않은 경우에는 법령 정비가 완료될 때까지 유효기간이 연장되는 것으로 본다. 다만, 해당 법령 정비가 법률의 개정을 필요로 하는 경우에는 그러하지 아니하다(제6항).

임시허가를 받은 자는 해당 신규 정보통신융합등 기술·서비스에 대한 허가등의 근거가 되는 법령이 정비된 경우 지체 없이 그 법령에 따라 (정식)허가등을 받아야 한다(제7항).

임시허가를 받은 자는 제8항에 따른 손해배상책임을 이행하기 위하여 책임보험 등에 가입하여야 한다. 다만, 책임보험 등에 가입할 수 없는 경우에는 대통령령으로 정하는 배상 기준·방법 및 절차 등에 따라 별도의 배상방안을 마련한다(제9항).

임시허가의 심사기준, 절차 및 방법 등 필요한 사항은 대통령령으로 정한다 (제12항).

㉑ **제한적 시험·기술적 검증을 하기 위한 실증을 위한 규제특례:** 신규 정보통 신융합등 기술·서비스를 활용하여 사업을 하려는 자는 다음 각 호의 어느 하 나에 해당하여 사업 시행이 어려운 경우 해당 기술·서비스에 대한 제한적 시 험·기술적 검증을 하기 위하여 과학기술정보통신부장관에게 관련 규제의 전 부 또는 일부를 적용하지 않는 실증을 위한 규제특례를 신청할 수 있다. 1. 신규 정보통신융합등 기술·서비스가 다른 법령의 규정에 의하여 허가등을 신 청하는 것이 불가능한 경우, 2. 허가등의 근거가 되는 법령에 따른 기준·규격 ·요건 등을 적용하는 것이 불명확하거나 불합리한 경우(제38조의2 제1항)

과학기술정보통신부장관은 관계기관의 장의 검토와 심의위원회의 심의·의 결을 거쳐 실증을 위한 규제특례를 지정할 수 있다. 이 경우 과학기술정보통 신부장관은 실증을 위한 규제특례에 조건을 붙일 수 있다(제3항).

실증을 위한 규제특례의 유효기간은 2년 이하의 범위에서 대통령령으로 정 한다. 유효기간은 1회에 한정하여 연장이 가능하다(제4항).

과학기술정보통신부장관은 제5항에 따른 관계기관의 장의 검토결과를 붙여 실증을 위한 규제특례의 지정 여부를 심의위원회에 상정하여야 한다. 이 경우 심의위원회는 다음 각 호의 사항을 고려하여 심의·의결하여야 한다. 1. 해당 기술·서비스의 혁신성, 2. 관련 시장 및 이용자 편익에 미치는 영향 및 효과, 3. 국민의 생명·안전의 저해 여부 및 개인정보의 안전한 보호·처리, 4. 실증 을 위한 규제특례의 적정성, 5. 그 밖에 실증을 위한 규제특례의 지정에 필요한 사항(제6항).

그 밖에 실증을 위한 규제특례의 신청, 통지, 세부 심사기준 등에 필요한 사항은 대통령령으로 정한다(제7항).

다. 실행조직

과학기술정보통신부장관은 제37조에 따른 임시허가와 제38조의2에 따른 실증을 위한 규제특례에 관한 사항을 전문적으로 심의·의결하기 위하여 신기술·서비스심의위원회를 구성·운영한다(제10조의2 제1항).

3) 「규제자유특구 및 지역특화발전특구에 관한 규제특례법」(약칭 '지역특구법')
가. 지역특구제도의 의의

지역특구제도라 함은 특정지역에서 특정산업의 규제를 실험적으로 완화하고 사후에 규제방안을 도입하는 제도를 말한다.

지역특구에는 규제자유특구와 지역특화발전특구가 있다. "규제자유특구(규제프리존)"란 광역시·특별자치시 및 도·특별자치도(「수도권정비계획법」 제2조 제1호에 따른 수도권은 제외한다)에서 혁신사업 또는 전략산업을 육성하기 위하여 규제특례등이 적용되는 구역으로서 제75조 제3항 및 제4항에 따라 중소벤처기업부장관이 지정·고시한 구역(이하 "규제자유특구"라 한다)을 말한다(제2조 제13호). "지역특화발전특구"란 지역의 특화발전을 위하여 설정된 구역으로서 제11조에 따라 지정·고시된 지역을 말한다(제2조 제2호). "특화사업"이란 지역특화발전특구계획에 따라 지역의 특성과 여건을 활용하여 추진하는 사업을 말한다(제2조 제7호).

나. 규제자유특구의 지정

규제자유특구를 지정받으려는 광역시장·특별자치시장·도지사·특별자치도지사(「수도권정비계획법」 제2조 제1호에 따른 수도권은 제외한다. 이하 "비수도권 시·도지사"라 한다)는 제74조에 따라 규제자유특구계획을 수립하여 중소벤처기업부장관에게 규제자유특구 지정을 신청하여야 한다(제72조 제1항). 민간기업 등은 해당 지역을 관할하는 비수도권 시·도지사에게 규제자유특구계획을 제안할 수 있다(제73조). 중소벤처기업부장관은 관계 중앙행정기관의 장과 국가균형발전위원장의 의견을 고려하여 규제자유특구위원회의 심의·의결을 거쳐 규제자유특구계획을 승인하고 규제자유특구를 지정한다(제75조 제3항).

다. 규제자유특구에 대한 임시허가 등 특례

규제자유특구로 지정된 구역과 규제자유특구사업자에 대해서는 규제자유특구계획에서 정하여진 내용에 따라 규제특례등(규제특례, 규제의 신속확인, 임시허가)을 적용한다(제80조 제1항).

① **규제의 신속확인**: 규제자유특구에서 혁신사업 또는 전략산업등을 추진하고자 하는 자는 관할 시·도지사에게 혁신사업 또는 전략산업등과 관련된 허가등의 필요 여부 등을 확인하여 줄 것을 요청할 수 있다(제85조 제1항).

② **실증을 위한 특례**: 혁신사업 또는 전략산업등이 다음 각 호의 어느 하나에 해당되는 경우로서 해당 혁신사업 또는 전략산업등과 관련한 신기술을 활용한 새로운 서비스와 제품의 시험·검증(이하 "실증"이라 한다)을 하고자 하는 자는 사업계획을 수립하여 규제자유특구 관할 시·도지사에게 실증을 위한 특례(이하 "실증특례"라 한다)의 부여를 요청할 수 있다. 1. 허가등의 근거가 되는 법령에 기준·규격·요건 등이 없는 경우, 2. 허가등의 근거가 되는 법령에 따른 기준·규격·요건 등을 적용하는 것이 맞지 아니한 경우, 3. 다른 법령의

규정에 의하여 허가등을 신청하는 것이 불가능한 경우(제86조 제1항)

중소벤처기업부장관은 제3항에 따른 관계 중앙행정기관의 장의 검토 결과 등을 고려하여 규제자유특구위원회의 심의·의결을 거쳐 실증특례를 부여할 수 있다. 이 경우 안전성 등을 위하여 중소벤처기업부장관은 지역, 기간, 규모 의 제한 등 필요한 조건을 붙일 수 있다(제4항). 제4항에 따른 실증특례의 유 효기간은 2년의 범위 내에서 정한다. 다만, 유효기간의 만료 전에 규제특례 사항과 관련된 법령이 정비되지 아니한 경우나 부득이한 사유로 유효기간 내 실증이 지연된 경우에는 규제자유특구의 지정기간 범위에서 한 차례 유효기 간을 연장할 수 있다(제6항).

실증사업자는 관련 혁신사업 또는 전략산업등에 대한 허가등의 근거가 되 는 법령이 마련된 경우 지체 없이 그 법령에 따라 (정식)허가등을 받아야 한다 (제87조 제5항).

중소벤처기업부장관은 관계 중앙행정기관의 장 및 관할 시·도지사가 제87 조 제6항에 따라 법령 정비에 착수한 경우(제7항에 따라 규제개혁위원회의 심사를 거쳐 법령 정비에 착수한 경우를 포함한다) 다른 법률에서 금지되는 것이 명확하지 아니하면 해당 혁신사업 또는 전략산업등에 제90조에 따른 임시허가를 할 수 있다(제8항).

실증사업자는 제1항에 따른 손해배상책임을 보장하기 위하여 실증특례 활 용 전에 대통령령으로 정하는 바에 따라 중소벤처기업부장관이 지정하는 자 를 피보험자로 하는 책임보험이나 공제 등(이하 "책임보험등"이라 한다)에 가입하 여야 한다. 다만, 실증사업자가 책임보험등에 가입하기가 어려운 경우에는 규 제자유특구 관할 시·도지사와 별도 협의를 거쳐 실증특례로 발생할 수 있는 인적·물적 손해에 대한 배상 방안을 마련하여야 한다(제88조 제2항).

③ **임시허가**: 규제자유특구에서 시장 출시 목적으로 혁신사업 또는 전략산

업등을 시행하고자 하는 자는 해당 혁신사업 또는 전략산업등이 다음 각 호의 어느 하나에 해당되어 법령에 의한 허가등을 받기 어려운 경우 규제자유특구 관할 시·도지사에게 임시허가의 신청을 요청할 수 있다. 1. 허가등의 근거가 되는 법령에 기준·규격·요건 등이 없는 경우, 2. 허가등의 근거가 되는 법령에 따른 기준·규격·요건 등을 적용하는 것이 맞지 아니한 경우(제90조 제1항).

중소벤처기업부장관은 제4항에 따른 관계 중앙행정기관의 장의 의견 등을 고려하여 규제자유특구위원회의 심의·의결을 거쳐 임시허가를 할 수 있다(제5항). 중소벤처기업부장관은 안전성 등을 확보하기 위하여 필요한 경우에는 임시허가에 조건을 붙일 수 있다(제6항). 임시허가의 유효기간은 2년 이하의 범위에서 정한다. 다만, 유효기간의 만료 전에 임시허가의 대상이 되는 혁신사업 또는 전략산업등에 대한 허가등의 근거가 되는 법령이 정비되지 아니한 경우 중소벤처기업부장관은 유효기간을 2년의 범위에서 1회 연장할 수 있다(제8항). 제8항에 따라 연장된 임시허가의 유효기간 내에 허가등의 근거가 되는 법령 정비가 완료되지 않은 경우에는 법령 정비가 완료될 때까지 유효기간이 연장되는 것으로 본다(제9항).

임시허가를 받은 자는 해당 혁신사업 또는 전략산업등에 대한 허가등의 근거가 되는 법령이 마련된 경우 지체 없이 그 법령에 따라 (정식)허가등을 받아야 한다(제10항).

임시허가를 받은 자는 제11항에 따른 손해배상책임을 보장하기 위하여 대통령령으로 정하는 바에 따라 중소벤처기업부장관이 지정하는 자를 피보험자로 하는 책임보험등에 가입하여야 한다. 다만, 임시허가를 받은 자가 책임보험등에 가입하기 어려운 경우에는 규제자유특구 관할 시·도지사와의 별도 협의를 거쳐 임시허가로 발생할 수 있는 인적·물적 손해에 대한 배상 방안을 마련하여야 한다(제12항).

④ **규제자유특구에 대한 규제특례:** 제92조 이하에서는 규제자유특구에 대해 관련 개별법상의 규제에 대한 규제완화의 특례를 규정하고 있다.

라. 실행조직

규제자유특구계획의 승인, 규제자유특구 지정 등에 관한 사항을 심의·의결하기 위하여 규제자유특구위원회를 둔다(제77조 제1항).

4) 금융혁신지원 특별법(약칭 '금융혁신법')상 혁신금융 규제샌드박스

가. 혁신금융서비스의 지정

"혁신금융서비스"란 기존 금융서비스의 제공 내용·방식·형태 등과 차별성이 인정되는 금융업 또는 이와 관련된 업무를 수행하는 과정에서 제공되는 서비스를 말한다(제2조 제4호).

금융위원회는 혁신금융심사위원회의 심사와 혁신금융서비스 지정 신청과 관련 있는 행정 권한을 가지는 기관(이하 "관련 행정기관"이라 한다)의 동의를 거쳐 2년의 범위 내에서 혁신금융서비스를 지정할 수 있다(제4조 제1항). 혁신금융서비스 지정을 받기 위한 신청을 할 수 있는 자는 금융회사등과 국내에 영업소를 둔 「상법」상의 회사이다(제5조 제1항).

금융위원회는 혁신금융서비스의 지정을 하는 경우 금융소비자 보호, 금융시장 및 금융질서의 안정 등을 위하여 필요한 조건을 붙일 수 있다(제3항).

금융위원회는 혁신금융서비스 지정기간을 연장할 필요가 있는 경우 그 지정기간을 한 차례만 2년 이하의 범위에서 연장할 수 있다(제10조 제1항).

혁신금융사업자는 손해배상책임의 이행을 위하여 책임보험에 가입하여야 한다. 다만, 혁신금융사업자가 책임보험에 가입할 수 없는 경우에는 금융위원회와 별도 협의를 거쳐 규제 적용의 특례로 발생할 수 있는 인적·물적 손해에 대한 배상방안을 마련하여야 하며, 그 배상방안에는 대통령령에서 정한 배상 방법, 기준 및 절차에 대한 사항을 포함하여야 한다(제27조 제2항).

나. 혁신금융사업자에 대한 특례

"혁신금융사업자"란 제5조에 따라 혁신금융서비스 지정 신청을 한 회사로서 제4조에 따라 금융위원회가 혁신금융서비스로 지정한 금융서비스를 제공하는 회사를 말한다(제2조 제5호).

① 규제 개선의 요청: 혁신금융사업자는 지정기간 만료일 3개월 전까지 규제 개선의 필요성 및 혁신금융서비스 운영 결과를 서면으로 첨부하여 제4조 제2항 제5호에 따라 특례가 인정되는 규제의 개선을 금융위원회와 관련 행정기관의 장에게 요청할 수 있다(제10조의2 제1항).

② 혁신금융서비스의 영위: 혁신금융사업자는 다음 각 호의 어느 하나에 해당하는 경우 제4조에 따라 지정받은 범위 내에서 해당 혁신금융서비스를 영위할 수 있다. 1. 혁신금융서비스에 적용되는 기준·요건 등이 금융관련법령에 없거나 관련 규정을 혁신금융서비스에 적용하는 것이 적합하지 아니한 경우, 2. 혁신금융서비스의 허용 여부가 불명확하거나 혁신금융서비스를 영위할 수 있는 근거가 되는 금융관련법령이 없는 경우(제16조 제1항).

③ 규제 적용의 특례: 혁신금융사업자가 지정기간 내에 영위하는 혁신금융서비스에 대해서는 사업 또는 사업자의 인허가·등록·신고, 사업자의 지배구조·업무범위·건전성·영업행위 및 사업자에 대한 감독·검사와 관련이 있는 금융관련법령의 규정 중 제4조 제2항 제5호에 따라 특례가 인정되는 규정은 적용하지 아니한다(제17조 제1항). 그러나 제1항에도 불구하고 금융위원회는 제4조 제2항 제5호에 따라 특례를 인정할 경우 금융소비자의 재산, 개인정보 등에 회복할 수 없는 피해가 예상되거나 금융시장 및 금융질서의 안정성이 현

저히 저해될 우려 등이 있는 금융관련법령상 규정에 대하여 특례를 인정할 수 없다(제2항).

④ **규제 신속 확인**: 혁신금융서비스를 제공하려는 자는 금융위원회에 법령 등(법령, 법령에서 위임한 사항이나 그 시행에 필요한 사항을 정한 행정규칙, 그 밖에 행정기관에 권한을 부여한 모든 규정을 말한다)의 적용 여부 등을 확인(이하 "규제 신속 확인"이라 한다)해 줄 것을 신청할 수 있다(제24조 제1항).

다. 실행조직

금융위원회는 혁신금융서비스 지정 신청 사항을 심사하기 위하여 혁신금융 심사위원회를 둔다(제13조 제1항).

(3) 규제샌드박스에서의 법적 문제와 개선방안

실증특례(규제적용제외)와 임시허가는 2년 이내, 1회에 한하여 연장이 가능하기 때문에 제품과 서비스의 개발을 위해 장기간을 요하는 경우에는 규제샌드박스의 혜택을 받을 수 없다. 임시허가의 유효기간 내에 허가등의 근거가 되는 법령 정비가 완료되지 않은 경우에는 법령 정비가 완료될 때까지 유효기간이 연장되는 것으로 간주하는 규정을 두는 경우가 많은데, 금융혁신법에는 이와 같은 규정이 없다. 정보통신융합법에서는 해당 법령 정비가 법률의 개정을 필요로 하는 경우에는 유효기간 연장에 관한 간주규정이 적용되지 않는 것으로 규정하고 있다. 그리고 "법령 정비가 완료될 때"라는 문구는 그 의미가 모호하다. 법령 정비가 완료된 후에도 정식허가 신청과 허가신청서 심사를 거쳐 정식허가를 받을 때까지 임시허가가 유효한 것으로 하여야 할 것이다.

임시허가만으로는 사업의 확장이 어려우므로 합리적인 법령의 개정에 따라 정식허가를 받을 수 있도록 하는 것이 필요하다. 장애가 되는 관련 법령이 정비된다고 하더라도 현재의 규제샌드박스제도에서는 임시허가 후 정식허가를 받을 수 있는 통로가 명확하지 않다. 입법자가 정식허가에 관한 법률을 제정한 후 정식허가가 거부되는 경우 사업자는 큰 불이익을 입을 수 있다. 따라서 행정청은 중대한 안전상의 문제 등 심히 공익을 해하는 특별한 사정이 없는 한 정식허가를 내주도록 하는 방안을 마련하여야 한다.

실증특례·임시허가는 제품과 서비스의 상용화에만 적용되고 신기술만의 개발에는 적용되지 않는 문제가 있다.

규제적용제외와 임시허가에 여러 부처가 관계되는 경우 부처간 협의가 잘 되지 않아 규제샌드박스의 혜택을 받지 못하는 경우도 적지 않을 것이다. 임시허가를 받은 경우 다른 인허가를 받을 필요가 없는 효과가 발생한다. 즉 임시허가에는 집중효 내지 대체효가 인정된다. 따라서 임시허가기관과 대체효가 미치는 다른 인허가기관인 관계기관간의 관계를 보다 명확히 하여야 한다. 또한 임시허가시 이해관계인의 참여 등을 보장하는 절차적 규정을 보완하여야 한다. 임시허가에 관한 실체적 규정의 완화를 절차적 규정의 보장으로 보완하여야 한다.

임시허가 후 정식허가 단계에서도 부처간 다툼으로 정식허가를 받지 못하거나 정식허가가 지체되는 불행한 사태가 발생할 수도 있다. 경쟁관계에 있는 기존의 산업에 대한 대책이 없는 경우 차량공유서비스에 대한 택시업계의 반발에서 보듯이 기존 산업으로부터의 저항에 부딪혀 정식허가를 받지 못하게 될 수도 있다. 신규 정보통신융합등 기술·서비스를 활용하는 사업에 2개 이상의 허가 등이 필요한 경우 동시에 해당 법령에 따른 허가 등의 절차를 진행하는 일괄처리제도가 도입되었는데, 이에 더하여 인허가의제제도, 협의간주제도 등 부처간 협의를 촉진할 수 있는 법적 장치를 마련하여야 한다.

규제샌드박스는 행정기관에게 규제적용제외권과 임시허가권 및 취소권이라는 막강한 권한을 주고 있다. 규제를 집행하는 공무원에게 고도의 전문성과 윤리성이 요구되는 이유이다. 정부는 규제샌드박스 시행에 맞춰 실증특례·임시허가 부여 여부를 심의·의결하는 '신기술·서비스 심의위원회'를 구성하였는데, 심의위원 중에 규제법전문가인 법학자가 포함되지 않는 것은 문제가 아닐 수 없다. 실증특례·임시허가 부여시 관련 규제법을 제대로 해석·적용해야 하고, 이해관계를 조절하기 위해 다양한 조건을 붙여야 하고, 불합리한 법제도의 개선을 위한 의견을 제시하기 위해서는 규제법전문가의 참여가 필요하다.

V. 기술규제의 문제

기술규제에는 기술진흥규제와 기술안전규제가 있다. 기술의 진흥과 기술의 안전은 상호 대립·충돌하는 경우가 많다. 기술의 진흥과 기술의 안전은 조화를 이루어야 한다. 기술의 지속가능한 발전을 위해서는 안전성이 보장된 가운데 기술의 발전이 이루어져야 한다. 기술의 개발단계에서는 최소한의 안전성이 보장된 가운데 기술의 개발을 허용·진흥하고, 기술의 발전과 동시에 기술의 안전도 강화해나가도록 할 필요가 있다.

기술발전을 지원하는 입법을 함에 있어서는 기술발전을 수용하는 기술진흥법, 기술질서보장법(예, 특허법, 인터넷기술의 발전에 따라 주소자원관리에 관한 법률 등 인터넷규제관련법 제정 등)을 입법함과 동시에 기술발전에 장애가 되는 법령도 정비하여야 한다.

초기술사회에서 정책, 규제, 입법의 기술종속성이 심화되고 있다. 정책, 규제, 입법은 기술을 기초로 행해지는데, 기술의존도가 높아지고 있다. 기술의 유무, 기술수준에 따라 정책, 규제, 입법의 내용이 달라진다. 규제와 입법의 기준을 정하는 경우에 안전, 환경의 수준 등 공익목표도 고려하여야 하지만, 안전, 오염물질처리 등에 관한 기술의 수준도 고려해야 한다. 최고의 기술, 최신의 기술, 통상의 기술 중 어느 기술을 기준으로 오염물질 배출허용기준 등 규제기준을 정할 것인지를 결정하는 경우에 기술의 발전 정도, 미래 기술발전의 가능성을 고려해야 한다. 경제적 고려를 위해 여러 대안의 비용과 편익을 분석해야 한다. 정치적 고려를 위해 국민의 요구 등을 조사하고 반영해야 한다. 이러한 기술적 고려, 경제적 고려, 정치적 고려를 종합하여 정책, 규제, 입법을 정책적으로 결정해야 한다.

기술의 유무, 기술수준에 따라 정책, 규제, 입법 목적의 실현이 영향을 받는다. 정책, 규제, 입법의 집행에 있어서도 기술의존도가 높아지고 있다. 예를 들면, 차량과속단속장비, 자동측정장치 등 기술에 의한 법위반사실의 단속이 확대되고 있다.

기술이 보편적으로 사용되도록 하기 위해서는 기술의 통일성과 호환성을 보장해야 한다. 이를 위해서 기술표준과 기술규격을 정한다. 그런데 기술표준과 기술규격이 새로운 기술의 발전에 장애가 되기도 하므로 기술표준과 기술규격을 정하는 경우 새로운 기술에 대한 개방성이 보장되도록 하는 장치를 마련해야 한다.

규제현실에 대한 과학적 입증이 불확실한 경우가 있는데, 이 경우 규제기관은 어떻게 대응해야 하는가. 주요 대응방식을 살펴보면 다음과 같다. 안전성이 보장될 때까지 기다리는 선택(무규제의 선택)을 하거나 최소한의 안전이 보장된 상태하에서 우선 허용(예, 백신의 긴급승인)하고, 과학적으로 확실하게 된 경우 정식으로 승인(조건부) 또는 거부하는 것을 선택할 수 있다. 후자의 선택은 우선허용-사후규제의 원칙에 따른 것이다. 규제대상의 안전 등에 대한 과학적 입증이 대부분은 되었지만 일부가 불확실한 경우 규제기관은 과학적 확실성이 달성될 때까지 규제를 미룰 수도 있지만, 과학실험의 결과를 기초로 과학적 불확실성의 결과를 고려하여 정책결정을 할 수도 있다. 정책과 규제의 필요성이 있는 경우 과학적으로 불확실하다고 정책결정이나 규제선택을 하지 않을 수는 없다. 다만, 정책결정이나 규제선택 후 과학적 불확실성을 해소하려는 노력을 기울여야 한다.

Ⅵ. 규제영향분석과 비용편익분석

1. 제도의 의의 및 주요 내용

행정규제기본법상 "규제영향분석"이란 규제로 인하여 국민의 일상생활과 사회·경제·행정 등에 미치는 여러 가지 영향을 객관적이고 과학적인 방법을 사용하여 미리 예측·분석함으로써 규제의 타당성을 판단하는 기준을 제시하는 것을 말한다(제2조 제5호). 규제영향분석제도는 규제의 문제를 최소화하고 대안 검토를 통해 바람직한 규제를 만드는 것을 지원하는 제도이다.

행정규제기본법은 규제영향분석제도를 도입하고 있다. 즉, 중앙행정기관의 장은 규제를 신설하거나 강화(규제의 존속기한 연장을 포함한다. 이하 같다)하려면 다음 각 호의 사항을 종합적으로 고려하여 규제영향분석을 하고 규제영향분석서를 작성하여야 한다. 1. 규제의 신설 또는 강화의 필요성, 2. 규제 목적의 실현 가능성, 3. 규제 외의 대체 수단 존재 여부 및 기존규제와의 중복 여부, 4. 규제의 시행에 따라 규제를 받는 집단과 국민이 부담하여야 할 비용과 편익의 비교 분석, 5. 규제의 시행이 「중소기업기본법」 제2조에 따른 중소기업에 미치는 영향, 6. 경쟁 제한적 요소의 포함 여부, 7. 규제 내용의 객관성과 명료성, 8. 규제의 신설 또는 강화에 따른 행정기구·인력 및 예산의 소요, 9. 관련 민원사무의 구비서류 및 처리절차 등의 적정 여부(제7조 제1항).

규제영향분석 중 규제로 인한 비용과 편익을 비교분석하는 것을 비용편익분석(Cost-benefit analysis)이라 한다.

* 비용편익분석(Cost-benefit analysis)의 장단점

장점	·객관적인 기준 ·재화의 효율적 배분 ·규제의 효율성, 경제성 제고
단점	·생명 등 양적으로 평가할 수 없거나 어려운 가치가 있음 ·기업에 포획된 편향된 결과가 나올 수 있음 ·중대한 인권, 안전 등 절대적 가치가 경시될 수 있음

규제영향분석 중 법인·단체 또는 개인의 사업활동에 비용 부담을 부과하는 규제를 신설·강화하는 경우 해당규제 비용에 상응하는 기존규제를 정비함으로써 국민의 규제비용 부담을 경감하는 제도(Cost-In, Cost-Out)를 규제비용관리제라 한다. 달리 말하면 규제 신설·강화시 발생하는 규제순비용을 기존규제의 폐지·완화를 통해 상쇄하도록 관리하는 제도이다(「국민부담 경감을 위한 행정규제 업무처리 지침」 제2조). 규제영향분석 과정에서 피규제자(기업 및 소상공인) 대상 직접비용과 직접편익을 산정하고, 이를 연간균등순비용으로 환산하여 적립하는데, 비용관리제 적용대상 중 연간균등순비용 10억원 이상인 경우 비용분석위원회의 2차 검증을 받는다(「2019 규제영향분석서 작성지침」 5면). 규제비용관리제의 운영에 관한 구체적인 사항은 규제비용관리제 매뉴얼에 규정되어 있다.

규제가 소기업·소상공인에게 적용하는 것이 적절하지 아니하거나 과도한 부담을 줄 우려가 있다고 판단되는 경우(피규제자에 중소기업이 포함된 경우)에는 중소기업영향분석(중소벤처기업부 검토)을 실시하여 규제의 전부 또는 일부의 적용을 면제하거나 일정기간 유예하는 방안을 검토하여야 한다(행정규제기본법

제8조의2). 초안 작성시 소관 부처에서 실시한 영향분석 결과를 작성하고, 입법예고 및 영향평가 종료 후, 기술·경쟁·중기 영향평가 결과를 반영·수정한다(「2019 규제영향분석서 작성지침」 32면). 중소기업 영향분석(차등화 방안 마련 포함)시에는 '중소기업 규제 차등화[42] 메뉴얼'을 활용하여 규제 차등화 예비분석 결과표를 작성하는 등 심도 있게 분석하여야 한다(「2019 규제영향분석서 작성지침」 9면). 비규제이거나 피규제자에 중소기업이 포함되지 않은 경우, 중소기업 규제 차등화 적용 검토대상에서 제외된다(「2019 규제영향분석서 작성지침」 32면).

기술기준(기술규정)이나 시험·검사·인증 등과 관련된 법령 등의 제·개정시 기존 유사제도와의 중복성 여부, 국가표준(KS 등) 및 국제기준과의 조화여부 파악이 필요한 경우에는 기술영향평가(국가기술표준원 검토)를 하여야 하는데, 기술규제 영향평가 필요 여부와 그 이유 및 근거를 구체적으로 기술하여야 한다(「2019 규제영향분석서 작성지침」 31면).

경쟁에 어떠한 영향을 미치는지에 대한 분석과 평가가 필요한 경우에는 경쟁영향평가(공정거래위원회 검토)를 하여야 하는데, 경쟁제한 규제영향평가 필요 여부와 그 이유 및 근거를 구체적으로 기술하여야 한다(「2019 규제영향분석서 작성지침」 31면).

「2019 규제영향평가서 작성지침」에 따르면 점검목록의 네 가지 효과(A~D) 중 어느 하나라도 가지고 있는 경우에는 경쟁영향평가가 필요하다.

(A) 공급자의 수 또는 범위에 대한 제한
① 특정 공급자에게 상품 또는 용역 제공의 독점적 권리를 부여함
② 사업의 요건으로 면허, 허가 또는 인가의 절차를 설정함

---

42) 중소기업 규제 차등화란 중앙행정기관의 장이 규제를 신설·강화하는 경우 중소기업기본법 제2조에 따른 중소기업의 규제부담 경감 및 형평성 제고를 위해 중소기업에게 규제를 차등화하여 적용하는 것을 의미한다.

③ 일부 공급자의 상품 또는 용역 제공 능력을 제한함

④ 공급자의 시장진입 또는 퇴출비용을 크게 증가시킴

(B) 공급자의 경쟁능력 제한

① 공급자가 상품 또는 용역의 가격을 설정할 수 있는 능력을 제한함

② 공급자가 상품 또는 용역을 광고 또는 마케팅할 수 있는 능력을 제한함

③ 특정 공급자에게 더 유리하게 상품의 품질기준을 설정하거나, 소비자가 합리적으로 선택할 만한 수준 이상으로 품질기준을 설정함

④ 다른 공급자에 비해 일부 공급자의 생산비용을 크게 증가시킴

(C) 공급자의 경쟁유인 감소

① 자율규제 또는 공동규제 체계를 형성함

② 공급자에게 가격, 생산량, 또는 매출에 대한 정보를 공개하도록 요구함

③ 특정 산업의 활동 또는 공급자의 활동을 일반경쟁법 적용에서 배제함

(D) 소비자에게 제공되는 선택과 정보의 제한

① 어떤 공급자로부터 구매할 것인가를 결정하는 소비자의 능력을 제한함

② 공급자를 변경하는데 필요한 전환비용을 증가시켜 소비자의 이동성을 감소시킴

이 경우 규제기관은 경쟁제한 규제영향평가 필요 여부와 그 이유 및 근거를 구체적으로 기술하여야 하고 경쟁영향평가는 공정거래위원회의 검토를 받는다(「2019 규제영향평가서 작성지침」 31면).

규제영향분석시에는 규제대안도 검토하여야 한다. 규제대안은 현행유지안, 규제대안 1(도입하고자 하는 규제안), 규제대안 2로 나누어 검토한다. 간이형 규제영향분석서의 경우 현행유지안, 규제대안 2의 작성을 생략할 수 있다. 규제대안 2는 행정규제기본법상 규제(좁은 의미의 규제)적 성격을 가지고 있지 않는 비규제대안이나 규제적 성격이 규제대안 1에 비해 완화된 다양한 방식의 규제대안을 말한다. 비규제대안은 국민의 권리를 제한하거나 의무를 부여하는 규제적 특성이 제외된 대안으로서 보조금 지원, 경제적 유인(세금감면 혜택, 저리융자 등), 사회운동(캠페인, 공익광고 등), 민간자율규제(협회 등을 통한 자율적 규제) 등을 말하고, 저강도 규제대안은 규제대안 1에서 제시한 기준을 더 완화하

거나 피규제자의 범위를 축소하는 경우 등을 말하는데, 그 예로 규제대안 1이 허가제인 경우 등록제나 신고제 등의 대안을 들 수 있다. 기타 다른 방식을 사용하는 규제대안은 규제대안 1과는 다른 형태의 규제대안으로서 그 예로 규제대안 1이 구비서류에 대한 서면접수인 경우 전자(온라인)접수등의 대안을 들 수 있다(「2019 규제영향분석서 작성지침」 26−27면).

규제영향분석시에는 규제 상대방의 규제회피에 대한 조사분석도 하여야 한다. 규제회피의 수단과 방식, 규제회피의 가능성과 정도등을 조사분석도 하여야 한다. 그리고 규제회피를 방지하기 위한 방안도 검토·서술하여야 한다.

2. 규제영향분석의 방법

중앙행정기관의 장은 규제영향분석을 하는 경우에는 가능한 한 계량화된 자료를 사용하여야 한다. 다만, 자료의 계량화가 불가능한 경우에는 서술적인 방법을 사용할 수 있다(동법 시행령 제6조 제2항). 사람의 생명과 건강, 환경의 가치를 계량화하는 것에는 어려움이 있다. 이러한 어려움에도 불구하고 계량화하고자 하는 경우에는 설득력 있는 계량화의 기법을 개발·적용하여야 한다. 계량화된 자료에 의한 양적 영향분석의 경우 가정(assumptions)과 방법론의 정당성 등에 대한 설명이 있어야 한다.

규제개혁위원회는 법 제7조 제1항의 규정에 의한 규제영향분석서의 작성지침을 수립하여 중앙행정기관의 장에게 통보하여야 한다. 이를 변경한 경우에도 또한 같다(제4항).

중앙행정기관의 장은 제1항에 따른 규제영향분석의 결과를 기초로 규제의 대상·범위·방법 등을 정하고 그 타당성에 대하여 자체심사를 하여야 한다. 이 경우 관계 전문가 등의 의견을 충분히 수렴하여 심사에 반영하여야 한다(행정규제기본법 제7조 제3항). 중앙행정기관의 장은 법 제7조 제3항에 따라 자체

심사를 한 경우에는 자체심사의견서를 작성하여야 한다(동법 시행령 제7조 제1항). 위원회는 법 제7조 제3항에 따른 자체심사의 기준 및 절차에 관한 세부지침을 작성하여 중앙행정기관의 장에게 통보하여야 한다. 이를 변경한 경우에도 또한 같다(제2항).

규제영향분석서는 규제의 사회·경제적 파급효과 및 쟁점사항 등을 고려하여 간이형과 표준형으로 구분한다. 간이형 규제영향분석서의 작성 대상은 다음과 같다: 영업정지 등 행정제재처분, 상위법 위임에 따른 경미한 사항, 의무제출 서류내용의 구체화, 수익적 행정처분의 절차관련 규제. 간이형을 제외한 모든 규제는 표준형 규제영향분석서를 작성한다(「2019 규제영향분석서 작성지침」 15면).

3. 대통령 소속 규제개혁위원회의 규제심사

(1) 중앙행정기관의 장의 규제심사 요청

중앙행정기관의 장은 규제를 신설하거나 강화하려면 위원회에 심사를 요청하여야 한다. 이 경우 법령안(法令案)에 대하여는 법제처장에게 법령안 심사를 요청하기 전에 하여야 한다(행정규제기본법 제10조 제1항). 중앙행정기관의 장은 제1항에 따라 심사를 요청할 때에는 규제안에 다음 각 호의 사항을 첨부하여 위원회에 제출하여야 한다. 1. 제7조 제1항에 따른 규제영향분석서, 2. 제7조 제3항에 따른 자체심사 의견, 3. 제9조에 따른 행정기관·이해관계인 등의 제출의견 요지(제2항). 위원회는 제1항에 따라 규제심사를 요청받은 경우에는 그 법령에 대한 규제정비 계획을 제출하게 할 수 있다(제3항).

(2) 예비심사

예비심사는 위원회의 규제심사를 받아야 하는 중요규제인지 여부를 심사판단하는(스크린하는) 과정이다.

위원회는 제10조에 따라 심사를 요청받은 날부터 10일 이내에 그 규제가 국민의 일상생활과 사회·경제활동에 미치는 파급 효과를 고려하여 제12조에 따른 심사를 받아야 할 규제(이하 "중요규제"라 한다)인지를 결정하여야 한다(제11조 제1항). 법 제11조 제1항에 따른 중요규제는 다음 각 호의 어느 하나에 해당하는 규제로 한다. 1. 규제의 시행에 따라 규제를 받는 집단과 국민이 부담하여야 할 비용이 연간 100억원 이상인 규제, 2. 규제를 받는 사람의 수가 연간 100만명 이상인 규제, 3. 명백하게 진입이나 경쟁이 제한적인 성격의 규제, 4. 국제기준에 비추어 규제 정도가 과도하거나 불합리한 규제, 5. 다른 행정기관에 의하여 시행되고 있거나 시행 예정인 규제와 심각한 불일치 또는 간섭을 발생시키는 규제, 6. 이해관계인 간 이견이 첨예하게 대립하거나 사회·경제적으로 상당한 부작용이 우려되는 규제, 7. 중소기업영향평가·경쟁영향평가·기술영향평가의 결과 개선이 필요한 규제, 8. 규제 수준 및 정도가 현저히 부당하여 위원회의 심도 있는 논의가 필요한 규제(동법 시행령 제8조의2 제1항). 위원회는 심사를 요청받은 규제가 제1항에 따른 중요규제 판단기준의 어느 하나에 해당하더라도 이해관계인 간의 이견이 없으면서 다른 규제대안이 없는 경우 등 불가피성이 인정되는 경우에는 중요규제로 보지 아니할 수 있다(제2항).

제1항에 따라 위원회가 중요규제가 아니라고 결정한 규제는 위원회의 심사를 받은 것으로 본다(법 제11조 제2항).

(3) 규제심사

위원회는 제11조 제1항에 따라 중요규제라고 결정한 규제에 대하여는 심사 요청을 받은 날부터 45일 이내에 심사를 끝내야 한다. 다만, 심사기간의 연장이 불가피한 경우에는 위원회의 결정으로 15일을 넘지 아니하는 범위에서 한 차례만 연장할 수 있다(법 제12조 제1항). 위원회는 관계 중앙행정기관의 자체 심사가 신뢰할 수 있는 자료와 근거에 의하여 적절한 절차에 따라 적정하게 이루어졌는지 심사하여야 한다(제2항).

위원회는 제1항에 따라 심사를 마쳤을 때에는 지체 없이 그 결과를 관계 중앙행정기관의 장에게 통보하여야 한다(법 제12조 제4항).

(4) 긴급심사절차

중앙행정기관의 장은 긴급하게 규제를 신설하거나 강화하여야 할 특별한 사유가 있는 경우에는 제7조, 제8조 제3항, 제9조 및 제10조의 절차를 거치지 아니하고 위원회에 심사를 요청할 수 있다. 이 경우 그 사유를 제시하여야 한다(법 제13조 제1항). 위원회는 제1항에 따라 심사 요청된 규제의 긴급성이 인정된다고 결정하면 심사를 요청받은 날부터 20일 이내에 규제의 신설 또는 강화의 타당성을 심사하고 그 결과를 관계 중앙행정기관의 장에게 통보하여야 한다. 이 경우 관계 중앙행정기관의 장은 위원회의 심사 결과를 통보받은 날부터 60일 이내에 위원회에 규제영향분석서를 제출하여야 한다(제2항). 위원회는 제1항에 따라 심사 요청된 규제의 긴급성이 인정되지 아니한다고 결정하면 심사를 요청받은 날부터 10일 이내에 관계 중앙행정기관의 장에게 제7조부터 제10조까지의 규정에 따른 절차를 거치도록 요구할 수 있다(제3항).

(5) 철회 또는 개선 권고

위원회는 제12조와 제13조에 따른 심사 결과 필요하다고 인정하면 관계 중앙행정기관의 장에게 그 규제의 신설 또는 강화를 철회하거나 개선하도록 권고할 수 있다(제14조 제1항). 제1항에 따라 권고를 받은 관계 중앙행정기관의 장은 특별한 사유가 없으면 이에 따라야 하며, 그 처리 결과를 대통령령으로 정하는 바에 따라 위원회에 제출하여야 한다(제2항).

위원회는 제10조 제2항 각 호의 첨부서류 중 보완이 필요한 사항에 대하여는 관계 중앙행정기관의 장에게 보완할 것을 요구할 수 있다. 이 경우 보완하는 데에 걸린 기간은 제1항에 따른 심사기간에 포함하지 아니한다(제3항). 위원회는 법 제14조 제1항의 규정에 의하여 규제의 신설 또는 강화를 철회하거나 개선하도록 권고하는 경우에는 다음 각호의 사항을 포함하여 관계 중앙행정기관의 장에게 통지하여야 한다. 1. 규제의 내용, 2. 위원회의 심사의견, 3. 철회 또는 개선권고사항, 4. 철회 또는 개선권고사항에 대한 처리기한(동법 시행령 제10조 제1항).

(6) 이의 및 재심사

중앙행정기관의 장은 위원회의 심사 결과에 이의가 있거나 위원회의 권고대로 조치하기가 곤란하다고 판단되는 특별한 사정이 있는 경우에는 대통령령으로 정하는 바에 따라 위원회에 재심사(再審査)를 요청할 수 있다(법 제15조 제1항).

(7) 규제심사와 법령심사

중앙행정기관의 장은 법제처장에게 신설되거나 강화되는 규제를 포함하는 법령안의 심사를 요청할 때에는 그 규제에 대한 위원회의 심사의견을 첨부하여야 한다. 법령안을 국무회의에 상정(上程)하는 경우에도 또한 같다(법 제16조 제1항).

<규제심사 절차 흐름도>[43]

절차	담당기관	주요내용	비고
정책입안	소관부처	• 법령 제·개정에 대한 초기 검토, 이해관계자·관계부처 논의 • 해당 법령안에 대한 사전검토(Off-line) ㅡ규제심사 대상여부, 규제영향분석서 작성 유형(표준/간이형)	
규제영향분석서 작성	소관부처	• 규제심사 대상인 경우 규제영향분석서 작성 및 제출 ※사전검토시 협의된 작성유형으로 작성 ※중소기업 영향분석은 '중소기업 규제 차등화' 매뉴얼 활용	입법예고 7일 전까지
규제심사 대상여부 등 결정	규제조정실 (규제심사관)	• 규제심사 대상 여부 / 규제영향분석 유형(표준/간이형) 결정 / 비용관리제 적용여부 예비검토 ※심사 비대상은 심사종결	입법예고전
입법예고	소관부처	• 관련법령 제·개정안 입법예고시 규제영향분석서	공표 40일간 (행정예고 20일간)
규제영향분석서 검증 (비용분석 검증)	규제연구센터 (1차 검증)	• 규제비용 등의 적정성 검증 및 검증보고서 작성·제출 ※비용·편익분석 사항 수정·보완(소관부처) ※검증결과에 따라 비용관리제 적용여부 및 2차검증 대상 확정	1차검토·수정 (10일내) 2차검토·수정 (5일이내)
	비용분석위원회 (2차 검증)	• 비용관리제 적용대상 중 연간균등순비용 10억원 이상, 비용상 중요규제(직간접 비용 100억원 이상, 피규제자 100만명 이상),	7일 이내

---

43) 규제영향분석서 작성지침(2019), 7면 참조.

110 정책, 규제와 입법

		폐지·완화 규제(비용관리제 대상) 심의 ※위원회 심의의견은 예비심사 前까지 검토 하여 보완	
▼			
검증의견 종합	규제조정실 (규제심사관)	• 규제연구센터 검증의견 및 분야별 영향평 가 의견 등 종합 • 종합된 검토의견 소관부처 전달	
▼			
자체심사	소관부처 (자체규개위)	• 국조실·규제연구센터 검토의견, 이해관계 자·관련부처 의견, 영향평가 결과 등을 고 려 규제영향분석서 수정·보완 • 소관부처 자체 규제개혁위원회 심사	
▼			
규제심사	규제개혁 위원회	• 위원회 예비심사 → 본심사 ※예비심사에서 비중요규제로 의결된 경우 심사 종결	심사요청일로부터 예비심사 10일이내, 본심사 45일이내

Ⅶ. 규제정책(규제일반의 정책) 및 규제원칙

1. 규제완화정책과 규제합리화정책

규제완화정책이라 함은 불필요한 규제를 폐지, 과도한 규제를 완화하여 사회·경제활동의 자율과 창의를 촉진하고자 하는 규제정책을 말한다. 규제완화정책은 과잉규제의 축소, 신자유주의의 요구, 경제활성화, 기업경쟁력강화의 요구, 사적 부문의 자율성과 창의성 강화 요구, 기업의 사회적 책임의식의 확대·강화 등으로부터 추진된다. 오늘날 기업간의 경쟁이 국가 차원에서 나아가 세계 차원에서 행해진다는 점도 규제의 완화를 요구한다. 한 국가에서 규제가 강화된다는 것은 기업에게는 비용의 증대를 의미하고, 이는 제품가격의 상승요인이 되고 이는 규제가 완화된 국가에서 생산되는 제품과 비교해서는 제품의 가격경쟁력을 낮추는 요인이 된다.

우리는 한편으로 규제의 과잉 속에 살고 있고, 다른 한편으로는 규제의 미흡 속에 살고 있다.

오늘날 규제의 과잉은 세계적인 현상이다. 규제는 공익 보호의 요구에 따라 만들어지고 있는데, 만들어진 규제는 폐지되거나 완화되지 않는 경향이 있다. 국가는 공익의 보호를 담당하고 그에 대한 책임을 지고, 국민은 공익의 보호를 요구한다. 그리하여 공익의 보호를 위해 규제가 만들어진다. 다른 한편으로 규제는 공무원의 권한이 되고, 규제가 늘면 그것을 담당하는 행정조직이 커진다. 규제가 늘면 민간부문에 대한 공무원의 권한이 강해지고, 행정조직이 늘면 승진할 수 있는 기회가 늘어난다. 규제가 완화된다는 것은 역으로 공무원의 권한이 약화된다는 것을 의미한다. 규제가 완화되는 것 중 규제의 필요성이 전혀 없어지게 되어 그렇게 되는 경우도 있지만, 신자유주의의 물결처럼 공익보다는 사적 부문의 자율성을 강화하기 위해 그렇게 되는 경우도 있다. 규제가 완화된다는 것은 통상 공익이 훼손될 우려가 더 커진다는 것이고, 규제완화로 공익이 훼손되는 일이 발생하면 그에 대한 비난은 공무원에게 돌아간다.

규제의 과잉은 필연적인 것이기도 하다. 법이라는 것은 속성상 일반적·추상적인 규율이다. 그리고 규제는 공익의 보호에 신경을 쓰지 않는 사인의 행위로 인해 공익이 훼손될 우려가 있을 때 행해진다. 그리고 규제는 그것을 전제로 행해진다. 그렇기 때문에 사회적 책임을 다해 공익에 대한 침해를 사전에 예방하고자 노력하는 사인에게 그러한 규제는 과잉규제가 될 수밖에 없다.[44] 우리나라는 후술하는 바와 같이 그동안 획일적 규제입법방식을 취하였

---

44) 다른 한편으로 사익만을 추구하고, 공익을 훼손하면서도 사익을 증대시킬 수만 있다면 그렇게 하는 사인에게는 그러한 규제는 과소규제가 될 수 있다.

으므로 과잉규제의 문제가 더 크게 나타난다.

그런데 규제완화가 잘 되지 않는 이유는 관료의 저항, 잘못된 규제완화정책(건수 위주의 형식적 규제완화정책 등), 규제기관의 위장된 규제완화를 규제완화정책 담당자가 걸러내지 못하는 점 등이다. 또한 규제완화가 절대선으로 주장되는 경우가 많은데, 규제완화정책은 과소규제의 문제를 초래할 위험도 있다. 특히 우리나라에서와 같이 획일적 규제하에서의 규제완화는 더 큰 과소규제를 초래하여 공익의 침해를 초래할 위험을 증가시킬 수 있다. 공무원은 과소규제로 인한 공익의 침해와 그러한 결과를 초래한 정부에 대한 비난을 염려하여 규제완화에 소극적이고, 나아가 저항하기도 한다.

과대규제도 문제지만, 과소규제도 문제이다. 규제는 적정하고 합리적이어야 한다. 경제적 규제는 가능한 한 완화해야 하지만 사회적 규제는 강화해야 하는 측면이 있다. 그러므로 규제완화정책 대신 규제합리화정책을 추진하여야 한다. 물론 규제합리화정책에는 규제완화정책이 포함된다. 행정규제는 필요한 규제에 한하여 도입되도록 하고, 다른 한편으로 필요한 규제가 폐지되거나 약화되는 것을 막아야 한다. 현재 규제 신설이나 강화에 대해서만 엄격한 심사가 행해지고 있는데, 규제완화의 경우에도 규제완화에 따른 문제점을 검토하고 심사하도록 해야 할 것이다. 이와 관련하여 행정규제를 경제규제와 사회적 규제로 구분할 필요가 있다. 경제적 규제는 필요한 최소한도로 제한하고, 규제완화를 추진해야 할 것이다. 다만, 경제질서의 유지와 경제분야의 안전성의 보장을 위한 최소한의 규제는 유지되도록 해야 한다. 무모한 경제규제의 완화로 인하여 서브프라임모기지사태와 같은 문제가 발생하지 않도록 해야 한다. 안전규제, 환경규제와 같은 사회적 규제는 오히려 강화될 필요가 있다. 규제완화라는 이름으로 사회적 규제가 부당하게 폐지되거나 약화되지 않도록 해야 한다.

2. 규제일몰제

규제일몰제라 함은 새로 신설되거나 강화되는 규제는 존속기한을 설정하고, 기한이 끝나면 존속기한의 연장이 없는 한 자동적으로 규제가 폐기되도록 하는 제도를 말한다.

중앙행정기관의 장은 규제를 신설하거나 강화하려는 경우에 존속시켜야 할 명백한 사유가 없는 규제는 존속기한 또는 재검토기한(일정기간마다 그 규제의 시행상황에 관한 점검결과에 따라 폐지 또는 완화 등의 조치를 할 필요성이 인정되는 규제에 한정하여 적용되는 기한을 말한다)을 설정하여 그 법령등에 규정하여야 한다(행정규제기본법 제8조 제1항). 중앙행정기관의 장은 기존규제에 대한 점검결과 존속시켜야 할 명백한 사유가 없는 규제는 존속기한 또는 재검토기한을 설정하여 그 법령등에 규정하여야 한다(제19조의2 제1항).

중앙행정기관의 장은 규제의 존속기한 또는 재검토기한을 연장할 필요가 있을 때에는 그 규제의 존속기한 또는 재검토기한의 6개월 전까지 제10조에 따라 위원회에 심사를 요청하여야 한다(제2항). 중앙행정기관의 장은 법률에 규정된 규제의 존속기한 또는 재검토기한을 연장할 필요가 있을 때에는 그 규제의 존속기한 또는 재검토기한의 3개월 전까지 규제의 존속기한 또는 재검토기한 연장을 내용으로 하는 개정안을 국회에 제출하여야 한다(제3항).

3. 비례원칙

규제는 헌법원칙인 비례의 원칙에 합치하여야 한다.

비례의 원칙에 따라 1) 규제는 규제목적을 달성하기에 적합하여야 한다(적합성의 원칙). 2) 국민의 권익을 가장 적게 침해하는 규제를 해야 한다. 자율규제가 가능함에도 타율규제를 하는 것은 안 된다. 비권력적 규제가 가능함에도

권력적 규제를 하는 것은 안 된다. 약한 규제가 가능함에도 강한 규제를 하는 것은 비례원칙에 반한다(최소침해의 원칙). 3) 규제의 강도는 규제이익에 비례하여야 한다. 규제이익과 규제불이익 사이에 법익의 균형성이 유지되어야 한다(상당성의 원칙).

비례원칙은 규제의 통제법리가 되고, 경우에 따라서는 규제완화의 근거가 될 수도 있다. 과대규제는 비례원칙에 반하는 것이다.

4. 규제형평제도

(1) 규제형평제도의 도입 논의

규제형평제도라 함은 규제기준이 그 자체로서는 일반적으로 타당하지만, 특수한 개별 사안에서 법령에 정해진 규제기준을 획일적으로 적용하는 경우 규제의 취지에 맞지 않고 심히 형평에 반하는 결과를 초래하는 경우에 당해 규제기준을 적용하지 않고, 규제입법취지에 맞는 형평성 있는 행정조치(적용제외조치)를 내릴 수 있도록 하는 제도를 말한다. 규제형평제도는 입법시 예측할 수 없었던 사정을 고려하여 행정기관이 형평조치를 할 수 있도록 하는 제도이다. 우리나라의 경우 규제권 행사에서의 자의와 부패를 방지하고, 신속한 행정처분을 보장하기 위하여 획일적인 규제를 행하여왔기 때문에 다른 어느 나라보다도 규제형평제도를 도입하여 형평성을 보장할 필요성이 크다.[45]

2011년 규제합리화의 일환으로 규제형평제도의 도입이 추진되었고, 「행정규제의 피해구제 및 형평보장을 위한 법률 제정안」(이하 '규제형평법안'이라 한다)이 국회에 제출되었는데, 규제형평제도가 특혜를 부여하는 근거가 될 수 있다는 우려 등의 이유로 제18대 국회에서 규제형평법안의 채택이 좌절되어

---

45) 박균성, 규제형평제도 도입의 법적 문제와 과제, 토지공법연구 제51권, 한국토지공법학회, 2010.11.25. 참조.

자동폐기되었다.

규제형평제도가 권력분립의 원칙, 법치주의 및 평등의 원칙에 반하는 것이라는 비판이 제기되었었다.[46] 규제형평제도에 따라 행정청이 법령의 적용을 제외하고 예외적인 처분을 하는 것은 권력분립의 원칙 및 국회입법의 원칙에 위배된다는 비판이 있었다. 이에 대하여는 다음과 같은 이유에서 규제형평제도는 국회입법의 원칙을 침해하는 제도가 아니라는 반론이 가능하다. ① 규제형평제도에 따라 행정청이 법령의 적용을 제외하고 예외적인 처분을 하는 것은 법률의 근거하에 하는 것이다. ② 규제형평조치는 법률의 규정을 위반하지 않고, 법률규정의 입법취지에 반하지 않는 경우에 한하여 인정되는 것이다. ③ 행정청이 규제형평제도에 따라 법령의 적용제외처분을 하는 것은 구체적인 사건에 대해 개별처분을 하는 것이며 일반적으로 행하는 조치가 아니다. 달리 말하면 규제형평처분은 입법을 하는 것이 아니라 구체적인 행정을 하는 것이다.

다음으로 규제형평제도에 따라 구체적인 사안에서 예외를 인정하게 될 경우 기존 규제에 대한 명확성을 침해하고, 예외적인 해석으로 인하여 법령이나 행정기준과 다른 결정이 내려질 수 있으므로 행정에 대한 예측가능성과 신뢰보호의 원칙에 반하고 궁극적으로는 법치주의에 반하는 것이라는 비판이 제기된다. 이에 대하여는 다음과 같은 이유에서 규제형평제도는 법치주의에 반하는 제도가 아니라는 반론이 가능하다. ① 규제형평조치는 규제법령과 달리 처분을 하는 것이 아니라 법률의 근거하에 특수한 사건에서 규제법령의 적용을 제외하는 것이다. ② 형평의 개념 자체가 객관적 개념이고 형평조치는 입법취지를 구체화하는 조치이므로 형평조치를 객관적으로 도출해낼 수 있고,

---

46) 김해룡, 규제형평제도의 도입에 관한 법률안의 문제점, 한국토지공법학회 제74회 학술대회자료, 2010, 1-5면 참조.

규제형평조치는 행정기관이 자의적으로 행하는 것이 아니라 전문성 있는 준사법적 기관이 엄격한 절차와 기준에 따라 행하는 것이므로 명확성원칙에 반한다고 할 수 없다.

마지막으로 규제형평제도에 의하면 개별사안에 따라 서로 다른 규제기준을 적용받게 됨으로써 헌법상 평등원칙을 침해할 소지가 있고, 특혜의 문제가 있다는 문제의 제기가 가능한데, 규제형평제도는 법령이 정한 규제기준을 적용하는 것이 심히 불합리한 경우에 그 적용을 배제하고 그 기준과 다른 결정을 하는 것이므로 동일한 사안을 다르게 취급하는 것이 아니라 다른 사안을 다르게(특별한 사안을 특별하게) 다루는 것이므로 평등원칙에 반하는 것이 아니라 오히려 평등원칙을 실현하는 제도이다. 규제형평조치가 공정하지 못한 경우에는 특혜의 문제가 제기될 수 있지만, 전문성 있는 준사법적 기관이 공정하고 투명한 절차에 따라 규제형평결정을 하도록 하고, 필요한 경우 부관을 붙이고, 규제형평결정에 대한 불복을 인정하면 규제형평제도의 남용과 그로 인한 특혜를 막을 수 있다.[47]

(2) 중소기업규제형평제도

중소기업규제형평제도라 함은 기업에 대한 규제를 대기업과 중소기업에 대해 동일하게 적용하는 것이 중소기업에 대해서는 과도한 부담을 초래하는 경우에 중소기업에 대해 그 부담을 완화하는 제도를 말한다.

미국의 '규제유연화법'(RFA: Regulation Flexibility Act)을 벤치마킹하여 중소기

---

47) 자세한 것은 박균성, 앞의 논문(규제형평제도 도입의 법적 문제와 과제) 참조. 2011년의 규제형평법안에서도 규제형평결정의 내용에 특혜의 소지가 없도록 규제형평심사 청구사실을 공개하고, 국민권익위원회에서 심리·의결하도록 하고, 규제형평심사의 의결을 공개하도록 하는 등 심리·의결에 공정성과 객관성을 확보하기 위한 규정을 두었었다(안 제11조 및 제23조 제2항).

업 규제영향평가제도가 도입되었다. 미국의 '규제유연화법'은 중소기업에 대한 과중한 규제부담을 발생시키는 경우에 대해 형평성 기준을 적용하여 규제도입 이전에 사전적으로 규제에 따른 영향을 최소화할 수 있는 대안을 마련할 수 있도록 하고 있다.[48]

(3) 형평규제의 전제조건

규제가 제 기능을 발휘하고 제 효과를 달성하기 위해서는 그에 합당한 여건이 조성되어야 하는데 그동안 이에 관한 인식이 부족하였다. 규제의 전제조건은 규제의 성공요건이고, 규제의 전제조건의 미비는 규제실패의 중요한 원인이 된다.

규제의 탄력성과 형평성을 제고하는 규제개혁에서도 그 여건의 조성이 병행되어야 한다. 특히 공무원의 전문성, 공익관 및 윤리의식, 국민의 행정에 대한 신뢰가 강화되어야 한다.

1) 형평규제기관의 전문성

형평규제를 위해서는 형평규제를 입안하고 집행하는 공무원이 규제분야를 잘 알아야 하고 규제법에 관한 전문성을 갖추고 있어야 한다. 형평규제를 실현하기 위해서는 경험법칙 및 논리법칙에 따라 객관적으로 그 의미를 명확하게 추론해 낼 수 있는 불확정개념을 규제기준으로 선정하는 입법자의 능력[49]

---

48) 이민호, 규제개혁을 위한 형평성 기준의 제고 방안: 중소기업 규제영향평가, 한시적 규제유예, 규제형평위원회의 사례를 중심으로, 한국행정학보 제44권 제3호, 2010, 268면. 미국의 '규제유연화법'에 대한 자세한 것은 이원우 외, 규제형평제도 도입 방안 연구, 국가경쟁력강화위원회 정책연구과제 최종보고서, 한국공법학회, 2009.12, 155면 참조.

49) 이른바 김영란법 제정시 부정청탁의 개념을 정하는 것이 어려워 부정청탁의 해석규정을 두는 것을 포기하고 부정청탁을 일반적 추상적 금지기준으로 하는 것을 포기하면서 금지

과 그 불확정개념을 객관적으로 정확하게 해석하고 개별사안에 적용할 수 있는 공무원의 능력과 공정성을 확보하는 것이 중요하다.

공무원의 전문성을 키우기 위해서는 공무원의 법 및 기술에 관한 전문성을 높일 수 있도록 공무원 채용제도, 인사제도 및 공무원 교육을 개혁하여야 할 것이다.[50]

또한 규제기관이 적정한 규제를 하도록 하기 위해서는 규제기관이 자율성과 권한을 갖고 있어야 할 뿐만 아니라 복잡한 과학적·경제적·사회적 정보를 수집하고, 분석하고 사용할 수 있는 인적·물적 자원을 갖고 있어야 한다.[51]

2) 공직의 청렴성과 투명성 보장

형평규제에 있어서는 행정권에게 재량이 인정된다. 부정부패가 만연한 상황하에서는 부패에 따른 재량권의 남용이 있을 수 있다. 형평규제는 공직에 대한 신뢰를 전제로 한다.

되는 부정청탁의 유형과 부정청탁의 예외를 제한적으로 열거하는 입법방식을 채택하였는데, 부정청탁의 개념을 법적으로 명확히 정의내릴 수 있었다면 보다 질 높은 입법을 할 수 있었을 것이다.

50) 그런데 현재 공무원의 직무능력에서 공무원의 일반적 판단력이 중시되고, 공무원의 전문성은 후순위로 밀리고 있다. 기술관료의 부족, 순환보직의 문제 등으로 인하여 행정분야별 전문가가 매우 부족한 것이 현실이다. 공직사회에 전문지식은 아웃소싱하면 된다는 인식이 팽배한데, 신속하고 적정한 결정을 내리기 위해서는 공무원 자신이 전문성을 갖추고 있어야 한다. 그리고 행정고시과목이나 공무원교육에서 법과목이 부족한 점 등의 이유로 공무원의 법지식은 매우 부족한 것이 현실이다.

51) Steven P. Croley, REGULATION and PUBLIC INTERESTS, PRINCETON UNIVERSITY PRESS, 2008, pp. 75-76.

3) 행정절차의 보완

행정결정의 공정성을 보장하기 위해 적정한 행정절차가 전제되어야 한다. 형평결정의 공정성을 보장하기 위해서는 더 높은 수준의 적정절차가 보장되어야 한다. 현행 행정절차법상 처분의 이해관계인은 행정청이 참여하게 한 이해관계인에 한하여 의견을 제출할 수 있도록 하고 있는데(제22조 제3항, 제2조 제4호), 형평결정의 경우에는 이해관계인이 원하는 경우에는 의견을 제출할 수 있는 기회를 주도록 해야 할 것이다. 또한, 중요한 형평결정을 하는 경우에는 개별법령에서 정하는 일정 수 이상의 이해관계인이 요청하는 경우에는 청문 또는 공청회를 개최하도록 해야 한다.

형평결정을 하는 경우 관련 공익 및 사익 등에 대한 권익영향분석보고서를 작성하여 검토하도록 하고, 형평결정시 구체적 이유를 제시하도록 하고 이들을 공개하도록 해야 할 것이다.

이해관계가 첨예하게 대립되는 등의 사유로 공정한 행정권 행사가 특히 요구되는 경우에는 준사법적 기구(예, 형평규제위원회)에 의해 행정결정을 하도록 하는 것도 고려할 수 있다.[52] 사립학교법은 임시이사가 파견된 사립학교의 정이사 임명을 교육부장관이 사학분쟁조정위원회의 의결에 따라 하도록 하고 있다.

---

52) 이외에도 규제형평법안은 규제형평결정의 공정성을 확보하기 위하여 다음과 같은 규정을 두고 있다. ① 위원회는 다수의 이해관계자가 존재하거나 공공의 이익과 밀접한 관련이 있는 규제형평결정을 원칙상 공지하는 것으로 하고(규제형평법안 제21조 제2항), 규제와 관련하여 이해관계가 있는 제3자가 참가할 수 있게 하였다. ② 위원회는 매년 위원회 활동 실적 및 추진현황을 국무회의에 보고하고 국민에게 공표하도록 하고 있다(규제형평법안 제25조 제1항). ③ 위원회의 의결은 원칙상 공개하도록 하였고(규제형평법안 제13조), 위원회는 규제형평결정에 관한 사항을 공표할 수 있는 것으로 하였다(규제형평법안 제28조). ④ 규제형평결정 신청사안을 원칙상 공개하도록 규정하고 있다(규제형평법안 제8조).

제4장

입 법

제4장

입 법

제1절 입법 개설

I. 입법의 개념과 기능

1. 입법의 개념

입법(legislation)이라 함은 좁은 의미로는 법률(statute)의 제정·개정·폐지를 말한다. 그런데 오늘날 제정법에는 법률뿐만 아니라 중앙행정기관이 제정하는 입법, 즉 명령·규칙(regulation) 그리고 자치입법인 조례와 규칙이 있다. 그리하여 넓은 의미의 입법은 법률, 명령, 자치입법 등 성문법령의 제정·개정·폐지를 말한다.

행정내부의 사무처리기준인 행정규칙은 법적 구속력 있는 규범, 즉 법은 아니지만, 행정사무의 처리기준이 되는 규범이므로 넓은 의미의 입법에 포함하여 논할 필요가 있다.

그리고 현재 헌법재판소나 대법원의 판례는 상위법령의 위임을 받아 행정규칙의 형식으로 법규명령을 제정할 수 있는 것을 인정하고 있으므로 이러한 행정규칙(법규명령의 효력을 갖는 행정규칙, 법령보충적 행정규칙)은 성문법령으로 볼 수 있다. 예를 들면, 약사법에 근거한 대한민국약전(식품안전처 고시), 세법에 근거한 국세징수사무처리규정, 부가가치세사무처리규정, 소득세사무처리규정(국세청 훈령)이 있다.

그리고 대법원 판례에 따르면 재량행위인 제재처분의 기준을 대통령령(시행령)의 형식으로 정한 경우에 제재처분의 최고한도를 정한 법규명령으로 보고 있고, 재량처분의 기준을 부령(시행규칙)의 형식으로 정한 경우에 행정규칙에 불과한 것으로 보면서도 그것이 합리적인 한 가능한 한 존중하여야 한다고 판시하고 있다.

실정법령에서 사용되는 "법령"이라는 용어는 사용되는 법령마다 그 의미가 다를 수 있다. 행정기본법에서는 "법령"을 1) 법률 및 대통령령·총리령·부령, 2) 국회규칙·대법원규칙·헌법재판소규칙·중앙선거관리위원회 규칙 및 감사원규칙, 3) 1) 또는 2)의 위임을 받아 중앙행정기관(「정부조직법」 및 그 밖의 법률에 따라 설치된 중앙행정기관을 말한다. 이하 같다)의 장이 정한 훈령·예규 및 고시 등 행정규칙을 포함하는 것으로 사용하고 있고, "자치법규"를 지방자치단체의 조례 및 규칙을 포함하는 개념으로 사용하고, "법령"과 "자치법규"를 포함하여 "법령등"이란 개념을 사용하고 있다. 국가배상법상의 "법령"은 성문법뿐만 아니라 불문법도 포함하여 법 일반을 의미한다. 헌법 제107조 제2항의 "명령·규칙"은 성문법규범인 행정입법(법규명령)을 의미한다.

2. 입법의 기능

우선 입법은 공동체의 법질서를 형성한다. 입법은 공동체의 국가생활과 사회생활의 기본질서를 정하고, 국가생활과 사회생활은 법을 준수해야 한다. 다른 한편 법을 준수하면 어떠한 법적 제재도 받지 않으므로 법은 법적 안정성을 제공하고 사람에게 자유와 제재에 대한 예측가능성을 제공한다.

입법 중 가장 기본적이고 중요한 법률은 국민의 대표기관인 국회가 제정하는 것이므로 국민의사의 표현이라고 할 수 있다. 그리하여 법률에 따른 국정운영은 국민에 의한 통치를 의미한다. 그러므로 입법은 법치주의원리를 통해 민주주의를 실현하는 방식이 된다.

입법은 공동체 전체의 이익인 공익(국가안전보장, 질서유지, 공공복리)의 실현을 목적으로 하여 제정된다. 그러므로 입법은 보다 나은 사회, 보다 바람직한 사회를 지향하는 정책수단이 된다.

오늘날 입법은 국가경쟁력 강화의 수단이 된다. 선진국으로 나아가기 위하여는 시장경제가 자리를 잡아야 한다. 시장경제의 핵심은 공정한 경쟁에 있고, 공정 경쟁이 되기 위하여는 경쟁의 룰인 법이 공정 경쟁을 보장할 수 있도록 만들어져야 하며 법이 준수되어야 한다. 따라서 법치주의는 선진경제의 필수요소가 되고, 법의 질은 국가경쟁력의 중요한 요소가 된다. 세계화속에서 국가간 경쟁이 치열해지고 있으므로 입법의 질을 향상시키는 것(Better Regulation)은 중요한 국가의 과제가 되고 있다. 그런데 현실에서 법은 사회발전에 장애가 되기도 하고, 특정집단의 이익을 과도하게 옹호하기도 한다. 역사적으로 법이 독재의 수단이 되기도 하고, 지배자의 이익을 대변하기도 하였다.

Ⅱ. 정책, 규제와 입법의 융합

국가는 정책 수립시 다양한 이해관계를 포용하는 보다 세밀한 정책을 수립해야 한다. 정책 수립시 정책의 방향만 제시하고, 정책의 입법화나 정책의 집행에 관한 세밀한 계획이 사전에 수립되지 못하는 경우가 많다. 정책이 몰고올 부작용 및 이해관계의 대립을 미리 파악하여 이에 대한 대비책을 미리 마련해 두어야 하는데, 그러한 배려 없이 일단 정책을 실시하고, 그에 따라 제기되는 문제는 임기응변으로 해결하면 된다고 생각하는 경우가 많다. 대립되는 이해관계를 사전에 조정하지 못한 미숙한 정책수립으로 인해 피해를 보게 되는 이해집단의 분노와 반발이 증폭된 후 그것을 수습하는데 큰 어려움을 겪거나 정책 집행 자체가 포기되거나 정책이 어쩔 수 없이 축소·변형되는 경우도 적지 않다. 차량공유정책의 예에서 교훈을 얻어야 한다.

이해관계의 조정수단인 법을 정책집행을 위한 도구로 보는 잘못된 사고를 버리고, 정책수립시부터 법적 고려가 반영되어야 한다. 정책 수립시 정책이 미칠 영향을 사전에 조사하여 사전에 이해관계를 공정하게 조정할 수 있도록 하는 정책영향평가제도를 도입하여야 한다. 정책의 실행 조건에 대한 연구와 그 조건의 충족 계획도 함께 마련하여야 한다.

규제정책의 수립과 집행에서도 법적 고려를 강화해야 한다. 규제 중 중요한 것은 법으로 제정되어야 하고, 규제는 기존의 이해관계에 영향을 미치므로 이해관계인의 참여하에 이해관계를 조정하는 것도 포함해야 하고, 이러한 부분은 법전문가의 역할에 속하는데 법전문가의 정책수립에 대한 참여가 제한적인 것이 현실이다. 다른 한편 법전문가가 정책수립에서 소외된 것은 법전문가의 잘못에도 기인한다. 그동안 법전문가는 국가의 정책에 대해 법적 문제점을 지적하는데 그치고 대안을 제시하지 않는 경우가 많았기 때문에 무엇인가 새로운 정책을 하고자 하는 정책입안자는 법전문가를 환영하지 않았다. 따라서 법전문가가 정책수립에 참여하기 위해서는 문제점을 지적하는데 그치지 않고, 대안을 제시할 수 있도록 법전문가 스스로 변해야 한다. 법전문가가 정책에 대한 대안을 제시할 수 있기 위해서는 법만의 전문가가 되어서는 안 된다. 정책에 대한 전문성이 있어야 하고 법이 규율하는 분야의 현실도 잘 알아야 한다. 법전문가의 정책자문능력을 개발하여 고양시켜야 한다. 자문정책분야에 대한 전문성, 법과 정책, 기술을 융합하는 전문성, 대안을 제시할 수 있는 능력을 길러야 한다.

규제는 공권력의 민간에 대한 개입을 의미하므로 규제이론은 행정법이론과 밀접하게 관련되어 있다. 규제목적은 규제의 정당화사유로서 공익을 구체화한 것이다. 규제수단 중 행정입법, 허가, 등록, 신고, 행정벌, 경제적 수단 등은 중요한 행정의 행위형식이 된다. 규제에서 규제수단의 선택은 중요한 문제의 하나인데, 적정한 규제수단을 선택하기 위해서는 규제수단의 기능에 대한 이해가 전제되어야 한다. 규제법정주의에 따라 규제는 기본적으로 입법을 통해서 행해지고, 규제목적을 달성하면서도 규제 상대방의 권익도 보호하는 입법을 하여야 하므로 규제는 입법학 및 법제도의 설계 및 연구와 밀접한 관계를 갖고 있다. 규제의 기본원칙은 행정법이론과 관련이 있다. 규제는 명확하고 객관성·투명성·공정성이 있어야 할 뿐만 아니라 규제대상의 다양성을 고려한 형평성이 있는 것이어야 한다. 규제의 명확성·객관성·투명성·공정성은 행정법상 평등의 원칙, 행정의 투명성 보장, 명확하고 구체적인 행정기준의 설정·공표 등과 관련이 있고, 규제의 형평성은 입법방식, 재량준칙에 따른 행정권의 행사방식, 거부재량의 인정 여부 등과 밀접한 관계를 갖고 있다. 이러한 점에서 규제이론을 행정법이론에 포섭하려는 노력이 필요하다.

다른 한편으로, 입법시 정책적·규제적 고려를 함께 해야 한다. 이에 관해서는 앞에서 서술하였는데, 다음과 같은 사항을 부연하고자 한다. 입법시 입법의 정책 영향을 평가해야 한다. 신속한 입법이 필요한 경우 정책 수립 후 입법으로 나아가는 대신 정책과 입법을 동시 추진하는 것도 필요하다. 법령안 심사시 중복심사의 방지, 신속한 심사를 위해 규제심사와 입법심사를 통합하거나 병행하는 방안도 검토할 필요가 있다.

제2절 입법의 과제: 입법의 질 제고(좋은 입법 운동)

Ⅰ. 입법의 질 제고의 의의

\<EU Better regulation\>

> Better regulation is about designing EU policies and laws so that they **achieve their objectives at minimum cost**. It ensures that policy is prepared, implemented and reviewed in an open, transparent manner, informed by the best available evidence and backed up by **involving stakeholders**.
>
> To ensure that EU action is effective, the Commission **assesses the expected and actual impacts of policies, legislation** and other important measures at every stage of the policy cycle — from planning to implementation, to review and subsequent revision.

\<http://ec.europa.eu/smart−regulation/index_en.htm\>

입법은 국민의 의견을 수렴하고 대립하는 이해관계를 조절하여 의사의 합치를 이루는 과정이다. 그러므로, 입법의 과제는 적법한 입법을 만드는 것도 아니고, 최고의 입법을 만드는 것도 아니고, 최선의 입법을 만드는 것이다. 적법한 입법은 입법의 최소한이고, 최고의 입법은 입법의 지향점이다.

최근 선진각국은 입법의 질을 제고하기 위한 노력을 기울이고 있는데, 이러한 노력은 경쟁력의 제고라는 차원에서도 행해지고 있다.

입법이 정책목표를 제대로 실현할 수 있는 방식으로 제정되어야 국가정책이 제대로 실행될 수 있다. 입법과정에서 관련 이익이 적절히 조절되지 못한 경우에는 입법안으로 불이익을 받는 집단으로부터 저항이 생겨 입법이 지연되고, 입법 후에도 그 적용과정에서 저항이 있게 되어 법집행에 어려움이 발생한다. 또한, 입법 후 위헌·위법으로 법령이 효력을 상실하는 경우 정책목표의 실현이 좌절·중단되고 새로운 법을 제정할 때까지 법의 공백 또는 혼란이 야기된다. 또한, 법규정이 불명확한 경우 법집행에 어려움이 생기며 행정권의 자의적인 집행의 가능성이 커져 법집행에 대한 불복이 증가하게 된다. 법령이 불명확하고, 법규정이 알기 어려우며 법령이 자주 바뀌는 경우 규제의 예측가능성이 떨어져 자유로운 경제활동 및 사회활동이 위축될 수 있다.

그런데 그동안 우리나라에서는 급속한 사회발전에 따라 제기되는 수많은 입법수요에 따라 입법하는데 급급하여 입법의 질을 제고하는 것에는 거의 관심을 기울이지 못하였다. 그리하여 입법의 질 저하로 인한 사회적인 갈등 및 혼란의 증가와 국가경쟁력의 약화라는 비싼 대가를 치렀다. 그럼에도 불구하고 입법의 질을 제고하기 위한 연구 및 노력은 미미했다. 입법의 질 제고가 민주주의와 법치주의의 발전에 비례하여 더욱 강하게 요구되고 있음에도 불구하고 입법의 질 제고라는 관념 자체가 아직 생소한 것이 현실이다.

입법의 질은 국가상황에 따라 국가 마다 그 내용이 다소 다르지만, 대체로 다음과 같은 것을 의미한다고 할 수 있다. ① 법규정이 명확할 것, ② 법규정이 알기 쉬울 것, ③ 입법목적에 적합할 것, ④ 현실에 적합하고, 집행가능성이 있을 것, ⑤ 법령이 탄력적이며 현실적응성이 높을 것, ⑥ 법령을 간소하게 할 것, ⑦ 법적 안정성의 보장을 위하여 법령이 자주 개정되지 않도록 할 것, ⑧ 합헌이고, 적법하며 법체계에 합치할 것, ⑨ 수범자가 준수할 수 있으며 수범자의 신뢰를 받을 것 등이다.[53]

아래에서는 입법의 질 제고라는 관점에서 현행 제도의 문제점을 검토하고 그에 대한 개선방안을 모색해보기로 한다.

---

53) 'EU guideline'에 따르면 입법이 적정하기 위해서는 S.M.A.R.T.(Specific, Measurable, Achievable, Relevant and Time-bound)해야 한다.

Ⅱ. 현행 입법제도의 문제점

1. 위헌성 통제 미흡

법질서의 기본적인 사항을 정하는 법률이 시행된 후에 헌법재판소에 의해 위헌결정이 난 경우 매우 큰 사회적 파장을 일으키는 데, 우리나라의 경우 선진국에 비하여 위헌결정이 상대적으로 많은 것이 사실이다. 이는 헌법재판이 활성화되고 있다는 반증이기도 하지만, 위헌인 법률이 많이 제정되었다는 증좌이기도 하다. 입법심사과정에서 법률안의 위헌성이 사전에 충분히 검토될 필요가 있는데, 제도상 위헌심사가 부정되지는 않고, 입법심사시 위헌성도 검토한다고 하지만 충분한 검토는 행해지고 있지 못하다. 입법과정에서 위헌문제가 학계에서나 언론에서 제기되는 경우가 있기는 하지만, 행정부나 입법부 내에서 심각하게 제기되는 경우는 많지 않다. 또한, 법령안의 위헌성 심사를 위해서는 그 중요성과 전문성에 비추어 외부의 전문가도 참여하는 협의체에서 검토하는 것이 적정한데, 현재 이러한 조직체도 존재하지 않는다.

2. 입법이유의 미흡

입법이유라 함은 입법의 정당화사유를 말한다.

법령의 제·개정안에는 입법이유가 붙여지고 있다. 그런데 현재 입법이유는 제정안 또는 개정안 전체에 대해 개괄적으로 붙여지고 있고, 조문별로 붙여지는 경우는 거의 없다. 또한, 입법이유의 내용은 개정의 목적과 주요 개정 내용의 제시에만 그치고 있어 명실상부한 입법이유가 붙여지고 있다고 보기 어렵다.

입법이유는 입법의 타당성을 담보하는 중요한 수단이 되고 입법 후 시행과정에서 법규정의 해석에 논란이 있는 경우 입법이유는 입법자의 의사를 분명히 해주어 법규정을 해석하는 데 기초자료가 된다. 현재 행지고 있는 입법이유제도는 이러한 입법이유의 기능을 충실하게 수행하고 있다고 보기 어렵다.

예를 들면, 한국방송공사사장의 해임과 관련하여 2000년 방송법 제15조의 개정에서의 입법자의 의사가 대통령에게 한국방송공사 사장의 임명권만 부여한 것인지 아니면 임명권과 함께 해임권도 부여한 것인지에 관하여 논란이 있었다. 즉, 2000년 방송법 제정으로 흡수폐지되기 전 한국방송공사법 제15조 제1항은 "사장은 이사회의 제청으로 대통령이 임면한다."라고 규정하고 있었고, 2000년 방송법에 의해 "사장은 이사회의 제청으로 대통령이 임명한다."라고 개정되었는데, 그 개정이유는 전혀 언급되어 있지 않아 입법자의 개정의사에 관하여 논란이 제기되었다. 즉, 임명권자는 당연히 해임권도 갖는다는 논리와 개정 전에는 "임면권"이라 규정하던 것을 "임명권"이라고 개정하였기 때문에 해임권은 없다는 논리가 대립하고 있다. 한국방송공사의 독립성을 보장하기 위하여 해임권을 인정하지 않기 위해 그렇게 개정한 것이라는 말도 있지만, 개정 관련서류에 기재된 것이 아니므로 공식적인 것은 아니다. 이 사례에서 개정이유를 붙였다면 입법자의 의사를 보다 명확히 알 수 있었을 것이다.

입법이유에 종전 규정의 타당성과 문제점을 입법이유에 제시한 경우도 있지만,[54] 이는 예외에 속하며 이러한 입법이유도 후술하는 바와 같은 입법이유

---

54) 2008년 5월 22일 도로교통법 일부개정에서 개정이유와 주요내용을 다음과 같이 제시하고 있다 : "현행 자동차 창유리 선팅 단속의 이유로 안전운전효과를 들고 있으나 과도한 감시에 따른 인권침해 측면이 있으며, 창유리가 선팅된 차량을 사용하는 경우 에너지 절감, 운전자 편의성 등 긍정적 측면도 존재하고 있음. 그러나 자동차의 앞면 창유리 및 운전석 좌우 옆면 창유리에 대한 가시광선 투과율 단속기준은 이를 삭제할 경우 교통안전 등에 지장을 초래할 수 있어 현행 규정을 유지하도록 하고, 상대적으로 교통안전과 연관성이 낮은 승용자동차의 뒷면 창유리에 대하여는 단속기준을 삭제하여 운전자의 편의성을 도모함(제49조 제1항 제3호)".

의 기능을 제대로 달성하기에는 불충분하다.

3. 입법영향평가의 미흡

입법의 질을 제고하기 위하여는 선진 각국에서 이미 오래전부터 시행되고 있는 입법평가제도의 도입이 필요하다. 입법평가는 입법 전에 행하는 사전평가인 입법영향평가와 입법 후 행하는 사후평가인 입법효과평가로 나눌 수 있다.

현재 사후 입법영향평가제도는 도입되어 있지만, 사전 입법영향평가제도는 도입되지 않고 있다. 입법실무에서 입법으로 인한 법적, 행정적, 예산상, 사회적, 경제적 영향 등이 사전에 제대로 평가되지 못하고 있어 불필요한 입법이 행해지거나 입법목적을 제대로 달성할 수 없는 내용으로 입법되거나 심지어는 입법으로 인하여 오히려 문제를 악화시키는 경우가 적지 않다.

다만, 현재 비용추계제도, 규제영향분석, 성별영향평가, 부패영향평가 등이 시행되고 있지만, 이들은 입법영향의 조사 및 평가 중 일부에 해당할 뿐이며 이들 영향평가가 별도로 진행되다 보니 중복평가, 평가간 연계성 결여 등의 문제가 제기되고 있다.

이러한 상황하에서 입법으로 인한 부작용과 혼란, 재입법으로 인한 비효율이 심각한 수준이며 이는 민원의 야기요인이 되며 국가경쟁력을 약화시키고 있다.

4. 입법의 전문성 미흡

입법 전문성의 핵심은 입법전문가의 확보이다. 입법전문가는 입법에 직접 참여하는 좁은 의미의 입법전문가(정부와 국회의 입법전문가)와 입법을 지원하는 외부의 전문가(학자, 변호사, 연구원 등 입법자문에 응할 수 있는 입법전문가)를 포함한다. 입법전문가에는 법령안을 만드는 전문가와 법령안을 심사하는 전문가로 나눌 수 있다. 법령초안을 작성하는 전문가로는 행정 각부의 담당공무원, 지방자치단체의 담당공무원, 기업협회, 기업체의 담당직원, 학자, 연구기관의 연구원, 시민단체, 일반국민 등을 들 수 있다. 입법아이디어를 제공하는 자나 매체로는 국민(시민단체, 일반국민, 기업협회, 기업체)의 입법청원, 공무원, 국회의원, 국회의원 보좌관, 학계의 연구논문(입법론), 국가개혁에 관한 연구과제, 외국의 입법례, 자치입법의 경우 다른 자치단체의 자치입법례, 판결문에 나타난 입법상 문제 및 해결방안(판사, 변호사협회 등) 등을 들 수 있다.

정부의 경우 법제처가 오랜 기간 입법심사기관으로서 입법심사를 담당하면서 입법심사의 전문성은 상당한 수준에 올라 있다고 할 수 있다. 그러나 법령안 입안자의 전문성은 크게 뒤지는 상황이다. 각 부처에 법무담당관실이 있지만 법령안작성에는 거의 참여하지 않으며 법령집행의 주무과에서 법령안을 작성하고 있다. 그런데 각 과에는 입법전문가 특히 법령안 입안전문가가 거의 없는 것이 현실이다. 그 이유는 행정고시과목에 법학과목이 상대적으로 적어 법학전공자인 행정고시합격자가 매우 적고, 순환보직에 따라 법령안작성전문가가 양성되고 있지 못하기 때문이다.

국회의 경우 국회의원과 국회의원보좌관의 입법능력이 높지 못하다. 국회에는 법제실장, 심의관, 법제관, 법제관보 등이 있고, 각 국회의원마다 보좌관이 있지만, 의원입법안을 만들고 입법안을 심사하는데 충분하다고 할 수 없다. 입법조사처는 입법조사를 통해 입법지원을 하지만, 입법안 작성을 지원하지는 않는다. 또한 최종적으로 입법안을 의결하는 국회의원들이 선진국의 국회의원에 비하여 입법에 관한 전문성이 부족한 것이 현실이다. 최근 국회의원들이 입법에 관심을 갖고 의원입법안을 열심히 내고 있지만, 의원입법안의 질은 높지 못하다는 것이 지배적 견해이다.

입법에 있어서는 외부 입법전문가의 지원도 매우 중요하다. 그런데 우리나라 법학자의 경우 입법에 대한 관심이 많지 않아 입법전문가가 많지 않은 상황이다. 최근 입법기관에서 외부의 전문가를 활용하는 사례가 늘고 있지만, 아직은 불충분한 상황이다. 행정 각부에서 법령안을 작성하는 경우에 그와 관련된 연구를 외부에 위탁하는 경우가 있고, 법령안을 작성하는 경우 외부전문가가 참여하는 작업반을 만들어 법령안을 작성하는 경우도 있지만, 아직 보편화된 것은 아니다. 법제처의 경우에는 입법심사전문가가 충분한 이유도 있지만 입법심사에 외부의 전문가를 참여시키는 예는 거의 없다. 국회에서는 외부전문가를 입법지원위원으로 임명하여 외부의 입법전문가의 자문을 받고는 있지만, 그 자문이 의무화된 것도 아니고 조직화되어 있지도 못하다.

입법전문가를 양성하는 교육프로그램도 부족한 점이 많다. 대학에서 입법에 관한 강좌의 개설이 매우 적고, 입법학을 연구하는 학자도 많지 않다. 행정부내에서 법제관을 통한 입법교육이 행해지고는 있지만, 심도 있고 실무적이며 구체적인 교육이 되고 있다고 할 수는 없다. 공무원교육에서 입법교육이 차지하는 시간도 매우 적다. 국회의원 보좌관의 입법능력이 높다고 할 수 없고, 국회의원의 입법전문성을 제고하기 위한 교육프로그램도 거의 없다.

5. 입법절차의 미흡: 졸속입법

(1) 정부입법계획의 미흡

정부입법계획제도는 다양하면서도 유용한 목적을 가지고 수립·시행되고 있으며[55] 그동안의 제도 운영과정에서 일정한 제도적 성과를 거둔 것이 사실이지만, 정부입법계획의 준수율이 높지 않고 또한, 계획의 잦은 변경으로 인해[56] 계획으로서의 의미가 떨어지고 있는 문제가 있다.

---

55) 법제업무운영규정 제4조 내지 제10조의2는 정부입법계획제도에 관하여 규정하고 있다.

56) 법제처, 법제처 60년사, 2008.8, 284면.

현재 정부입법계획의 문제점으로는 다음과 같은 것을 들 수 있다. ① 정부입법계획이 정부입법계획담당기관인 법제처와 부처간에 충분한 협의 없이 작성되고 있다. ② 입법계획서 제출시 입법계획에 관한 사항이 충분히 제출되지 않고 있다. 특히 입법의 주요내용, 입법의 로드맵 등이 제출되고 있지 않다. ③ 정부입법계획의 추진을 담보할 인적·제도적 수단이 결여되어 있다. 특히 정부입법계획을 준수하지 않고 법령안을 제출하는 경우의 대응수단이 미비하다. ④ 정부입법안 제출이 주로 정기국회에 치중되어 있다. 이는 상시국회제가 도입되어 있지 않는 국회운영시스템의 문제와 관련이 있다.

(2) 입법절차의 미흡

정부내 입법절차는 나름대로 잘 되어 있다. 다만, 법령안에 대해 각 부처간 이견이 있을 경우의 조정절차가 있기는 하지만, 미흡하다고 할 수 있다. 입법공청회는 개최하는 경우가 많지만, 그 실질은 입법설명회, 형식적인 공청회인 경우가 많다.

국회내에서의 입법절차는 정부입법절차에 비하여 부족한 점이 많다고 할 수 있다. ① 국회입법절차에는 입법예고제도가 시행되고 있지 않다. 국회법 제82조의2는 위원회는 입법예고를 할 수 있다고 규정하고 있지만, 관련규칙이 제정되지 않아 입법예고제도가 실시되지 않고 있다. ③ 의원입법의 경우 규제심사절차를 거치지 않는다. ③ 제정법률안 및 전문개정법률안에 대한 위원회 심사에 한하여 공청회 개최가 의무로 되어 있지만, 위원회의 결정으로 공청회를 개최하지 않을 수 있는 것으로 하고 있다(국회법 제58조 제6항). 또한, 공청회가 개최되는 경우에도 형식적으로 개최되는 경우가 많다. ④ 법령안이 소관상임위원회 중심으로 운영되고, 관련 위원회와의 협의 및 의견조정이 충분히 행해지고 있지 못하다. 달리 말하면 입법안에 대한 통합적 심사가 행해지고 있지 못하다.

6. 불필요한 법령 및 법령 이해의 어려움

우리나라는 아직 선진 외국에 비하여 법령의 수나 양이 과도한 상태는 아니다.[57] 그러나 우리나라에서 불필요한 법령이 제정되는 경우는 적지 않다. 단행법률로 제정할 필요 없이 다른 법령에 통합할 수 있는 규정도 단행법률로 제정하는 경우가 있고,[58] 법령으로 정할 필요 없이 행정규칙 또는 자율적 규제로 하는 것이 적당한 경우에도 법령으로 정하는 법령인플레 현상이 있다.[59]

또한, 법률, 시행령, 시행규칙, 훈령 간 시행규정을 찾는 것이 어려운 경우가 적지 않다.[60] 또한, 법령이 필요 이상으로 어렵게 규정되어 있는 경우도 적지 않다.

Ⅲ. 입법의 질 제고를 위한 현행 제도의 개선방안

1. 위헌성의 사전 심사

법령 특히 법률이 사후에 위헌심사를 통하여 위헌으로 결정되는 경우에는 국가정책의 수행에 큰 지장을 받게 되며 법질서에 큰 혼란이 야기된다. 따라서 가능한 한 위헌적인 법령이 제정되지 못하도록 하는 것이 중요하다.

---

57) 선진외국에서는 법령의 간소화가 입법의 질 제고에 있어 중요한 주제가 되고 있다.

58) 그 원인 중 하나로 부처 단위 또는 과 또는 팀 단위로 소관법령을 갖고자 하는 공무원의 의식을 들 수 있다.

59) '법규명령형식의 행정규칙'은 행정규칙의 형식으로 제정되는 것이 타당한 것을 법규명령의 형식으로 제정하고 있는 대표적인 예이다.

60) 폐기물규제에 관한 중요한 규정이 시행령, 시행규칙 및 행정규칙에서 규정되는 경우가 적지 않은데, 법령 상호간의 위임규정과 시행규정을 찾는 것이 쉽지 않은 경우가 많다.

법령안 작성 및 심사 시에 법령의 합헌성 및 적법성이 검토되기는 하지만, 법령안의 위헌성의 사전심사가 정식의 제도로 행해지고 있지는 않다. 법령의 적법성 심사, 특히 법령의 합헌성심사를 법령심사항목의 하나로 공식화할 필요가 있다.[61]

합헌성 심사가 입법권을 제약할 가능성도 있지만, 입법권은 헌법에 합치하는 한도내에서만 인정되는 것이므로 합헌성 심사가 입법권을 제약한다는 것은 논리상 타당하지 않다. 문제는 위헌논의가 남용되어 부당하게 입법이 지체되거나 저지되는 것이므로 이를 막을 수 있는 위헌성 사전심사제도를 설계하면 된다.

합헌성 심사를 법제처의 법령심사업무의 하나로 명시할 필요가 있다. 다만, 합헌성 여부는 매우 정치적이고, 전문적인 문제이므로 법령안의 위헌성이 문제되는 경우에는 학계 등 외부전문가가 참여하는 가칭 '위헌성심사위원회'를 구성하여 법령안의 위헌 여부를 판단하도록 해야 할 것이다. 그리고 합헌성 심사제도의 도입 초기에는 위헌성 판단은 3분의2 이상의 절대 다수의 찬성으로 하는 등 신중하게 할 필요가 있다.

국회내에서의 위헌성 사전심사제 도입 여부도 신중하게 검토할 필요가 있다.

헌법재판소에서의 위헌법률사후심판시에 정부의 의견은 법무부와 관계부처가 제시하는 것으로 되어 있다. 이 결과 특히 위헌심판의 대상이 되는 법률규정이 여러 부처와 관련이 있는 경우 헌법재판소에 제출되는 정부의 의견이 다른 경우도 있다. 앞으로는 정부내의 입법심사기관이며 법제업무전문기관인 법제처 또는 법무부가 정부의견을 수렴한 후 정부를 대표하여 헌법재판소에 의견을 제시하는 것으로 하는 것이 타당하다.

---

61) 프랑스 국사원은 법률안에 대하여 적법성뿐만 아니라 합목적성 및 합헌성에 관한 의견을 제시한다(Roland Drago, La confection de la loi, puf, 2005, p.70).

2. 조문별 이유제시제도

입법이유라 함은 법규정의 의미, 적용범위 및 효력을 명확히 해주어 입법심사자 및 입법자의 정확한 결정을 돕는 기능을 한다. 또한, 입법이유는 법조문이 모호하여 그 해석에 어려움이 있을 때 입법자의 의사를 파악하는데 도움을 준다. 조문별 이유제시는 조문별 입법심사가 실효성 있게 행해지기 위해서도 필요하다.

다음과 같이 입법이유가 충실히 제시되도록 할 필요가 있다. 입법이유서에는 법령안의 제출이유, 입법정신 및 목적, 기존법령에 대한 변경의 이유가 기재되어야 한다. 입법이유서는 크게 두 부분으로 나눌 수가 있다. 한 부분은 법령안이 제출된 배경(역사적, 국제적, 경제적, 사회적, 법적 등)과 입법의 주된 목적을 제시한다. 입법영향평가가 행해지는 경우에는 이 부분은 간단히 기술하고, 입법영향평가서를 참조하도록 하면 된다. 다른 부분은 원칙상 조문별로 개정이유를 제시하는 것이다. 다만, 법령안의 조문이 매우 긴 경우에는 장 별로 입법이유를 제시하도록 할 수도 있다. 이 경우에도 중요한 조문에 대하여는 조문별 이유를 제시하도록 해야 한다. 조문의 제정 또는 개정의 이유를 가능한 한 구체적으로 제시하고, 법조문의 내용을 간단히 요약하여 제시해야 한다. 개정의 경우에는 종전 규정의 문제점을 지적하고, 개정의 필요성을 제시해야 한다. 개정이유서는 개정된 규정의 해석자료가 된다는 점을 명심하여 규정의 해석에 도움을 줄 수 있는 사항이 구체적으로 기술되어야 한다. 법령안에 대해 수정안을 제시하는 경우에도 수정이유를 제시하도록 해야 한다.

법제처는 개정이유의 모델을 만들어 제시하고, 입법이유서 작성방법에 관하여 각 부처의 입법담당공무원을 교육하도록 해야 한다.

입법이유서는 현재와 같이 법제처의 법령정보시스템을 통하여 제시하도록 해야 한다.

3. 개정의 근거, 관계 법령 및 절차 준수의 적시

법령제정권의 근거, 법령이 집행하고자 하거나 개정하고자 하는 규정의 적시, 자문절차 등 절차의 준수 여부를 기재하도록 해야 한다. 법령제정권의 근거를 적시함으로써 법령의 근거 없는 입법을 막을 수 있다. 법령이 집행하고자 하거나 개정하고자 하는 규정을 적시하도록 함으로써 법령안 작성 당시의 입법의 상태를 파악하고, 법체계에 적합한 개정을 하도록 할 수 있다.

자문절차 등 절차의 준수 여부를 기재하도록 함으로써 입법이 적법한 절차에 따라 행해지는 것을 보장하고, 이해관계인 및 관계기관의 의견이 충분히 수렴되고, 이해의 대립이 조정되도록 할 수 있다.

4. 입법영향평가제도의 단계적 도입

질 높은 법을 만들기 해서여는 법률의 위헌성, 법체계적 정합성, 법률의 예산수요, 경제적·사회적 효과의 분석 등에 대한 사전분석·검토가 필요하며 이 문제를 해결하기 위해 선진 각국에서 시행되고 있는 입법평가제도의 도입이 필요하다.[62]

다만, 이 제도의 도입을 위해서는 사전에 여건조성이 필요하고 영향평가제도의 역기능인 입법의 지연을 막을 필요가 있는 만큼 로드맵을 작성하여 단계적으로 신중하게 도입해야 할 것이다.

이에 관하여 자세한 것은 별도로 후술하기로 한다.

---

62) 박균성·김재광, 프랑스의 입법영향평가제도와 입법심사기준에 관한 연구, 법제처, 2007. 11 ; 홍준형, 입법평가 법제화방안에 대한 연구, 법제처, 2006 ; 최윤철·홍완식, 「입법평가제도의 도입방안에 관한 연구」, 법제처, 2005 ; 박영도, "입법평가제도에 관한 연구" 「입법학연구」 제2집, 2002.

5. 입법역량의 강화

(1) 입법의 질을 제고하기 위한 시스템의 구축

우선 앞서 언급한 입법의 질을 제고하기 위한 원칙을 선언한다. 입법의 질 제고를 위한 일반원칙을 법제업무운영규정에 포함시켜야 한다.[63]

행정각부별로 입법의 질 제고를 위한 지침을 제정하도록 한다. 법제처는 각 부처가 그러한 지침을 제정하는 것을 지원한다. 이 지침에는 법제업무운영규정에서 선언한 입법의 질을 제고하기 원칙을 구체화하기 위한 수단과 방법을 구체적으로 정하고, 입법담당자에 대한 정보제공 등 지원과 교육프로그램을 정한다.

입법의 질을 제고하는 것을 담당하는 행정조직을 마련할 필요가 있다. 법제처 차장을 위원장으로 하는 가칭 '입법의 질제고위원회'를 두고, 법제처 및 각 부처내에 입법의 질을 담당하는 책임자를 국장급으로 임명할 필요가 있다. 입법의 질을 담당하는 책임자는 각 부처의 입법의 질 제고를 위한 지침이 잘 집행되는지를 점검하는 임무를 수행한다.

(2) 입법자의 입법역량 강화를 위한 방안

1) 입법전문가의 양성

법학전문대학원이나 일반대학원에서 입법전문가를 양성하는 과정을 개설할 필요가 있다. 그리고 공무원교육에서 입법교육을 강화해야 한다. 공무원 교육에 법학교육, 특히 입법교육을 강화하고, 입법교육방법도 실습을 중심으로 행하도록 한다.

---

63) 프랑스에서의 「규범인플레의 억제와 입법의 질 개선에 관한 수상의 2003년 8월 26일자 훈령」 참조.

교육을 통한 입법전문가의 양성을 전제로 정부 및 국회에서 입법전문가 채용(공채 또는 특채)을 확대하여야 한다. 이와 함께 법학전공자가 행정고시에 상당부분 합격할 수 있도록 하거나 법학박사가 특채되도록 하여 법률전문가가 법안작성업무를 수행할 수 있게 할 필요가 있다.

입법심사기관의 공무원과 입법안작성기관의 공무원을 상호 교류할 필요가 있다. 입법심사기관의 공무원이 일정 기간 행정각부에 근무하면서 그 분야의 행정업무에 관한 전문성을 쌓을 수 있도록 하고, 역으로 입법안 작성을 담당하는 행정각부의 공무원을 입법심사기관인 법제처에서 근무하도록 하여 입법업무에 관한 전문성을 쌓도록 할 필요가 있다.

2) 입법전문가의 아웃소싱

입법작업에 대한 외부 전문가의 참여를 확대할 필요가 있다. 입법은 법안작성기술만을 요하는 것은 아니며 관련분야에 관한 전문지식을 필요로 한다. 중요한 법령의 제정 또는 개정에 있어서는 외부의 전문가에게 연구보고서의 작성을 의뢰하고, 중요한 법령초안작성시 외부전문가를 참여시킬 필요가 있다. 현재에도 일부 부처에서는 법령안을 작성하는 경우 관련문제에 관한 연구보고서를 외부전문가에게 위탁하고, 법령안 초안 작성시 외부전문가가 참여하는 법안작성작업반을 만들어 운영하는 경우가 있다. 그리고 이 법안작성작업반에 이해관계인의 대표자를 참여시키는 경우도 있다.[64]

국회에서 중요한 법률의 제·개정에 있어서는 외부전문가가 참여하는 입법자문위원회를 구성하여 입법지원을 받을 필요가 있다. 국회법 제43조는 "위원

---

[64] 정보통신관계법령을 제·개정하는 경우 이와 같은 방식을 사용하는 경우가 많다. 정보통신관계법을 제대로 작성하기 위하여는 법지식뿐만 아니라 정보통신기술 및 정보통신산업에 관한 지식이 필요하고, 이해관계자들의 의견을 수렴할 필요가 있기 때문에 작업반을 통한 입법초안 작성 또는 입법초안 검토가 타당성을 갖는다.

회는 그 의결로 중요한 안건 또는 전문지식을 요하는 안건의 심사와 관련하여 필요한 경우 당해 안건에 관하여 학식과 경험이 있는 3인 이내의 전문가를 심사보조자로 위촉할 수 있다."라고 규정하고 있는데, 이 제도의 활용은 크지 않다. 외부전문가로 입법지원위원을 임명하고, 입법지원위원 개인에게 입법안에 대한 자문을 요청하는 경우도 있지만, 개인에 의한 단발적인 자문에는 한계가 있다.

6. 신중한 법제정

(1) 입법계획제도의 실효성 강화

정부입법계획은 한 해에 입법하고자 하는 법률을 정부 전체 차원에서 정책 우선순위에 따라 입법추진시기를 검토 조정하여 정부입법계획을 수립하고 이에 따라 입법을 추진함으로써, 입법의 우선순위에 따라 입법을 추진하고, 입법을 추진함에 있어서 각 부처간 사전협조를 충실히 하고, 입법이 특정시기에 집중하는 것을 방지하여 정부입법의 효율성을 높이는 기능을 한다. 이러한 입법계획의 목적이 제대로 달성되도록 하기 위해 정부입법계획을 다음과 같이 개선할 필요가 있다.

① 입법계획 작성시 관계부처의 의견을 충분히 수렴하고 의견 차이를 조정하기 위해 법제처 주재하에 입법계획수립회의를 개최할 필요가 있다.

② 정부입법계획의 실효성을 제고하기 위해 각 부처에서 입법계획서 제출시 법령안별로 입법의 필요성, 주된 개정내용, 희망공포기간, 입법에 따라 예상되는 문제점, 긴급입법이 필요한 경우 그 이유 등을 함께 제시하도록 한다. 이러한 정보는 입법의 필요성과 우선순위를 결정하기 위해 필요하고, 계획된 법령의 입안시 입법영향평가를 하여야 하는지를 결정하기 위한 자료가 될 수도 있다.

③ 법안 입안단계부터 국회 통과시까지 모든 입법과정에 걸쳐 세부적인 일정표를 마련하고, 이 일정표에 따라 입법을 행하도록 할 필요가 있다.

④ 입법안 제출이 하반기에 몰려 있어 하반기에는 법제심사부담이 과중하여 충분한 심사기간 확보에 어려움이 있다. 그리하여 입법안 제출 및 심사가 연중 고르게 행해지도록 할 필요가 있다. 이를 위해서는 상시국회제가 도입될 필요가 있다.

⑤ 입법계획에 없는 입법안에 대해서는 입법의 필요성에 관하여 보다 엄격한 심사를 행하도록 하여 입법계획이 준수되도록 할 필요가 있다.

⑥ 입법계획의 변경에 있어서 변경 필요성을 엄밀하게 심사할 필요가 있다. 입법계획이 하반기로 집중되는 것을 막을 필요가 있으므로 상반기에 입법안을 제출하도록 한 입법계획을 하반기에 제출하는 것으로 변경하는 것은 엄격히 심사하여 입법계획수정을 가능한 한 제한해야 한다.

⑦ 연간 입법안 제출이 고르게 되도록 하기 위하여 입법계획은 연간계획으로 할 필요가 있지만, 입법계획의 실효성을 확보하기 위해서는 반기별계획이 보다 바람직하다. 따라서 입법계획을 연간계획으로 수립하되, 입법계획수정을 년도 중간에 한 번 행하는 것이 입법계획의 실효성을 높이는데 도움이 될 수 있다.

(2) 상시국회제 도입

입법안에 대한 충분한 심사와 토론이 행해지기 위하여는 입법안이 연중 고르게 심사되어야 하므로 상시국회제의 도입이 필요하다.

(3) 의견수렴의 실효성 제고

이해관계인의 의견을 수렴하고, 관계기관의 협의를 거쳤는지 여부를 법령안에 표시하도록 해야 한다.

이해관계인의 의견수렴이 부족한 경우에는 입법예고시 이해관계인의 의견을 재수렴하도록 해야 한다.

입법담당기관과 관계기관 사이에 협의가 잘 되지 않은 경우에는 의견대립을 조정할 수 있는 실효적인 조정시스템을 갖추어야 한다. 현재 정부입법정책협의회가 운영되고 있는데,[65] 법제국장의 주재하에 법령안별로 그에 합당한 법령안조정실무협의체를 구성하거나 관계 실무책임자 사이의 조정회의를 개최하도록 할 필요가 있다.

(4) 의원입법의 질적 평가

시민단체에 의한 의원입법에 대한 평가를 양적 평가에서 양적 평가와 함께 질적 평가도 병행하도록 변경해야 한다.

시민단체만으로는 의원입법의 질을 제대로 평가하는데 한계가 있다. 따라서 입법전문가로 평가단을 구성하여 의원입법의 질을 평가하는 방안을 모색해야 한다. 이를 위해 재원이 마련되어야 하는데, 시민단체의 고유재원이면 좋겠지만, 국회나 정부의 재정지원도 필요하다.

7. 법령의 간소화

불필요한 법령을 제정하지 못하도록 하기 위해 입법필요성을 법제심사기준의 하나로 명시해야 한다.

또한, 법률, 시행령, 시행규칙, 훈령 간 시행규정을 쉽게 찾을 수 있도록 상위규정과 하위규정을 같은 조문으로 표시하도록 하거나 조문대비표를 만들어 인터넷에 공개하도록 하는 것을 검토할 필요가 있다.

---

65) 「정부입법정책수행의 효율성 제고 등에 관한 규정」 제7조.

법령규정의 수범자는 일반 국민이므로 법령규정을 가능한 한 알기 쉽게 만들 필요가 있다.[66] 다만, 법령은 이해관계를 조절하는 것으로서 엄밀하게 규정해야 하므로 법령을 일반 국민이 이해하기 쉽게 규정하는 데에는 일정한 한계가 있다. 법령규정은 일반 국민이 이해하는 데에는 어려움이 있을 수밖에 없기 때문에 국민의 권익과 밀접한 관련이 있는 사항은 쉽게 풀어 주제별로 법내용을 공고하는 것을 강화해야 한다.[67]

Ⅲ. 입법영향평가

1. 의의

입법영향평가제도는 정부입법이든 의원입법이든 입법의 행정적, 법적, 사회적, 정치적, 경제적, 예산상 영향 등 제반 영향을 사전과 사후에 평가하여 입법목적을 효과적으로 달성할 수 있도록 입법을 지원하는 제도를 말한다. 입법영향평가는 입법결정을 지원하는 제도이지 입법결정을 대체하는 제도는 아니다.

입법영향평가제도는 합리적인 입법을 하고 입법의 질을 높이기 위해 필요하다. 입법영향평가과정에서의 입법관련 정보(information) 및 입증자료(evidences)의 수집과 제공을 통해 합리적인 입법의 실현을 지원하기 위해 입법영향평가제도가 필요하다. 그리고 입법영향평가제도는 입법의 질을 향상시키기 위해 필요하다. 입법의 홍수에 대비한 불필요한 입법의 방지, 입법목적의 효과적이고 효율적인 실현, 대안검토를 통한 최선의 입법 실현, 입법으로 인한 문제점의 분석 및 해결, 이익형량 및 이익의 조정, 국민불편의 최소화 등을 위해 입법

---

66) 참여정부 이래 법제처는 '알기쉬운 법령만들기 사업'을 적극 추진하고 있다.

67) 최근 법제처는 국민생활에 중요한 법령을 주제별로 알기 쉽게 제공하는 서비스를 제공하고 있는데, 이를 보다 강화해야 한다.

영향평가제도가 필요하다.

2. 종류

(1) 사전입법영향평가

사전입법영향평가라 함은 입법이 초래할 행정적, 법적, 사회적, 정치적, 경제적, 예산상 영향 등 제반 영향을 사전에 평가하여 입법을 지원하는 제도이다. 사전입법영향평가에는 법령안에 대한 대안도 검토하여야 하는데, 대안에는 입법을 하지 않고 실무에 맡기는 것도 포함해야 한다.

(2) 사후입법평가

사후입법영향평가라 함은 입법 후 입법목적이 제대로 달성되었는지, 개정의 필요성이 있는지 여부 등 입법의 영향을 평가하여 입법의 정비를 지원하는 제도이다. 입법 후 상황 변화와 예상하지 못한 사항의 발생으로 입법목적을 충분히 달성할 수 없는 경우도 있기 때문에 주기적으로 입법의 타당성을 검토해야 한다.

3. 입법영향평가제도의 도입 현황

현재 독일, 프랑스, 스위스 등 유럽각국에서 입법영향평가제도가 시행되고 있다. 미국과 영국 등 영미법 국가는 규제영향평가제도가 시행되고 있다.

우리나라는 엄밀한 의미의 입법영향평가제도로서는 사후입법영향가제도만 도입하고 있다. 즉, 행정기본법 및 동법 시행령은 사후영향분석제도를 도입하였다. 그러나 엄밀한 의미의 사전입법영향평가제도는 도입하지 않았다. 즉, 정부는 행정 분야의 법제도 개선 및 일관된 법 적용 기준 마련 등을 위하여 필요한 경우 대통령령으로 정하는 바에 따라 관계 기관 협의 및 관계 전문가 의견 수렴을 거쳐 개선조치를 할 수 있으며, 이를 위하여 현행 법령에 관한 분석을 실시할 수 있다(법 제39조 제2항). 법제처장은 행정 분야의 법제도 개선을 위하여 필요한 경우에는 법 제39조 제2항에 따라 현행 법령을 대상으로 입법의 효과성, 입법이 미치는 각종 영향 등에 관한 체계적인 분석(이하 "입법영향분석"이라 한다)을 실시할 수 있다(동법 시행령 제17조 제1항). 입법영향분석의 세부적인 내용은 다음 각 호와 같다. 1. 법령의 규범적 적정성과 실효성 분석, 2. 법령의 효과성 및 효율성 분석, 3. 그 밖에 법령이 미치는 각종 영향에 관한 분석(제2항). 법제처장은 입법영향분석 결과 해당 법령의 정비가 필요하다고 인정되는 경우에는 소관 중앙행정기관의 장과 협의하여 법령정비계획을 수립하거나 입법계획에 반영하도록 하는 등 필요한 조치를 할 수 있다(제3항). 법제처장은 「정부출연연구기관 등의 설립·운영 및 육성에 관한 법률」 별표에 따른 한국법제연구원으로 하여금 제1항부터 제3항까지에서 규정한 업무를 수행하기 위하여 필요한 조사·연구를 수행하게 할 수 있다(제4항). 법제처장은 현행 법령이 다음 각 호의 어느 하나에 해당하는 경우에는 해당 법령을 검토·정비하도록 조치하여야 한다. 1. 제정되거나 개정된 후 오랜 기간 동안 법령의 주요 부분이 수정·보완되지 아니하여 해당 법령을 현실에 맞게 정비할 필요가 있는 경우, 2. 국민의 일상생활과 기업·영업 활동에 지나친 부담을 주거나 불합리한 법령을 정비할 필요가 있는 경우, 3. 국내외의 여건 변화에 대응하여 중요한 국가정책을 효율적으로 수행하기 위하여 법령의 검토·정비가 필요한 경우, 3의2. 국민이 알기 쉽도록 법령을 정비할 필요가 있는 경우, 3의3. 권한 있는 기관에 의하여 법령이 헌법이나 법률에 위반되는 것으로 결정되어 법령을 정비할 필요가 있는 경우, 4. 그 밖에 현행 법령에 대한 검토·정비가 필요하다고 인정되는 경우(법제업무운영규정 제24조 제1항). 법제처장은 제1항에 따른 법령정비를 위하여 필요할 때에는 법령정비의 대상·기준·절차

·방법과 그 밖의 협조사항 등을 마련하여 소관 중앙행정기관의 장에게 통보하여야 한다(제2항). 제2항에 따른 통보를 받은 중앙행정기관의 장은 대상 법령을 검토한 후 정비의 필요성이 인정되는 경우에는 그 소관 법령에 대한 정비계획을 수립하여 법제처장에게 통보하고 정비계획에 따라 법령정비를 추진하여야 한다(제3항). 법제처장은 제3항에 따라 통보된 정비 대상 법령을 일괄하여 정비할 필요가 있다고 인정하면 해당 법령의 일괄정비를 지원할 수 있다(제4항).

다만, 여러 개별법령에 따른 사전 또는 사후 개별영향평가를 시행하고 하고 있는데, 이들 개별영향평가는 엄밀한 의미에서 입법의 영향을 평가하기 위한 것은 아니지만, 해당 분야에서의 입법의 영향을 평가하는 것도 포함하고 있다. 입법영향평가와 관련이 있는 개별영향평가제도로는 법안비용추계제도(국회법 제79조의2, 의안의 비용추계 등에 관한 규칙」 제3조 제1항, 국가재정법 제87조, 법제업무운영규정 제11조 제3항[68]), 앞에서 서술한 규제영향분석(행정규제기본법 제7조), 성별영향평가(「성별영향평가법」 제5조), 부패영향평가(부패방지 및 국민권익위원회의 설치와 운영에 관한 법률(약칭: 부패방지권익위법)) 제28조[69], 개인정보 침해요인 평가(「개인정보 보호법」 제8조의2), 자치분권 사전협의(「지방자치법 시행령」

---

68) 법령안 주관기관의 장은 재정부담이 수반되는 법률안 또는 대통령령안을 입안할 때에는 총리령으로 정하는 바에 따라 해당 법령안의 시행으로 인하여 예상되는 재정소요비용에 관한 추계서(推計書)를 작성하여 국무회의 상정안에 첨부하여야 한다.

69) 위원회는 다음 각 호에 따른 법령 등의 부패유발요인을 분석·검토하여 그 법령 등의 소관 기관의 장에게 그 개선을 위하여 필요한 사항을 권고할 수 있다. 1. 법률·대통령령·총리령 및 부령, 2. 법령의 위임에 따른 훈령·예규·고시 및 공고 등 행정규칙, 3. 지방자치단체의 조례·규칙, 4. 「공공기관의 운영에 관한 법률」 제4조에 따라 지정된 공공기관 및 「지방공기업법」 제49조·제76조에 따라 설립된 지방공사·지방공단의 내부규정(제1항) ② 제1항에 따른 부패유발요인 검토의 절차와 방법에 관하여 필요한 항은 대통령령으로 정한다(제2항).

제11조), 통계기반정책평가(「통계법」 제12조의2) 등이 있다. 법제처는 부패·통계·성별·개인정보·자치분권 등 5개 사전 영향평가를 "법제정보시스템"을 통해 통합 관리하고 있다. 즉, 법령안 주관기관의 장은 다음 각 호의 어느 하나에 해당하는 평가나 협의를 요청할 때에는 제30조 제1항에 따른 법제정보시스템(이하 "법제정보시스템"이라 한다)을 활용하여 제1항 및 제2항에 따라 관계기관의 장에게 법령안을 보내면서 함께 요청하여야 한다. 이 경우 개인정보보호위원회, 국민권익위원회, 여성가족부장관, 행정안전부장관 및 통계청장은 특별한 사정이 없으면 입법예고기간(「행정절차법」 제41조 제4항에 따라 입법예고를 다시 하는 경우 그 입법예고기간을 포함한다)이 끝나기 전까지 그 결과를 법제정보시스템을 활용하여 법령안 주관기관의 장에게 통보하여야 한다. 1.「개인정보보호법」 제8조의2에 따른 개인정보 침해요인 평가, 2.「부패방지 및 국민권익위원회의 설치와 운영에 관한 법률」 제28조 및 같은 법 시행령 제30조에 따른 부패영향평가, 3.「성별영향평가법」 제5조에 따른 성별영향평가, 4.「지방자치법 시행령」 제11조에 따른 자치분권 사전협의, 5.「통계법」 제12조의2에 따른 통계기반정책평가(법제운영규정 제11조 제6항).

4. 입법영향평가의 내용

(1) 입법 영향(부작용 포함)의 분석

1) 영향평가항목 및 평가내용

가. 법적 영향평가

㈎ 법체계와의 정합성

① 상위 법령과의 합치성: 법률의 경우 헌법 및 헌법정신에 부합하는가, 나아가 헌법정신을 실현하는가, 위헌상태를 초래하지 않는가. 명령의 경우 상위 법령에 합치하는가, 위법상태를 초래하지 않는가, 위임법령의 위임의 범위와

한계를 준수하는가.

② 법령의 체계성: 입법의 관련 법령(조례 포함)에 대한 영향, 관련 법령과의 조화, 중복 또는 모순(상충), 관련 법령의 동시 개정 필요성.

③ 관련 판례, 학설 및 실무와의 정합성 및 그에 대한 영향 등.

(나) 입법목적

입법목적의 명확성과 적정성, 추구된 입법목적(정책목적)과의 합치성, 입법목적 달성 수단의 적절성 및 입법목적의 달성가능성, 입법목적 달성의 장애요인 및 장애요인의 제거방안. 법령위반에 대한 제재수단의 필요성과 적절성(중복제재 여부, 제재수단 상호간의 적정한 관계 정립 등).

(다) 법령의 집행가능성 및 시행을 위한 여건 조성

법령의 집행가능성 및 법령집행상 장애사유, 법령의 시행여건의 조성에 관한 사항(여건조성이 필요한 사항은 무엇인가, 어떻게 조성할 수 있는가), 시행일의 적정성 등.

(라) 이해관계인에 대한 영향 및 이해관계의 적정한 조정

이해관계인(법령에 의해 영향을 받는 당사자)의 조사, 공익 및 이해관계인(기업, 국민, 소비자, 근로자, 행정, 공익단체)의 이익에 대한 영향과 이해대립의 발생가능성과 정도, 이해관계인의 참여절차 준수 상황(입법예고 여부, 의견수렴 및 조치사항), 이해관계의 적정한 조정, 법적 안정성(기득권)에 대한 영향 및 법적 안전성(기득권)의 보호를 위한 경과규정의 여부 및 적정성, 수범자에 대한 부담의 적정성, 수범자의 수용가능성(반발가능성) 및 준수가능성, 이해관계인의 탈법가능성 및 대응방안 등.

(마) 법령규정의 명확성

법령규정의 예측가능성, 법령규정의 해석에 관한 견해 대립의 가능성, 일반국민의 이해가능성(알기쉬운 법령용어 및 법령문장의 채택, 필요한 경우 해석자료집

발간) 등.

㈐ 법령의 간소화

입법의 필요성, 입법이외의 대안(가이드라인, 행정지도, 예산 배정 등) 검토.

나. 행정적 영향평가

㈎ 정책 합치성

주요 정책과의 합치성, 모순가능성.

㈏ 행정조직에 대한 영향

관련 부처와의 권한 중복과 협의, 다른 부처의 권한 침해 여부, 관련 행정기관의 반대가능성과 부처간 이견조정의 필요성, 지방자치단체에 대한 영향과 지방자치단체의 의견수렴 및 협의, 행정조직, 인력의 확대 필요성 및 정도, 새로운 법규범을 시행함에 있어서의 국가, 지방자치단체 등 공공기관의 능력을 인적, 물적 및 예산의 관점에서 제시.

㈐ 규제영향

규제영향분석(앞에서 서술) 및 규제완화정책과의 합치성(행정규제의 폐지 내지 완화가 모색되어야 하며 규제절차의 강화는 중대한 공익에 의해 정당화되어야 한다). 특히 기업(특히 중소기업) 및 기타 유형의 이용자에게 가해지는 규제의 영향.

㈑ 행정간소화에 대한 영향

행정기관 및 국민에 대한 행정부담의 증가, 행정절차 간소화 방안.

㈒ 재정상·예산상 영향

국가뿐만 아니라 지방자치단체, 공공시설법인, 공기업 또는 사회보장 회계에 대한 예산상의 영향의 구체적 제시, 예견되는 비용부담 및 경제성에 대한 다년간의 전망이 법령안의 시행일정에 따라 제시되어야 한다(재정소요비용 추계 등). 재정확보를 위한 조세개편의 필요성도 검토하여야 한다.

국회법은 예산상 또는 기금상의 조치를 수반하는 법률안을 발의하는 경우에는 그 법률안의 시행에 수반될 것으로 예상되는 비용에 관한 추계서와 이에 상응하는 재원조달방안에 관한 자료를 첨부하도록 하고 있다(국회법 제79조의2).

㈐ 부패영향

부패유발요인의 제거, 부패방지장치의 마련 등.

「부패방지 및 국민권익위원회의 설치와 운영에 관한 법률」(약칭: 부패방지권익위법)은 국민권익위원회가 법령 등의 부패유발요인을 분석·검토하고, 개선사항을 권고하는 부패영향평가제도를 규정하고 있다(제28조).

다. 사회적 영향의 분석

사회적 영향이라 함은 가족, 노동, 여가 등 생활에 대한 영향을 말한다. 특히 다음과 같은 사회적 영향에 대한 평가를 포함하여야 한다. ① 사회복지에 대한 영향, ② 안전, 보건, 환경에 대한 영향, ③ 사회갈등 영향: 성별영향(성평등), 지역균형발전, 세대간 갈등(형평성), 저출산 지원, ④ 고용, 노동에 대한 직접적 또는 간접적 영향: 고용, 노동환경의 악화 또는 개선, 일자리 감소 또는 증가 등.

라. 경제적 영향의 분석

법안의 미시경제학적이고 거시경제학적인 효과에 대해 총체적인 분석을 행한다. 특히 다음과 같은 경제적 영향에 대한 평가를 포함하여야 한다. ① 기업에 대한 영향: 기업 비용의 증감과 기업에 대한 규제, 중소기업에 대한 영향, 대기업과 중소기업의 관계에 대한 영향, 기술개발 및 혁신에 대한 영향, 무역과 투자에 대한 영향, 신산업을 허용하는 경우 기존 산업에 대한 영향과 산업간 이해의 조정 등, ② 소비자에 대한 영향, ③ 시장질서, 공정한 경쟁에 대한 영향, ④ 경제발전에 대한 영향 등.

마. 조례의 영향평가

조례의 입법에 있어서는 입법영향평가 일반을 행할 뿐만 아니라 특히 다음과 같은 사항을 평가하여야 한다: 지역 특성의 반영, 국가 법령과의 합치성과 양립가능성, 국가와 지방자치단체와의 관계, 지방자치단체 상호간의 관계 등.

바. 대안 검토

법적, 행정적, 경제적, 사회적 관점에서 가능한 여러 해결방안(대안)의 제시 및 적정성(장·단점) 검토, 채택된 안의 이유와 제안된 변경의 필요성 제시.

■**참고 판례**■ 양육비 이행의 실효성을 확보하기 위해서는 입법자는 오랜 시간에 걸쳐 민법, 가사소송법, '양육비 이행확보 및 지원에 관한 법률' 등의 제·개정을 통하여 마련한 제도 이외에 양육비 대지급 제도 등의 대안을 생각할 수도 있다. 그리고, 어떠한 방식으로 양육비 이행을 더 실효적으로 확보할 것인지 또는 양육비 대지급제 등과 같은 구체적인 제도를 둔다면 어떠한 형태로 마련할 것인지 등과 같은 양육비 이행확보를 위한 구체적 방법과 그 입법시기에 관하여는 입법자가 국가의 여러 다른 과제들과의 우선순위, 전체적인 사회보장수준, 한부모가족의 상황, 일반 채권의 집행방법과의 관계, 국가의 재정적 여건 등 다양한 요인을 감안하여 결정할 사안이다(헌재 2021. 12. 23, 2019헌마168 참조).

2) 신산업의 수용에 따른 기존 산업에 대한 영향 분석

신산업을 수용하는 경우에는 그로 인해 부정적 영향을 받는 기존산업에 대한 영향을 분석하고 고려하여야 한다. 기존산업의 보호가 신산업의 도입에 장애사유가 되어서는 안되지만, 기존산업의 쇠퇴로 인한 부작용을 최소화해야 한다. 신산업과 기존산업을 완전 경쟁에 맡길 것인가, 신산업을 지원할 뿐만 아니라 기존산업의 변화와 생존도 지원할 것인가, 경쟁에서 낙오한 기존산업의 퇴출을 시장에 맡길 것인가 아니면 국가가 개입할 것인가에 대한 원칙과 기준을 확립해야 한다. 생각건대, 문제의 산업이 완전히 자유로운 시장경제에 속하는 경우(통상 학문상 허가사업, 등록사업 또는 신고사업의 경우)에는 신산업과 기존산업간의 공정하고 자유로운 경쟁을 전제로 경쟁에서 밀린 산업의 쇠퇴와 퇴출은 국가가 개입할 성질의 것은 아닐 수도 있다. 다만, 이 경우에도 일자리문제, 실업자문제 및 소비자보호문제는 공익문제이므로 이를 해결하기 위한 국가의 개입이 있어야 한다. 반면에 문제의 산업이 공익산업으로서 국가가 공익보장을 위해 일종의 배타적 경영권을 보장하고 있는 경우(통상 학문상 특허사업의 경우)에는 소비자의 보호를 위해 기존의 사업을 보호할 필요가 있다. 과당경쟁을 막고 공익사업자의 경영권을 적정하게 보장할 필요가 있다. 물론 학문상 특허사업도 경쟁하에 재화와 서비스를 제공하도록 하고 있는 경우(예, 항공사업, 통신사업 등)도 있는데, 이 경우에는 기존산업과 신산업의 경쟁도 인정할 수 있을 것이다. 신산업의 진입이 소비자의 이익 등 공익에 더 기여한다면 신산업의 진입을 과당경쟁을 이유로 제한하는 것은 타당하지 않고, 기존산업에 대한 재정적 투자(예, 영업용택시사업자에 대한 재정지원을 수반하는 감차제도, 개인택시에 대한 국가와 지방자치단체의 우선매수제도 등을 통한 감차제도의 도입) 또는 기존산업의 인수 등을 통해 기존산업을 축소하면서 전체로서 적정한 공급량을 제어하는 방안을 모색해야 할 것이다.[70)]

---

70) '택시·카풀 사회적대타협기구'는 2019년 3월 7일 ▲규제혁신형 플랫폼 택시 올 상반기 출시 ▲초고령 운전자 개인택시 감차 방안 마련 ▲택시기사 월급제 시행 등을 담은 합의 안을 도출했고, 모빌리티업(쏘카(타다), 플랫폼택시: 카카오모빌리티, 타고솔루션즈, 브이 씨앤씨(VCNC) 등)과 택시업 상호간의 이해관계의 조정방안으로 국토교통부는 모빌리티 업체들에게 면허를 발급해 여객운송업을 허용하는 대신 차량마다 기여금을 받아 택시업 계에 지원하고, 택시와 마찬가지로 모빌리티 업체의 운행 차량 총량을 정해 관리하는 방 안을 제시하고 있다.

신산업을 허용하는 경우에는 신산업과 기존산업 간에 동일한 경쟁조건을 창출해주어야 한다. 신산업에 대한 지원, 네거티브규제나 규제샌드박스는 경쟁관계에 있을 수 있는 기존의 산업과의 사이에서 신산업을 우대하는 규제역차별 내지 규제불평등의 문제를 야기할 수도 있다. 기존의 기술과 산업은 역기능이 충분히 규명되어 그에 대한 규제강도가 상대적으로 높은 반면에 새로운 산업은 아직 역기능이 규명되지 않았고, 새로운 산업의 실행을 지원할 필요가 있기 때문에 상대적으로 규제강도가 약할 수 있고, 잠정적으로 규제되지 않는 부분이 있을 수도 있다. 따라서 신산업에 대한 부당한 특혜를 방지하여야 하고, 기존의 산업과의 이해관계를 조정할 필요가 있다.

5. 입법영향평가제도의 도입방안

(1) 현실적이고 단계적인 도입방안

엄밀한 의미의 입법영향평가의 도입은 후술하는 도입 여건의 미흡, 국회나 행정 각부의 소극적 입장 등으로 쉽지 않은 문제이다. 또한 도입 여건의 성숙 없이 제도를 도입하는 것은 득보다는 실이 더 클 수도 있다. 그러므로, 입법영향평가제도는 여건의 조성 및 그와 병행하여 단계적으로 도입하는 것이 바람직하다.

따라서 현재 행해지고 있는 기존의 여러 개별영향평가에 입법영향평가적 요소를 보완·강화하고, 현재의 개별영향평가에서 빠져 있는 전술한 법영향평가(법적 영향평가)를 추가·도입하여 과도기적으로 사전입법영향평가를 실시하는 것이 현실적인 방안이다. 그리고 개별입법영향평가를 입법영향평가라는 관점에서 총괄하는 시스템을 만들 필요가 있다. 입법영향평가는 정책영향평가와 관련성이 깊지만, 기본적으로 입법과 관련된 영향을 평가하는 것이므로 입법영향평가 총괄담당기관은 입법심사업무를 담당하는 법제처로 하는 것이 타당하다. 입법영향에 대한 자세한 분석은 고도의 전문성을 요하고 입법과정에 큰 부담을 주게 될 것이므로 여건이 미흡한 초기 단계에서는 정량평가 보다는 중요한 입법영향의 체크리스트를 만들어 입법영향에 대한 정성적인 평가를 실시하는 것도 현실적인 방안이다. 체크리스트에 의한 정성적 영향평가는 행정기관에게 큰 부담이 되지 않을 것이다.

여건의 조성에 비례하여 입법영향평가를 양적이나 질적으로 확대·강화하고, 궁극적으로는 부패영향평가, 성별영향평가, 규제규제영향분석, 법영향분석 등과 같은 개별입법영향평가절차를 통합하여 통합입법평가제도를 도입하여야 한다.

(2) 입법영향평가제도 관련 여건의 구비

입법영향평가제도가 그 기능을 제대로 발휘하기 위하여는 제도의 여건이 마련되어야 한다. 입법영향평가의 범위와 심화정도는 여건상황에 비례해야 한다. 여건이 마련되지 않은 상태에서 영향평가제도를 도입하거나 과도한 요구를 하는 경우 제도가 형식화될 우려가 있다.

입법영향평가제도의 여건 중 가장 중요한 것은 입법영향평가 전문가의 양성이다. 입법영향평가자의 입법영향평가능력을 높이는 방안을 마련해야 한다. 또한 입법영향평가를 실시하는 경우에는 입법과 관련된 부처간의 이해대립이 보다 커질 것이므로 부처간 이해조정의 요청이 더욱 커지게 된다. 따라서 관계기관간 협력과 갈등조정제도가 정착되어야 한다. 그리고 입법평가방법론 및 영향평가 항목별 입법평가모델을 개발하여 입법영향평가서 작성기관에 보급하고, 입법평가가이드라인을 작성하여 제공하며, 입법담당기관으로 하여금 입법영향평가 매뉴얼을 작성하도록 해야 할 것이다.

(3) 입법영향평가의 한계 및 입법영향평가제도의 효과성과 효율성 제고방안

1) 입법영향평가의 한계

입법영향평가에는 기술적 한계가 있다. 평가인력 및 평가인력의 전문성의 확보에 어려움이 있고, 영향에 대한 예측의 어려움이 있다. 이로 인하여 입법 영향평가가 형식화될 우려가 있다.

입법영향평가는 행정부담을 초래하고 입법의 지체를 가져올 수 있다. 그리고 왜곡된 입법의 정당화 및 대안 논의의 무력화 등 역기능 내지 부작용이 발생할 수 있다.

2) 입법영향평가제도의 효과성과 효율성 제고

우선 입법영향평가가 형식화되지 않도록 하여야 한다. 그리고 행정부담을 최소화하여야 한다. 또한 입법영향평가제도의 도입이 입법의 지체를 유발하지 않도록 하여야 할 것이다. 특히 우리나라의 경우에는 사회발전이 급속히 이루어지고 있기 때문에 어느 나라보다도 신속한 입법이 요구되고 있다.

제3절 좋은 입법의 기준(Standard)

Ⅰ. 적정한 입법목적의 설정

1. 입법목적

입법목적이라 함은 입법이 추구하는 목적을 말한다. 입법목적은 입법이 추구하는 공익목적을 말하는데, 공익목적에는 다음과 같은 것이 있다: 국가의 안전보장, 국민의 생명과 건강의 보호, 안전, 환경보호(생태계보호, 자연환경보호, 멸종위기의 야생동식물 보호 등), 경제발전, 소득재분배, 복지증진, 일자리 창출, 주택공급, 지방자치의 발전 등.

공법은 일차적으로 공익의 실현을 목적으로 한다. 그런데 공법규정에는 공익의 실현만을 목적으로 하는 법과 공익의 실현과 함께 사익의 보호도 목적으로 하는(고려하는) 법이 있다. 공익의 보호만을 목적으로 하는 경우에도 사익의 보호와 사익에 대한 침해, 영향도 고려하는 것이 바람직하다. 다만, 사익의 보호를 위해 공익의 보호목적이 훼손되어서는 안 된다.

사법은 기본적으로 사익 상호간 이익의 적정한 조정과 사법질서의 정립을 목적으로 한다. 사익 상호간의 적정한 조정이나 사법질서의 형성을 통해 민간분야의 법적 안정성과 자율성을 보장하는 것도 공익목적에 속한다. 또한 사법 중에는 공익의 보호를 직접 목적으로 하는 경우도 있다(예, 인가제도).

2. 입법목적의 적정성

(1) 목적의 정당성

우선 입법목적이 정당해야 한다. 입법목적이 공익의 추구를 목적으로 해야한다. 정치적 목적을 위한 입법이나 특정집단의 사익의 보호를 목적으로 하는 입법은 정당하지 못하다.

(2) 목적의 적정성

입법목적이 적정하여야 한다.

입법의 궁극목적은 현실의 제약을 고려하여 조정될 수 있다. 규제의 어려움, 재정부담 등 현실의 제약에 따른 실현가능성을 고려하여 목표치를 하향 조정할 필요가 있다. 또는 여건의 조성 등 현실 여건의 장래 발전가능성을 고려하여 목표치를 단계적으로 상향 조정하는 것으로 규정할 수도 있다.

입법목적이 다수이고 상호 대립되는 경우 목적 상호간의 조정이 필요하다. 예를 들면, 기술과 산업의 진흥과 안전을 동시에 추구하는 입법에 있어서는 진흥과 안전을 조정해야 한다. 원자력안전과 같이 안전이 특히 중요한 경우에는 안전이 보장되는 한도내에서 진흥을 허용해야 한다. 환경 보전이 특히 중요한 경우에는 환경이 보전되는 한도내에서 개발이 허용되어야 한다.

정책을 입법화하는 경우에 정책목적이 입법목적이 될 수 있다. 그런데 정책목적 자체에 문제가 있거나 정책목적을 입법화하는데 현실적 한계가 있거나 정책에 대해 야당이나 여론의 반대가 심한 경우에는 정책목적을 조정한 입법목적을 설정하는 것이 가능하고 바람직하다. 정부나 여권은 정책의 정당성과 문제점을 심도있게 재검토하여 대안을 모색해야 함에도 그렇게 하지 않고 정책의 입법화(translate the policy into law)에 매몰될 수 있는데, 이러한 태도로는 좋은 법을 입법할 수 없고, 그 결과는 정부와 여당에 불리한 영향을 미칠 것이다.

Ⅱ. 실효성(effectiveness) 있는 입법

실효성은 입법목적의 실현 정도를 말한다. 입법에 있어서는 입법목적을 제대로 달성할 수 있도록 제도를 설계해야 한다.

입법목적은 입법, 집행, 법규범의 준수를 통해 이루어진다. 입법목적이 제대로 실현되기 위해서는 입법을 잘 해야 할 뿐만 아니라 입법여건의 조성도 고려하고, 집행, 준수, 위반에 대한 적정한 제재 등이 제대로 이루어져야 한다. 입법의 실효성은 법의 집행과 법준수를 통한 실현가능성과도 관련이 있다. 입법에 있어서는 입법의 실효성 확보수단도 함께 입법되어야 한다.

1. 실현가능성 있는 입법

입법을 함에 있어서는 입법여건 등 현실을 고려하여 입법해야 한다. 입법이 실현되기 위해서는 일정한 여건이 조성되어야 하는데 입법의 실행여건이 충분히 조성되지 않은 상태에서 입법을 하면 제정된 입법이 제대로 집행되기 어렵고 준수되기 어렵다. 입법의 실행여건으로는 재정의 확충, 집행공무원의 전문성, 적정한 시행규범(시행법규 및 행정규칙)의 제정, 규범상대방의 입법에 대한 이해와 규범준수의식, 입법준수를 위한 감시감독체계의 구축, 법위반에 대한 단속 및 제재체계의 구축 등이 있다.

입법여건이 미흡한 경우에는 입법과 함께 입법여건의 조성방안도 함께 마련해야 한다. 즉 입법시 입법목적의 실현 요건을 조사하고 미비한 경우 입법여건의 조성계획을 수립해야 한다.

그런데 입법현실에 대한 조사에 어려움이 있다. 규제대상으로 부터 정보를 입수할 수밖에 없는 경우가 많고, 전문가를 통해 입수해도 전문가가 기업으로부터 용역을 받는 등 기업에 포획될 수 있어 객관적인 정보를 얻는 것에 어려움이 있을 수 있다. 따라서 입법정보는 다양한 채널로부터 입수해야 한다. 정보를 입수할 때에는 편향된 정보인지 여부를 검토해야 한다.

2. 적정한 법준수(compliance) 확보수단의 마련

법준수를 확보하기 위한 법적 수단으로는 적절한 제재의 마련과 다양한 보상(인센티브)의 제공이 있다.

(1) 법위반에 대한 제재(sanction)

법령 위반에 대한 적절한 제재수단의 존재는 법령의 준수를 담보하기 위해 필요하다. 법령의 위반에 대한 제재수단으로는 행정적 제재(제재처분), 형사적 제재(처벌), 민사적 제재(손해배상 등)가 있다.

제재수단은 비례의 원칙상 너무 과도해서도 안 되지만, 너무 과소해서도 안 된다. 제재수단은 법준수를 확보하고 법 위반을 막을 수 있는 효과적인 제재수단을 택해야 한다. 법 위반의 단속 및 그에 대한 제재의 가능성, 제재의 비용 및 제재상 문제도 고려해야 한다. 중한 제재를 규정하고 제대로 집행하지 못하는 것보다는 적당한 제재를 규정하고 철저하게 집행하는 것이 낫다. 과도한 제재에 대한 저항으로 인해 제재가 잘 과해지지 못하는 것보다는 완화된 제재이지만 집행이 용이한 것이 효과적일 수도 있다. 제재수단은 실현가능한 수단이어야 한다. 현실에서 실행하기 어려운 제재수단은 적절하지 않다.

1) 행정적 제재
가. 제재처분의 입법

행정적 제재수단으로는 허가의 취소, 사업(영업)정지, 과징금, 법위반사실의 공표, 정보공개, 관허사업의 제한 등이 있다.

정보화사회에서 법 위반 사실에 관한 정보의 공개는 관계인에게 중대한 영향을 미친다. 정보공개는 비례원칙에 합치해야 한다. 정보공개가 의미를 갖는 대표적인 경우는 중대한 공익에 중대한 영향을 미치지만, 금지 등 직접적 규제가 어려운 경우에 금지 등 직접적 규제에 대한 대체수단으로 사용될 수 있는 경우이다.

제재처분의 근거가 되는 법률에는 제재처분의 주체, 사유, 유형 및 상한을 명확하게 규정하여야 한다. 이 경우 제재처분의 유형 및 상한을 정할 때에는 해당 위반행위의 특수성 및 유사한 위반행위와의 형평성 등을 종합적으로 고려하여야 한다(행정기본법 제22조 제1항).

행정법적 제재와 형사법적 제재를 병과하는 것은 이중처벌이 아니며 이중처벌금지의 원칙 위반이 되지 않는다. 예를 들면, 건축법 위반에 대해 형벌이나 과태료가 부과되고, 철거명령, 대집행, 이행강제금의 부과, 관허사업의 제한 등 행정법적 제재가 가해진다.

법규 위반에 대한 제재는 비례의 원칙에 합치하여야 한다. 비례의 원칙에 따라 과도한 제재수단을 마련해서는 안 된다. 법규위반사항의 중대성, 법규위반의 정도에 비례하여 제재가 강화되어야 한다. 법규위반의 횟수에 따라 제재를 가중하는 것으로 규정하는 경우가 많다.

본래의 과징금(課徵金)이란 행정법규의 위반이나 행정법상의 의무 위반으로 경제상의 이익을 얻게 되는 경우에 그 위반으로 인한 경제적 이익을 박탈하기 위하여 그 이익액에 따라 행정기관이 과하는 행정상 제재금을 말한다. 행정법규 또는 행정법상 의무의 위반으로 막대한 경제적 이익을 얻는 경우에 행정벌만으로는 그 위반을 막을 수 없는 것이 현실이다. 과징금은 행정법규 위반으로 발생하는 경제적 이득을 박탈함으로써 행정법규 위반행위를 막는 효과를 갖는다. 예를 들면, 「독점규제 및 공정거래에 관한 법률」은 시장지배적 사업자가 그 지위를 남용하여 가격을 부당하게 인상한 경우에 그 가격의 인하를 명할 수 있고(제5조), 사업자가 그 명령에 따르지 아니하는 때에는 10억을 초과하지 아니하는 범위 안에서 과징금을 부과할 수 있다고 규정하고 있다(제6조 제1항). 과징금 중에는 공정거래법상 과징금과 같이 법규위반으로 인한 경제적 이득을 환수하는 것을 주된 목적으로 하면서도 부수적으로 법규 위반행위에 대한 제재적 성격을 함께 갖는 과징금도 있다. 법규위반의 단속이 어려운 경우, 법규위반으로 중대한 법익이 침해되는데, 법규위반자의 법규위반의 행태나 정도가 중대한 경우에 법규위반으로 인하여 취득하는 이익의 몇 배를 과징금으로 부과할 수 있는 징벌적 과징금을 규정할 수 있다. 예를 들면, 지하철 무임승차시 30배의 과태료를 부과하고 있다. 「공공재정 부정청구 금지 및 부정이익 환수 등에 관한 법률」은 공공재정의 부정청구로 부정이익을 얻은 자에 대해 일정한 경우에는 환수에 추가하여 부정이익 가액의 5배 이내에서 제재부가금을 부과·징수하도록 규정하고 있다(제9조). 국가공무원법은 공무원이 보수나 실비 변상 등을 거짓 또는 부정한 방법으로 수령한 경우 5배의 범위에서 환수할 수 있도록 하고 있다(제47조 제3항 및 제48조 제3항).

영업정지와 영업정지에 갈음하는 과징금(변형된 과징금)을 선택적으로 규정하는 경우가 많다. 다만, 과징금을 부과한 후 과징금을 납부하지 않는 경우에는 영업정지처분을 내릴 수 있는 것으로 규정하는 것이 바람직하다. 이것이 최근의 입법경향이다.

법규위반을 단속하고, 확인하고, 제재를 부과할 수 있는 인적·물적 수단 및 여건을 함께 마련해야 한다. 법규위반의 단속과 제재에 필요한 경우 주거 및 사업장에 출입하고, 압수할 수 있는 권한을 부여해야 한다.

행정적 제재처분은 성질상 재량행위로 규정하는 것이 타당하지만, 기속행위로 규정할 필요가 있는 경우도 있다. 재량행위로 규정한 경우에는 제재처분의 기준을 법규명령형식의 행정규칙 또는 재량준칙으로 정하여 제재처분의 공정성과 투명성을 확보할 필요가 있지만, 구체적 타당성을 확보할 수 있도록 재량의 여지를 인정해야 한다. 제재처분을 기속행위로 규정하는 것은 특정한 경우 비례의 원칙에 반하는 경우가 있을 수 있다. 예를 들면, 차량의 지입제운영에 대한 기속적 취소의 경우가 그러하다.

동일한 법규위반에 대해 다양한 제재수단을 입법할 필요가 있다. 그 이유는 위반자 및 그 위반의 구체적 사정에 따라 효과적인 제재수단이 다를 수 있기 때문이다. 예를 들면, 건축법 위반에 대해서는 대집행을 할 수도 있고 이행강제금을 부과할 수도 있다. 법규위반의 진행상황을 고려하여 특정 시점에 맞는 제재를 마련하는 방안도 검토해야 한다.

나. 제재처분의 실행

제재는 재량행위인 경우가 많은데, 제재시 비례원칙을 적용하도록 해야 한다. 제재가 상대방에게 미치는 영향을 고려해야 하고, 과도한 제재가 가해지지 않도록 해야 한다. 제재처분권이 잘못 행사되어 억울한 피해자가 발생하는 일이 없도록 해야 한다. 하나의 법위반에 대해 여러 제재가 가해질 수는 있지만, 가능한 한 중복 제재를 피하고, 목적 달성을 위해 필요한 최소한의 제재가 과해지도록 해야 한다.

행정기본법은 제재처분에 관한 일반규정을 두고 있다. 행정기본법에서 "제재처분"이란 법령등에 따른 의무를 위반하거나 이행하지 아니하였음을 이유로 당사자에게 의무를 부과하거나 권익을 제한하는 처분을 말한다. 다만, 제30조 제1항 각 호에 따른 행정상 강제는 제외한다(행정기본법 제2조 제5호).

행정청은 재량이 있는 제재처분을 할 때에는 다음 각 호의 사항을 고려하여야 한다. 1. 위반행위의 동기, 목적 및 방법, 2. 위반행위의 결과, 3. 위반행위의 횟수, 4. 그 밖에 제1호부터 제3호까지에 준하는 사항으로서 대통령령으로 정하는 사항(행정기본법 제22조 제2항).

행정청은 법령등의 위반행위가 종료된 날부터 5년이 지나면 해당 위반행위에 대하여 제재처분(인허가의 정지·취소·철회, 등록 말소, 영업소 폐쇄와 정지를 갈음하는 과징금 부과만을 말한다. 이하 이 조에서 같다)을 할 수 없다(행정기본법 제23조 제1항).[71] 이 규정은 제재처분의 제척기간(원칙상 5년)을 규정한 것이다. 다만, 다음 각 호의 어느 하나에 해당하는 경우에는 제1항을 적용하지 아니한다. 1. 거짓이나 그 밖의 부정한 방법으로 인허가를 받거나 신고를 한 경우, 2. 당사자가 인허가나 신고의 위법성을 알고 있었거나 중대한 과실로 알지 못한 경우, 3. 정당한 사유 없이 행정청의 조사·출입·검사를 기피·방해·거부하여 제척기간이 지난 경우, 4. 제재처분을 하지 아니하면 국민의 안전·생명 또는 환경을 심각하게 해치거나 해칠 우려가 있는 경우(행정기본법 제23조 제2항). 행정청은 제1항에도 불구하고 행정심판의 재결이나 법원의 판결에 따라 제재처분이 취소·철회된 경우에는 재결이나 판결이 확정된 날부터 1년(합의제행정기관은 2년)이 지나기 전까지는 그 취지에 따른 새로운 제재처분을 할 수 있다(행정기본법 제23조 제3항). 다른 법률에서 제1항 및 제3항의 기간보다 짧거나 긴 기간을 규정하고 있으면 그 법률에서 정하는 바에 따른다(행정기본법 제23조 제4항).

2) 형사적 제재(처벌)

형사적 제재라 함은 행정벌을 말한다. 행정벌에는 행정형벌, 행정질서벌인 과태료, 범칙금이 있다. 행정형벌이란 행정법규 위반에 대해 형법상의 형벌을 과하는 행정벌을 말한다. 행정질서벌은 행정법규 위반에 대해 과태료가 과하여지는 행정벌이다. 행정질서벌에는 국가의 법령에 근거한 것과 지방자치단체의 조례에 근거한 것이 있다. 범칙금은 형벌이 아니며 행정형벌과 행정질서

---

71) 행정기본법상 제재처분의 제척기간에 관한 규정은 2023.3.23.부터 시행된다.

벌의 중간적 성격의 행정벌이다. 예를 들면, 도로교통법 위반에 대하여 범칙금이 부과되는데 그 부과는 행정기관인 경찰서장이 통고처분에 의해 과하고 상대방이 이에 따르지 않는 경우에는 즉결심판에 회부하여 형사절차에 따라 형벌을 과하도록 하고 있다.

일반적으로 행정형벌은 행정목적을 직접적으로 침해하는 행위에 대해 과해지고, 행정질서벌은 신고의무 위반과 같이 행정목적을 간접적으로 침해하는 행위에 대하여 과해진다. 그런데 실제에 있어서는 행정형벌의 행정질서벌화 정책에 의해 행정형벌을 과해야 할 행위에 행정질서벌을 과하는 경우가 있다. 행정형벌의 행정질서벌화정책이란 행정목적을 직접 침해하는 법규위반이므로 이론상 행정형벌을 과해야 하는 경우에도 그 법규위반이 비교적 경미한 경우 전과자의 양산을 막기 위해 행정질서벌(과태료)을 부과하도록 하는 정책을 말한다. 또한 형벌을 과해야 하는 행정법규 위반행위에 대하여 범칙금이 과해지는 경우도 있다.

형사적 제재(처벌)수단은 필요한 경우에 한하여 최소한으로 도입하는 것이 바람직하다. 형사적 제재는 다른 형사적 제재와 균형을 맞추어야 한다. 형사적 제재 중 행정형벌은 죄형법정주의, 이중처벌금지의 원칙 등의 적용을 받는다.

행정형벌에는 통상 양벌규정을 둔다. 범죄행위자와 함께 행위자 이외의 자(사업주 또는 법인)를 함께 처벌하는 법규정을 양벌규정이라 한다. 형사범에서는 범죄를 행한 자만을 벌하지만, 행정범에서는 범죄행위자 이외의 자도 함께 벌하는 것으로 규정하는 경우가 있다. 종업원의 위반행위에 대하여 사업주도 처벌하는 것으로 규정하는 경우가 있고, 미성년자나 금치산자의 위반행위에 대하여 법정대리인을 처벌하는 것으로 규정하는 경우가 있다. 사업주나 법정대리인 등 행위자 이외의 자가 지는 책임의 성질은 감독의무를 태만히 한 책임, 즉 과실책임이다(대판 2006. 2. 24, 2005도7673). 그리하여 실정법상 관리·감독상의 주의의무를 다한 경우 처벌을 면제하는 명문의 규정을 두는 것이 최근의 일반적인 입법례이다(예, 주민등록법 제39조, 석유 및 석유대체연료 사업법 제48조 등). 죄형법정주의의 원칙상 행위자의 처벌은 별도의 처벌규정(처벌 본조)에서 규정하고, 양벌규정은 통상 행위자 이외의 자의 처벌만을 규정한다. 양벌규정은 통상 다음과 같이 규정된다: "부동산가격공시 및 감정평가에 관한 법률 제46조(양벌규정) 법인의 대표자나 법인 또는 개인의 대리인·사용인 그 밖의 종업원이 그 법인 또는 개인의 업무에 관하여 제43조 및 제44조의 규정에 의한 위반행위를 하면 그 행위자를 벌하는 외에 그 법인 또는 개인에게도 해당 조문의 벌금형을 과한다. 다만, 법인 또는 개인이 그 위반행위를 방지하기 위하여 해당 업무에 관하여 상당한 주의와 감독을 게을리하지 아니한 경우에는 그러하지 아니하다."

행정범에서는 법인의 대표자 또는 법인의 종업원이 그 법인의 업무와 관련하여 행정범을 범한 경우에 행위자뿐만 아니라 법인도 아울러 처벌한다는 규정을 두는 경우가 많다. 법인의 대표자의 범죄행위에 대한 법인의 책임은 법인의 직접책임이고, 법인의 종업원의 범죄행위에 대한 법인의 책임은 종업원에 대한 감독의무를 해태한 책임, 즉 과실책임이다(헌재 2010. 7. 29, 2009헌가18).

3) 사법상 제재

사법상 제재수단으로는 불법행위에 따른 손해배상과 권익침해에 대한 방해제거·예방청구가 있다.

공법규정의 실효성 확보를 위해 사법상 제재가 효과적인 경우도 있다. 예를 들면, 전염병의심자에 대한 격리조치 위반에 대한 과태료 부과만으로는 격리조치의무규정의 실효성을 확보할 수 없다. 격리조치의무규정을 고의나 중대한 과실로 위반하여 전염병을 전파한 경우에 그로 인한 국가 등의 손해(전염병

방지비용 등)에 대해 배상책임을 지도록 하는 것은 격리조치의무규정의 실효성을 확보하는데 기여할 수 있다. 감염병예방법은 2021. 3. 9. '감염병예방법을 위반하여 감염병을 확산시키거나 확산 위험성을 증대시킨 자에 대하여 보건복지부장관, 질병관리청장, 시·도지사 및 시장·군수·구청장이 입원치료비, 격리비, 진단검사비, 손실보상금 등 감염병예방법에 따른 예방 및 관리 등을 위하여 지출된 비용에 대해 손해배상을 청구할 권리를 갖는다.'라는 규정(제72조의2)을 신설하였다.

정의의 원칙에 비추어 고의에 의한 불법행위로 손해를 발생시킨 경우에 피해자가 입증한 손해에 한정하여 배상책임을 인정하는 것은 타당하지 않다. 불법으로 얻으려고 한 이익만 배상하거나 추징한다면 '밑져야 본전이기 때문에' 불법을 막을 수 없다. 위법으로 얻은 이익 중 밝혀지지 않은 이익이 있는 경우가 적지 않으므로 위법으로 얻은 이익만 배상하거나 추징하는 것은 옳지 않다. 그러므로 최소한 고의로 인한 손해에 대해서는 2배의 배상을 하도록 하는 것이 정의의 원칙에 맞는다.

불법행위에 따른 손해배상이 제재력을 갖기 위해서는 징벌적 손해배상제도를 확대 도입할 필요가 있다.

사법상 손해배상청구 특히 유지청구는 환경 등 공익의 보호 효과를 가져올 수 있다. 특히 국가나 지방자치단체에 의한 공익 보호에 한계가 있는 경우 사법상 손해배상이나 유지청구가 보충적으로 공익보호에 기여할 수 있다.

(2) 법준수에 대한 보상(reward)

법준수를 조장하는 수단이 법위반에 대해 제재를 과하는 것보다 효과적인 경우도 있으므로 법준수를 조장하는 수단이 효과적인 경우에는 그 수단을 제도화할 필요가 있다. 예를 들면, 성실납세자에 대한 세무조사의 면제, 준법경영자에 대한 책임의 감면 등을 들 수 있다.

3. 준수가능성 있는 입법

수범자의 준수가 가능한 입법을 해야 한다. 수범자가 준수하기 어려울 정도로 과도한 규제, 과도한 부담을 주어서는 안 된다. 수범자가 처한 현실을 기준으로 규제준수의 가능성을 판단해야 한다. 법준수에 장애가 되는 사정을 조사하여 그 해소방안을 마련해야 한다.

입법시 수범자의 의견을 충분히 수렴하여 입법을 함으로써 입법에 대한 수범자의 신뢰(수용)를 제고하는 것이 입법에 대한 준수가능성을 높이는데 기여할 수 있다.

4. 집행가능성 있는 법

입법시 법규정의 집행가능성을 고려해야 한다. 입법시 법령의 집행에 필요한 수단(행정조직, 인적·물적 수단, 재정적 수단)이 충족되었지를 조사하여 불충분한 경우에는 집행수단의 보완방안을 마련해야 한다. 특히 재정적 비용에 대한 사전분석이 잘못되었거나 재정 조성의 어려움이 예견됨에도 법령을 제정하여 법령이 제대로 집행되지 못하는 경우가 있다. 재원마련없이 선심성 복지제도를 도입하는 것이 대표적인 예이다. 집행에 장애가 되는 사항과 애로사항을 조사하고, 그것을 제거하는 방안도 마련해야 한다.

집행기준이 현실에 맞지 않는 것도 법령의 집행을 어렵게 한다. 법 위반에 대한 단속이 어려운 경우 금지법령의 집행은 어렵게 된다. 입법시 행정기관의 단속가능성 및 단속에 따른 행정부담을 고려해야 한다.

Ⅲ. 이익(interests) 상호간의 적정한 조정(adjustment)과 균형(balancing)

입법의 이해관계인(audiences)은 입법과 이해관계가 있는 자를 말하는데, 수범자, 이익단체, 공익단체, 입법추진기관, 입법집행기관, 입법을 해석적용하는 법원 등이 있다.

입법시에는 이해관계인의 의견을 충분히 수렴하여 입법에 반영해야 한다. 이해집단의 대표자의 의견을 들을 때에는 의견제출자의 대표성을 확보해야 한다. 그리고 이해관계인이 다수인 경우에는 이해관계인의 의견수렴시 이해관계인간 형평성을 보장해야 한다.

입법시에는 관련 이익을 공익과 사익 상호간, 공익 상호간, 사익 상호간에 적정하게 조정해야 한다. 이해관계인 상호간에 갈등이 있는 경우에는 갈등조정절차를 진행해야 한다. 입법시 이익형량에 있어서는 행정비용(administrative costs), 법집행비용(implementation costs) 및 준수비용(compliance costs)도 고려해야 한다.

공정한 이해의 조정을 위해서는 입법이 특정 정치권력 및 사적 권력에 의해 포획당하지 않도록 해야 한다. 이를 위해서는 입법과정의 투명성이 보장되어야 한다. 입법예고, 의견제출, 제출된 의견에 대한 평가, 그에 관한 모든 자료가 공개되어야 한다. 또한 담당 공무원의 고도의 전문성과 윤리성이 확보되어야 한다.

Ⅳ. 효율성(Efficiency)의 원칙

입법의 효율성이라 함은 입법목적을 달성하기 위하여 집행기관 및 규범의 상대방에게 가장 최소한의 비용과 노력의 투입이 요구되는 것을 말한다.

입법의 실효성과 효율성은 대립할 수도 있는데 이 경우 실효성과 효율성은 조화를 이루어야 한다. 입법의 실효성이 달성되는 한도내에서 효율성을 도모하는 것이 타당하고, 이러한 점에서 실효성이 효율성보다는 우선한다고 보아야 한다. 다만, 입법의 실효성을 달성하기 위해서 과도한 부담(비용과 노력)이 드는 경우에는 입법의 실효성을 부분적으로 희생할 수도 있어야 한다.

효율성의 원칙을 실현하기 위해 비용편익분석을 행한다. 비용편익분석은 입법의 효율성을 보다 과학적으로 논증할 수 있다는 장점이 있다. 그렇지만, 비용편익분석에는 다음과 같은 단점이 있다. 비용으로 환산하기 어려운 부분이 있는 점, 편익과 비용의 적정한 산정에 어려움이 있는 점, 비용편익분석의 전문성으로 입법결정자나 국민은 비용편익분석을 잘 알지 못하는 문제가 있고, 또한 이로 인하여 입법이 전문가에 의해서 주도되고 나아가 왜곡될 수도 있는 문제가 있다. 비용편익분석에는 공정(fairness)과 형평성(equity)이 포함되지 못하는 문제도 있다. 그러나 입법의 효율성을 무시할 수는 없다. 그러므로 비용편익분석의 문제점을 해결하고, 그 한계를 인정하면서 비용편익분석을 발전시켜 나가는 것이 필요하다.

V. 합헌이고, 적법하며 법체계에 합치할 것

1. 합헌적 입법

(1) 법률유보의 원칙, 의회유보의 원칙

1) 법률유보의 원칙

법률유보의 원칙상 행정작용은 국민생활에 중요한 영향을 미치는 경우에는 법률에 근거하여야 한다(행정기본법 제8조). 보다 정확히 말하면 법률의 직접적 근거 또는 법률의 위임에 근거하여 제정된 명령에 의한 근거가 있어야 한다. 달리 말하면 중요한 행정권의 발동은 법령의 근거가 없는 경우에는 행정개입의 필요가 있더라도 행정권이 발동될 수 없다. 따라서 중요한 행정권 행사가 필요한 경우에는 먼저 법령에 근거를 마련해야 한다. 비권력행정에 있어 상대방의 동의가 있는 경우에는 법률의 근거를 요하지 않는다. 예를 들면, 공법상 계약과 행정지도는 법률의 근거가 없어도 가능하다. 따라서 법령에 근거가 없는데, 공익의 보호를 위해 행정권이 행사될 필요가 있는 경우에는 공법상 계약이나 행정지도의 방법을 사용할 수 있다.

원칙상 행정권 행사에 요구되는 법적 근거는 개별적 근거를 말하는데, 예외적으로 경찰권 행사 등의 경우에는 포괄적·일반적 근거도 가능하다.

2) 의회유보의 원칙

의회유보의 원칙상 국가공동체와 그 구성원에게 기본적이고도 중요한 의미를 갖는 영역, 특히 국민의 기본권 실현에 관련된 영역에 있어서는 행정에 맡길 것이 아니고 국민의 대표자인 입법자 스스로 그 본질적 사항에 대하여 결정해야 한다. 여기서 어떠한 사안이 국회가 형식적 법률로 스스로 규정해야 하는 본질적 사항에 해당되는지는, 구체적 사례에서 관련된 이익 내지 가치의 중요성, 규제 또는 침해의 정도와 방법 등을 고려하여 개별적으로 결정하여야 하지만, 규율대상이 국민의 기본권과 관련한 중요성을 가질수록 그리고 그에 관한 공개적 토론의 필요성 또는 상충하는 이익 사이의 조정 필요성이 클수록, 그것이 국회의 법률에 의하여 직접 규율될 필요성은 더 증대된다. 따라서 국민의 권리·의무에 관한 기본적이고 본질적인 사항은 국회가 정하여야 하고, 헌법상 보장된 국민의 자유나 권리를 제한할 때에는 적어도 그 제한의 본질적인 사항에 관하여 국회가 법률로써 스스로 규율하여야 한다(대판 전원합의체 2020. 9. 3, 2016두32992[법외노조통보처분취소]).

예를 들면, 구 한국방송공사법에서 TV수신료를 이사회가 결정하여 공보처
장관 승인을 얻어 부과 징수하도록 규정한 것은 헌법(법률유보(특히 의회유보)의
원칙)에 합치되지 않는다는 헌법재판소의 결정(헌법 불합치결정)이 있었다. 수신
료는 특별부담금으로서 그 금액은 수신료 부과징수에 있어 본질적 요소이므
로 입법자가 직접 결정해야 한다는 것이다(헌재 1999. 5. 27, 98헌바70). 이러한
헌법재판소 결정에 따라 후에 개정된 방송법 제65조(수신료의 결정)에서는 수
신료의 금액은 이사회가 심의·의결한 후 방송통신위원회를 거쳐 국회의 승인
을 얻어 확정되고, 공사가 이를 부과·징수는 것으로 규정하고 있다. 도시환경
정비사업시행인가 신청시 요구되는 토지등소유자의 동의정족수를 정하는 것
은 국민의 권리와 의무의 형성에 관한 기본적이고 본질적인 사항으로 법률유
보 내지 의회유보의 원칙이 지켜져야 할 영역이다. 따라서 사업시행인가 신청
에 필요한 동의정족수를 자치규약에 정하도록 한 이 사건 동의요건조항(구 도
시 및 주거환경정비법 제28조 제5항)은 법률유보 내지 의회유보원칙에 위배된다
(헌재 2012. 4. 24, 2010헌바1). 이 결정에 따라 입법자는 2009. 2. 6. 도시정비법
제28조 제7항을 신설하여 도시환경정비사업을 토지등소유자가 시행하고자
하는 경우 사업시행인가 신청 전에 얻어야 하는 토지등소유자의 동의정족수
를 법률에 명문으로 규정하였다.

국민의 권리·의무에 관련되는 것일 경우에는 적어도 국민의 권리·의무에
관한 기본적이고 본질적인 사항은 국회가 정하여야 한다. 특히 자격이나 신분
등을 취득 또는 부여할 수 없거나 인가, 허가, 지정, 승인, 영업등록, 신고 수
리 등(이하 "인허가"라 한다)을 필요로 하는 영업 또는 사업 등을 할 수 없는 사
유(이 조에서 "결격사유"라 한다)는 법률로 정하여야 한다(행정기본법 제16조 제1항).

(2) 기본권을 침해하는 규정은 위헌

기본권규정은 헌법규정으로서 헌법적 효력을 갖는다. 따라서 기본권 규정을 침해하는 법률규정이나 명령규정은 위헌·위법이 된다.

예를 들면, 시각장애인에 한해 안마사자격을 받을 수 있도록 한 안마사에 관한 규칙 제3조 제1항 제1호 등은 법률유보원칙이나 과잉금지원칙에 위배되고, 일반인의 직업선택의 자유를 침해하는 것으로 위헌이라는 헌법재판소의 결정(헌재 2006. 5. 25. 2003헌마715)이 있었는데. 추후 그 규정을 합헌으로 변경하는 결정(헌재 2008. 10. 30. 2006헌마1098 등 ; 헌재 2013. 6. 27. 2011헌가39 등)이 있었다.

독서실 열람실 내 남녀별 좌석을 구분 배열하도록 하고 그 위반 시 교습정지처분을 할 수 있도록 한 「전라북도 학원의 설립·운영 및 과외교습에 관한 조례」 제11조 제1호, 위 조례 시행규칙 제15조 제1항 [별표 3]('이 사건 조례 조항'이라 한다)은 다음과 같은 이유에서 과잉금지원칙에 반하여 독서실 운영자의 직업수행의 자유와 독서실 이용자의 일반적 행동자유권 내지 자기결정권을 침해하는 것으로 헌법에 위반된다고 보아야 한다. ① 이 사건 조례 조항으로 학원법상 학원으로 등록된 독서실 운영자의 직업수행의 자유와 독서실 이용자의 헌법 제10조에 따른 일반적 행동자유권 내지 자기결정권이 제한받는다. ② 이 사건 조례 조항은 입법경위와 내용에 비추어 볼 때 독서실 내에서 이성과 불필요한 접촉을 차단하여 면학분위기를 조성하고 성범죄를 예방하는 것을 입법목적으로 한다. ③ 열람실의 남녀 좌석을 구분하여 면학분위기를 조성하고 학습효과를 높인다는 것은 독서실 운영자와 이용자의 자율이 보장되어야 하는 사적 영역에 지방자치단체가 지나치게 후견적으로 개입하는 것으로서 목적의 정당성을 인정하기 어렵다. 남녀 혼석을 금지함으로써 성범죄를 예방한다는 목적을 보더라도, 이는 남녀가 한 공간에 있으면 그 장소의 용도나 이용 목적과 상관없이 성범죄 발생 가능성이 높아진다는 불합리한 인식에 기초한 것이므로 그 정당성을 인정하기 어렵다. ④ 의견을 달리하여 면학분위기 조성이나 성범죄 예방이라는 목적의 정당성을 수긍한다고 하더라도, 같은 열람실 내에서 남녀 좌석을 구별하는 것이 그 목적 달성을 위한 적합한 수단인지는 여전히 의문이다. 열람실 자체를 분리하지 않으면서 동일한 열람실에서 남녀의 좌석 배열만 구별하는 경우, 남녀가 바로 옆 자리에 앉을 수 없을 뿐 앞뒤의 다른 열 책상에는 앉을 수 있고, 동일한 출입문을 사용하므로 계속 마주칠 수밖에 없어 이성간 접촉 차단에 실질적 도움이 되지 않는다. 그뿐만 아니라 도서관이나 스터디카페 등 남녀 혼석이 허용되는 다른 형태의 사적인 학습공간이 많은 상황에서 학원법의 적용을 받는 독서실만을 대상으로 남녀 혼석을 금지한다고 하여 사적 학습공간에서 이성간의 접촉을 차단하는 효과가 생긴다고 볼 수도 없다. 남녀 혼석 때문에 학습분위기가 저해되거나 성범죄 발생 위험이 높아진다고 단정하기도 어렵다. 같은 성별끼리 대화나 소란행위로도 얼마든지 학습분위기가 저해될 수 있는데, 남녀 혼석을 하면 학습분위기를 저해하는 상황이 더욱 빈번하게 발생한다고 볼 만한 자료는 없다. 남녀 혼석이 성범죄 발생가능성을 반드시 높이는지, 부정적 영향을 미친다고 하더라도 공간 구분이 아닌 좌석 구분만으로 이를 해결할 수 있는지 등에 관한 실증적인 자료도 찾아보기 어렵다. ⑤ 이 사건 조례 조항은 그 적용대상이 되는 독서실 운영자에게 남녀 좌석을 구분 배열하도록 하고 이를 위반할 경우 별도의 경고 조치 없이 곧바로 10일 이상의 교습정지 처분을 하도록 하면서도 (2회 위반의 경우에는 등록말소의 대상에도 해당된다), 독서실의 운영 시간이나 열람실의 구조, 주된 이용자의 성별과 연령, 관리감독 상황 등 개별적·구체적 상황을 전혀 고려하지 아니하여 독서실 운영자의 직업수행의 자유를 필요 이상으로 제한하고 있다. 또한 독서실 이용자에게 남녀가 분리된 좌석만을 이용하도록 하면서도 이용자 상호 간의 관계가 어떠한지, 미성년자인지 성인인지, 미성년 학생의 경우 부모의 동의가 있었는지 여부 등도 전혀 고려하지 아니하여 독서실 이용자가 자신의 학습 장소와 방식에 관하여 자유롭게 결정할 자유를 과도하게 제한하고 있다. 반면, 독서실의 남녀 좌석을 구분 배열함으로 인해 달성할 수 있는 면학분위기 조성이나 성범죄 예방이라는 효과는 불확실하거나 미미하다고 볼 수밖에 없다. 따라서 이 사건 조례 조항은 침해최소성과 법익균형성도 충족하지 못한다(대판 2022. 1. 27, 2019두59851).

(3) 포괄위임금지의 원칙

1) 포괄위임금지의 원칙 및 예외

헌법 제75조는 "대통령은 법률에서 구체적으로 범위를 정하여 위임받은 사항과 법률을 집행하기 위하여 필요한 사항에 관하여 대통령령을 발할 수 있다."고 규정하고 있다. 전문은 위임명령인 대통령령을 규정하고, 후문은 집행명령인 대통령령을 규정하고 있다. 법률의 대통령령에 대한 수권은 '구체적으로 범위를 정하여' 위임하도록 규정하고 있는데, 이 규정은 법률의 명령에 대한 일반적·포괄적인 위임은 금지되며 구체적인 위임만이 가능하다는 것을 규정한 것으로 해석된다.

법률의 명령에 대한 위임은 구체적이어야 하며 포괄적 수권규정은 헌법위반이다. 다만, 자치조례에 대한 위임 등 자치법적 사항의 위임에 있어서는 포괄위임금지의 원칙이 적용되지 않으며 포괄적인 위임도 가능하다(대판 2000. 11. 24, 2000추29). 법률이 공법적 단체 등(예, 재개발조합, 재건축조합 등 정비조합)의 정관에 자치법적 사항을 위임하는 경우에도 헌법 제75조가 정하는 포괄적인 위임입법의 금지는 원칙적으로 적용되지 않는다(대판 2007. 10. 12, 2006두14476: 사업시행인가 신청시의 토지 등 소유자의 동의요건을 사업시행자의 정관(자치법규)에 위임한 도시 및 주거환경정비법 제28조 제4항 본문이 포괄위임입법금지 원칙에 위배되지 않는다고 한 사례).

급부행정 영역에서는 기본권침해 영역보다 위임의 구체성의 요구가 다소 약화되어도 무방하다. 이에 반하여 "국민의 기본권을 제한하거나 침해할 소지가 있는 사항에 관한 위임에 있어서는 위와 같은 구체성이 보다 엄격하게 요구된다"(대판 2000. 10. 19, 98두6265). "기본권침해영역에서는 급부행정영역에서보다는 구체성의 요구가 강화된다"(헌재 1991. 2. 11, 90헌가27).

수권의 구체성은 수권규정 자체만에 의해 판단되어야 하는 것은 아니며 수권법률 이외의 다른 규정도 아울러 고려하여 해석에 의해 인정되면 된다(대판 1996. 3. 21, 95누3640).

수권법률규정만으로 대통령령에 위임된 부분의 대강을 국민이 예측할 수 있도록 수권법률이 구체적으로 정하여야 한다(헌재 1994. 7. 29, 93헌가12). 이 경우 예측가능하다는 것은 법률에 이미 대통령령으로 규정될 내용 및 범위의 기본사항이 구체적으로 규정되어 있어서 누구라도 당해 법률로부터 대통령령 등에 규정될 내용의 대강을 예측할 수 있어야 함을 의미한다(대판 2007. 10. 26, 2007두9884). 예측가능성의 유무는 당해 위임조항 하나만을 가지고 판단할 것이 아니라 그 위임조항이 속한 법률이나 상위명령의 전반적인 체계와 취지·목적, 당해 위임조항의 규정형식과 내용 및 관련 법규를 유기적·체계적으로 종합 판단하여야 하고, 나아가 각 규제 대상의 성질에 따라 구체적·개별적으로 검토함을 요한다(대판 2002. 8. 23, 2001두5651).

예를 들면, 기술자격 보유자에 대한 자격정지 처분의 정지기간의 범위를 대통령령에 위임한 국가기술자격법 제12조 제2항("대통령령이 정하는 바에 의하여 일정기간 그 자격을 정지시킬 수 있다.")은 포괄위임입법 금지원칙을 규정한 헌법 제75조에 위반한다(헌재 2002. 6. 27, 2002헌가10). 이러한 헌재 결정 후 개정된 현행 국가기술자격법 제16조 제1항은 "주무부장관은 국가기술자격 취득자가 다음 각 호의 어느 하나에 해당하는 경우에는 그 국가기술자격을 취소하거나 3년의 범위에서 정지시킬 수 있다."고 규정하고 있다.

2) 포괄 위임 금지의 원칙에 대한 재검토

포괄적 위임 금지의 원칙은 현재의 입법상황이나 세계적인 입법례에 맞지 않으므로 이를 폐지하고 헌법상 입법권의 보장 및 침해의 문제로 접근할 필요가 있다. 특히 4차산업혁명 대응입법에 있어서 포괄 위임 금지의 원칙에 대한 재검토가 필요하다. 4차산업혁명의 특징인 불확실성, 급변성, 융합성, 다양성 등으로 인한 4차산업혁명 대응 입법의 어려움을 고려하여 포괄위임금지를 완화하여 적용할 필요가 있다.

그리고 의회의 승인 또는 동의를 유보하는 위임제도를 도입하고, 이 경우에는 포괄위임 금지의 원칙이 적용되지 않는 것으로 하는 것이 타당하다. 우선 전문성이 강하고, 신속한 입법이 요구되는 신기술 및 신산업에 관한 입법에 있어서는 국회의 동의 또는 거부(veto)권을 유보한 포괄적 위임도 허용하는 방향으로 헌법을 개정할 필요가 있다. 국회의 승인권 또는 동의권이 유보된 경우에는 국회가 행정입법을 최종적으로 결정하는 것이므로 포괄위임을 하여도 삼권분립의 원칙이나 국회입법의 원칙을 침해하지 않는 것으로 볼 수 있다. 포괄적 위임을 인정하더라도 의회가 수임명령안에 대한 동의권이나 승인권을 갖고 있다면 국회의 입법권은 보장될 수 있기 때문이다. 현실적으로도 입법의 대상이 불확실하고 다양하며 변화가능성이 많은 경우 동의권 또는 승인권 유보하에 포괄위임을 할 필요가 있고, 선진외국의 입법례에서도 헌법의 근거없이 의회의 동의권 또는 승인권 유보하의 (포괄) 위임을 인정하는 나라가 적지 않다. 나아가 포괄 위임을 금지하는 현행 헌법하에서도 헌법상 포괄 위임의 금지는 동의권 또는 승인권을 유보하지 않는 통상의 위임에 적용되는 것으로 해석하는 것도 가능한 것은 아닌지 논의가 필요하다.

(4) 비례원칙

비례의 원칙은 헌법적 효력을 갖는 법의 일반원칙이다. 그러므로 비례원칙에 반하는 법령은 헌법 위반이다.

예를 들면, 입법자가 임의적(재량적) 규정으로도 법의 목적을 실현할 수 있음에도 여객운송사업자가 지입제 경영을 한 경우 구체적 사안의 개별성과 특수성(해당 사업체의 규모, 지입차량의 비율, 지입의 경위 등)을 전혀 고려하지 않고 그 사업면허를 필요적으로(기속적으로) 취소하도록 한 여객자동차운송사업법 제76조 제1항 단서 중 제8호 부분은 비례의 원칙의 요소인 '피해최소성의 원칙' 및 '법익균형성의 원칙'에 반한다(헌재 2000. 6. 1, 99헌가11·12(병합). 이에 반하여, 이륜차에 대하여 고속도로 통행을 전면 금지하더라도 기본권 침해 정도는 경미하여 공익에 비하여 중대하다고 보기 어려우며, 청구인의 고속도로 통행의 자유를 과도하게 제한한다고 볼 수 없다(헌재 2007. 1. 17, 2005헌마1111).

(5) 평등의 원칙

평등의 원칙은 불합리한 차별을 하여서는 안 된다는 원칙이다. 합리적인 이유가 있어서 다르게 취급하는 것은 평등원칙 위반이 아니다. 오히려 합리적인 이유가 있는 경우에는 다르게 취급하는 것이 평등의 원칙에 합치된다. 평등의 원칙은 '같은 것은 같게, 다른 것은 다르게'로 요약될 수 있다. 오늘날 평등의 원칙은 소극적 원리일 뿐만 아니라 적극적 원칙으로도 이해된다. 예를 들면, 여성할당제와 같은 여성의 우대조치는 과거의 불리한 조치를 벌충하는 의미에서 평등의 원칙에 포함되어 이해되고 있다.

평등의 원칙에 반하는 것인가는 차별취급에 합리적인 이유가 있는가의 여부에 달려 있다. 합리적 이유없는 차별취급은 두 경우로 나뉜다. 하나는 동일한 사항을 다르게 취급하는 경우이고, 다른 하나는 사정이 달라 차별취급이 정당화될 수는 있지만 비례원칙에 위반하여 과도하게 차별취급을 하는 경우이다. 즉, 평등원칙은 동일한 것 사이에서의 평등뿐만 아니라 상이한 것에 대한 차별의 정도에서의 평등을 포함한다. 그러므로 평등권의 침해 여부에 대한 심사는 그 심사기준에 따라 자의금지원칙에 의한 심사와 비례의 원칙에 의한 심사로 크게 나누어 볼 수 있다(헌재 2006. 2. 23, 2004헌마675·981·1022(병합)).

① 합리적 이유없이 동일한 사항을 다르게 취급하는 것은 자의적인 것으로서 평등원칙에 위반된다고 한 사례: 공무원시험에서의 군가산점제도는 제대군인에 비하여, 여성 및 제대군인이 아닌 남성을 부당한 방법으로 지나치게 차별하는 것으로서 그 자체가 여성과 장애인들의 평등권과 공무담임권을 침해하는 위헌인 제도라고 한 사례(헌재 1999. 12. 23, 98헌마363).

② 상대방의 사정이 다른 경우에는 다르게 취급하는 것이 정당화될 수 있지만, 비례성을 결여한 과도한 차별취급은 합리적인 차별이 아니므로 평등의 원칙에 반한다고 한 사례: 국가기관이 채용시험에서 국가유공자의 가족에게 10%의 가산점을 부여하는 규정의 위헌성은 국가유공자 등과 그 가족에 대한 가산점제도 자체가 입법정책상 전혀 허용될 수 없다는 것이 아니고, 그 차별(일반 응시자들의 공직취임의 기회의 차별)의 효과가 지나치다는 것에 기인한다(헌재 2006. 2. 23, 2004헌마675·981·1022(병합)). 이에 따라 현행 「국가유공자 등 예우 및 지원에 관한 법률」 제31조는 취업지원 대상자에 따라 만점의 10퍼센트 또는 만점의 5퍼센트 가점을 부여하고 있고, 가점을 받아 채용시험에 합격하는 사람은 그 채용시험 선발예정인원의 30퍼센트를 초과할 수 없도록 규정하고 있다.

2. 정합성의 원칙(the Principle of Coherence)

(1) 입법상 정합성의 원칙

법은 체계적이고 통일적인 하나의 법질서를 이루고 있다. 법령 상호간에는 모순이 있어서는 안 되고 상호 조화를 이루어야 한다. 그리하여 입법을 함에 있어서는 법체계에 합치하여야 하고 다른 법령과 모순되지 않고 조화를 이루어야 한다.

법령은 사회현실을 규율하는 것이므로 사회 현실과 정합성을 가져야 한다. 사회변화에 따라 법령을 개정하여야 한다. 사회가 변하면 법도 변해야 한다. 법령은 제정되면 상당한 기간 적용된다. 그러므로 입법을 함에 있어서는 앞으로의 사회변화를 예상하여 그러한 변화 가운데에서도 적용될 수 있도록 미래 사회변화에 열린 상태로 제정하여야 한다. 법령에 대한 사후평가가 통상 법령 제정 5년 후에 행해지는 점을 고려하여 최소 5년의 사회 변화를 내다보고 법령을 제정하여야 한다. 뿐만 아니라 사회변화에 맞추어 법이론도 변화하여야 한다.

법령은 정책과 합치하여야 한다. 정책은 미래 국정운영의 방향을 정한 것이다. 그리고 정책 중 중요한 것은 법령으로 구체화되어야 한다. 그러므로 법령 제정시에는 정책합치성을 고려하여야 한다. 다만, 정책수립시 예상하지 못한 사정이 법령제정시 발견될 수 있고 이 경우에는 정책에 대한 환류를 통해 정책을 수정하고, 법령의 정책합치성을 도모하여야 한다. 다만, 정책의 변경이 쉽지 않은 경우에는 정책과의 합치성이 고수되어야 하는 것은 아니다. 정책과의 합치성은 바람직한 것이지만 의무적인 것은 아니다.

(2) 헌법상 체계정당성의 원리

체계정당성의 원리는 동일 규범 내에서 또는 상이한 규범 간에 그 규범의 구조나 내용 또는 규범의 근거가 되는 원칙면에서 상호 배치되거나 모순되어서는 아니 된다는 헌법적 요청이다. 즉, 이는 규범 상호간의 구조와 내용 등이 모순됨이 없이 체계와 균형을 유지하도록 입법자를 기속하는 헌법적 원리라고 볼 수 있다. 이처럼 규범 상호간의 체계정당성을 요구하는 이유는 입법자의 자의를 금지하여 규범의 명확성, 예측가능성 및 규범에 대한 신뢰와 법적 안정성을 확보하기 위한 것이고 이는 국가공권력에 대한 통제와 이를 통한 국민의 자유와 권리의 보장을 이념으로 하는 법치주의원리로부터 도출되는 것이라고 할 수 있다. 그러나 일반적으로 일정한 공권력작용이 체계정당성에 위반한다고 해서 곧 위헌이 되는 것은 아니고, 그것이 위헌이 되기 위해서는 결과적으로 비례의 원칙이나 평등의 원칙 등 일정한 헌법의 규정이나 원칙을 위반하여야 한다. 또한 입법의 체계정당성 위반과 관련하여 그러한 위반을 허용할 공익적인 사유가 존재한다면 그 위반은 정당화될 수 있고 따라서 입법상의 자의금지원칙을 위반한 것이라고 볼 수 없다. 나아가 체계정당성의 위반을 정당화할 합리적인 사유의 존재에 대하여는 입법의 재량이 인정되어야 한다. 다양한 입법의 수단 가운데서 어느 것을 선택할 것인가 하는 것은 원래 입법의 재량에 속하기 때문이다. 그러므로 이러한 점에 관한 입법의 재량이 현저히 한계를 일탈한 것이 아닌 한 위헌의 문제는 생기지 않는다고 할 것이다(헌재 2004. 11. 25. 2002헌바66 ; 헌재 2010. 6. 24. 2007헌바101 등 참조).

(3) 위법한 명령의 개폐의무

법치행정의 원칙상 행정기관은 위법한 명령을 개정 또는 폐지할 법적 의무를 진다. 법치행정의 원칙은 행정은 법에 위반하여서는 안 된다는 소극적 의미만을 갖는 것만이 아니라 행정은 또한 위법상태를 종식시킴으로써 적법성을 회복 또는 증진시킬 의무가 있다는 것을 포함하는 적극적 의미를 갖는 원칙이라고 보아야 할 것이다. 이렇게 본다면 행정기관은 위법한 명령을 개정 또는 폐지할 일반적 법적 의무를 지게 된다. 소관 행정기관이 명령의 위법상태를 방치하고, 그러한 명령을 집행하는 것은 법치행정의 원칙에 반하는 것이다.

법치행정의 원칙에 근거하여 행정기관에 명령을 개정 또는 폐지할 일반적 의무를 인정할 수 있다 하여도 이를 무제한적으로 인정할 수는 없다. 법적 안정성의 원칙, 이해관계인의 이익 및 행정업무의 과중한 부담 등을 고려하여야 하기 때문이다. 명령의 위법 여부는 판단이 쉽지 않고, 명령은 무수하게 많음에도 불구하고 행정기관에게 무조건적인 위법한 명령의 개폐의무를 부과하는 것은 행정업무의 마비를 초래할 우려가 있다. 이와 같이 상반되는 두 요구를 조화하는 선에서 행정기관의 위법한 명령의 개폐의무를 부과하여야 한다. 따라서 위법한 명령의 철회를 청구하는 것만을 인정하여야 하고 위법한 명령의 효력을 소급적으로 상실시키는 취소의 청구는 인정되지 않는다고 보아야 한다.

위법한 명령의 개폐의무는 이해관계 있는 국민의 신청이 있는 경우에 한하여 인정하는 것이 타당하다. 위법한 명령을 철회할 것인지의 여부는 행정기관의 재량에 속한다. 그러나 국민의 신청이 있을 때에는 명령이 위법한 경우에 이를 개폐하여야 할 의무가 있다. 명령이 위법함에도 개정 또는 폐지를 거부하는 것은 법치행정의 원칙에 반한다.

Ⅵ. 법규정의 명확성(Clarity)

법령의 예측가능성(Predictability)을 보장하기 위해서 법규정의 명확성이 요구된다. 그런데 입법실무에서는 정치적 타협에 의해 비논리적인 결정이 이루어진 경우 그 비논리성을 은폐하기 위해 또는 타협이 이루어지지 않은 경우 그것을 은폐하기 위해 모호한 규정으로 입법되는 경우가 있다.

(1) 헌법상 명확성의 원칙

명확성의 원칙은 기본권을 제한하는 법규범의 내용은 명확하여야 한다는 헌법상의 원칙인바, 만일 법규범의 의미내용이 불확실하다면 법적 안정성과 예측가능성을 확보할 수 없고 법집행 당국의 자의적인 법해석과 집행을 가능하게 할 것이기 때문이다. 다만 법규범의 문언은 어느 정도 일반적·규범적 개념을 사용하지 않을 수 없기 때문에 기본적으로 최대한이 아닌 최소한의 명확성을 요구하는 것으로서, 법문언이 법관의 보충적인 가치판단을 통해서 그 의미내용을 확인할 수 있고, 그러한 보충적 해석이 해석자의 개인적인 취향에 따라 좌우될 가능성이 없다면 명확성의 원칙에 반한다고 할 수 없다(헌재 2005. 12. 22. 2004헌바45 ; 헌재 2008. 1. 17. 2007헌마700 등 참조).

명확성의 원칙에서 명확성의 정도는 모든 법률에 있어서 동일한 정도로 요구되는 것은 아니고, 개개의 법률이나 법조항의 성격에 따라 요구되는 정도에 차이가 있을 수 있으며, 각각의 구성요건의 특수성과 그러한 법률이 제정되게 된 배경이나 상황에 따라 달라질 수 있다고 할 것이다. 이를테면 죄형법정주의가 지배하는 형사관련 법률, 조세법률주의가 적용되는 조세관련 법률, 그 밖에 어떠한 규정이 부담적 성격을 가지는 경우에는 수익적 성격을 가지는 경우에 비하여 명확성의 원칙이 더욱 엄격하게 요구되지만, 일반적인 법률에서는 명확성의 정도가 그리 강하게 요구되지 않기 때문에 상대적으로 완화된 기준이 적용된다(헌재 2001. 8. 30. 99헌바90 ; 2002. 1. 31. 2000헌가8 ; 2002. 7. 18. 2000헌바57 참조). 국민의 기본권을 제한하거나 침해할 소지가 있는 사항에 관한 위임에 있어서는 위와 같은 구체성 내지 명확성이 보다 엄격하게 요구된다 (대판 2000. 10. 19, 98두6265). 기본권침해영역에서는 급부행정영역에서 보다는 구체성의 요구가 강화된다(헌재 1991. 2. 11, 90헌가27).

　명확성의 원칙은 규율대상이 극히 다양하고 수시로 변화하는 것인 경우에는 그 요건이 완화되어야 하고, 특정 조항의 명확성 여부는 그 문언만으로 판단할 것이 아니라 관련 조항을 유기적 · 체계적으로 종합하여 판단하여야 한다. 예를 들면, 집합건물재건축의 요건을 건축후 "상당한 기간"이 경과되어 건물이 훼손되거나 일부 멸실된 경우로 표현한 것은 재건축 대상건물의 다양성으로 인하여 입법기술상 부득이한 것이라고 인정되며, 또 관련 조항을 종합하여 합리적으로 판단하면 구체적인 경우에 어느 정도의 기간이 "상당한 기간"에 해당하는지는 알 수 있다고 할 것이다(헌재 1999. 9. 16. 97헌바73 등). 다양한 사실관계를 규율하거나 사실관계가 수시로 변화될 것이 예상될 때에는 위임의 명확성의 요건이 완화되어야 한다. 따라서 중학교 의무교육의 구체적인 실시 시기와 절차 등을 하위법령에 위임하여 정하도록 함에 있어서는 막대한 재정지출을 수반하는 무상교육의 수익적 성격과 규율대상의 복잡다양성을 고려하여 위임의 명확성의 요구 정도를 완화하여 해석할 수 있는 것이다(헌재 1991. 2. 11, 90헌가27).

　죄형법정주의의 원칙에서 파생되는 명확성의 원칙은 법률이 처벌하고자 하는 행위가 무엇이며 그에 대한 형벌이 어떠한 것인지를 누구나 예견할 수 있고, 그에 따라 자신의 행위를 결정할 수 있도록 구성요건을 명확하게 규정하는 것을 의미한다. 그러나 처벌법규의 구성요건이 명확하여야 한다고 하여 모든 구성요건을 단순한 서술적 개념으로 규정하여야 하는 것은 아니고, 다소 광범위하여 법관의 보충적인 해석을 필요로 하는 개념을 사용하였다고 하더라도 통상의 해석방법에 의하여 건전한 상식과 통상적인 법감정을 가진 사람이면 당해 처벌법규의 보호법익과 금지된 행위 및 처벌의 종류와 정도를 알수 있도록 규정하였다면 처벌법규의 명확성에 배치되는 것이 아니다. 또한 어떠한 법규범이 명확한지 여부는 그 법규범이 수범자에게 법규의 의미내용을알 수 있도록 공정한 고지를 하여 예측가능성을 주고 있는지 여부 및 그 법규범이 법을 해석·집행하는 기관에게 충분한 의미내용을 규율하여 자의적인 법해석이나 법집행이 배제되는지 여부, 다시 말하면 예측가능성 및 자의적 법집행 배제가 확보되는지 여부에 따라 이를 판단할 수 있다. 그런데 법규범의 의미내용은 그 문언뿐만 아니라 입법 목적이나 입법 취지, 입법 연혁, 그리고법규범의 체계적 구조 등을 종합적으로 고려하는 해석방법에 의하여 구체화하게 되므로, 결국 법규범이 명확성 원칙에 위반되는지 여부는 위와 같은 해석방법에 의하여 그 의미내용을 합리적으로 파악할 수 있는 해석기준을 얻을수 있는지 여부에 달려 있다(대법원 2014. 1. 29. 선고 2013도12939 판결).

(2) 입법상 명확성의 원칙

입법에서의 명확성의 원칙은 최소한의 명확성을 요구하는 헌법상의 명확성의 원칙과 달리 최대한의 명확성을 요구한다. 입법시 법령규정의 해석에 관한논란의 가능성을 검토하고, 가능한 한 법규정의 해석과 관련한 분쟁가능성, 소송가능성을 최소한으로 줄이는 것이 필요하다. 최종적 해석권을 갖고 있는법원이 어떻게 해석·적용할 것인지도 고려하여야 한다.

1) 규율대상이 명확할 것

법규정의 규율대상(규율범위)이 되는 사람, 물건, 상황이 명확하게 규정되어야 한다.

2) 법규정의 내용이 명확할 것

가능한 한 법령의 해석에 관하여 논란이 적게 입법하여야 한다. 가능한 한 법규정만으로 명확하게 법령의 규율대상과 내용을 알 수 있도록 하는 것이 바람직하다. 그런데 법령은 규율대상을 일반적으로 규율하는 것이므로 안전, 위험, 위생 등 추상적인 불확정개념을 사용할 수밖에 없는 경우가 적지 않다. 통상 불확정개념은 경험법칙 및 논리법칙에 따라 객관적으로 그 의미를 추론해 낼 수 있으므로 불확정개념을 사용하는 것이 명확성의 원칙에 반한다고 할 수는 없다.

추상적인 불확정개념을 사용할 수밖에 없는 경우에는 합리적인 해석에 의해 법령의 의미가 명확히 해석될 수 있도록 입법하여야 한다. 법규정의 명확성은 법의 일반성·추상성을 전제로 한 명확성이다.

(3) 법규정의 구체성(Precision)

법규범은 통상 일반적이고 추상적인 규범이다. 법규범의 추상성은 법규범의 속성이다. 그렇지만, 법규정의 명확성을 위해 가능한 한 구체적으로 규정하여야 한다.

규율대상의 특성상 구체적 규율이 어려운 경우도 있다. 규율대상이 매우 다양하여 구체적으로 규율하는 것이 어려운 경우에는 법률에서 기본적이고 중요한 사항을 가능한 한도내에서 구체적으로 규율하고, 구체적인 사항의 규율은 행정입법에 위임하여 정하도록 한다. 규율대상의 변화가 예상되는 등의 경우에는 법률에서 일반적으로 규율하는 것이 어려운 경우도 있다. 이 경우에는 법률에서는 일반적인 기준만을 정하고(원칙 법률), 구체적인 규율은 시행명령에 위임하거나 재량사항으로 규정할 수 있다.

Ⅶ. 법규정이 알기 쉬울 것(Plainness) : 이해가능할 것(Comprehensibility)

법령의 수범자의 대부분은 일반 국민이다. 그리고 국민은 주권자로서 입법권 행사를 감시할 수 있어야 한다. 그러므로 법령은 최대한 국민이 알기 쉽게 제정되어야 한다. 법령용어도 가능한 한 알기 쉬운 용어를 사용하고, 법령의 체계, 법령의 구성, 법률문장도 그러하여야 한다. 법령을 구체화하는 하위 법령도 쉽게 찾을 수 있도록 하여야 한다.

법제처는 국정과제의 하나로 '알기쉬운 법령만들기 사업'을 추진하고 있다. 이 사업은 법령에 규정된 어려운 한자어와 일본식 용어 등을 알기 쉬운 우리말로 바꾸고, 복잡하고 국어문법에 맞지 않는 법령문장도 국어 어문규정에 맞도록 정비하는 사업이다.

Ⅷ. 법적 안정성의 보장을 위하여 법령이 자주 개정되지 않도록 할 것

법령은 제정되면 장래 상당한 기간 동안 적용될 것이 예상되므로 이에 대한 국민의 신뢰를 보장하여야 한다.

법령의 잦은 개정을 최소화하기 위해서는 상당한 기간 동안 적용될 수 있도록 입법되어야 한다. 장래 변화를 예측하여 장래의 변화에 대응할 수 있도록 입법하여야 한다. 이를 위해 정확한 현실진단과 장래예측을 하여야 한다. 장래의 예측에는 한계가 있지만, 입법의 영향을 사전에 철저히 조사·분석하여 예상하지 못한 사례의 발생을 최소화하여야 한다. 그리고 예측하는 또는 예측하지 못한 장래의 새로운 사정을 포섭할 수 있도록 미래에 열린 입법을 하여야 한다. 행정권에 재량권을 부여할 필요가 있는 경우에는 그렇게 하여야 한다. 일반적이고 추상적인 개념과 기준을 사용하면 미래의 새로운 변화를 어느 정도 포섭할 수 있다. 달리 말하면 법령이 장래 변화에 탄력적으로 적용될 수 있도록 하여야 한다. 장래 변화가 예상되는 부분에 대해서는 하위 법령에 위임하여 상위 법령의 개정없이 신속한 하위법령의 개정으로 대응할 수 있도록 할 필요도 있다.

IX. 탈법행위의 방지

탈법행위라 함은 법규정을 위반하지는 않아 위법하지는 않지만 법의 목적을 침해하는 행위를 말한다. 입법을 함에 있어서는 탈법행위의 가능성을 예측하고 탈법행위를 최대한 막을 수 있는 방안을 마련하여야 한다. 탈법행위가 만연하면 법을 준수하는 사람에게 상대적인 박탈감을 주어 준법정신을 약화시킬 수 있다.

제4절 입법의 종류

Ⅰ. 법령(law, rule)의 단계

1. 제정법의 단계

제정법은 상하의 효력을 갖는 여러 단계로 나누어져 하나의 체계적이고 통일적인 법질서를 이루고 있다. 가장 상위의 효력을 갖는 법으로부터 가장 하위의 효력을 갖는 법원의 순서로 열거하면 다음과 같다: 헌법 및 헌법적 효력을 갖는 법의 일반원칙 − 법률, 국회의 승인을 받은 긴급명령 및 법률적 효력을 갖는 법의 일반원칙 − 명령(대통령령−총리령 또는 부령, 규칙,[72] 법령보충적 행정규칙) − 자치법규. 명령은 제정권자의 우열에 따라 다음과 같이 상위법과 하위법의 효력관계에 있다: 대통령령 − 총리령 또는 부령(총리령과 부령은 상하의 관계에 있지 않다). 자치법규는 다음과 같이 상위법과 하위법의 관계에 있다: 광역자치단체의 자치법규(조례−규칙) − 기초자치단체의 자치법규(조례−규칙)(지방자치법 제24조). 동일단계의 자치단체의 조례와 규칙 사이에는 지방의회가 제정하는 조례가 지방자치단체의 장이 제정하는 규칙보다 상위법이다.

동일한 효력을 갖는 법 상호간에 모순이 있는 경우에는 특별법우선(特別法優先)의 원칙과 신법우선(新法優先)의 원칙에 의해 특별법이 일반법보다, 신법이 구법보다 우선한다. 또한 특별법우선의 원칙이 신법우선의 원칙보다 우월하므로 구법인 특별법이 신법인 일반법보다 우선한다.

---

72) 법규명령에 붙여지는 '규칙'이라는 명칭은 일반적으로 제정기관이 다소 독립적이고 중립적인 기관이고 행정권으로부터 독립하여 제정되는 명령에 붙여진다.

2. 법률과 행정입법

이론상 입법권은 국회에 있으므로 입법은 국회가 하는 것이 원칙이다(국회 입법의 원칙). 그런데 국회의 입법능력에는 한계가 있다. 그리하여 오늘날 국회는 기본적이고 중요한 법규사항만 정하고 구체적인 사항에 대한 법규제정권은 행정기관에 부여하는 것이 일반적 경향이다. 새로운 사항으로서 규율내용을 법령으로 확정하기 어려운 사항은 행정규칙이나 가이드라인으로 규율하는 것이 바람직할 수도 있다.

(1) 법률과 명령

법률유보의 원칙에 따라 기본적이고 중요한 사항은 법률로 정한다(중요사항 유보설). 구체적인 사항은 명령에 위임하는 것이 입법실무이다. 특히 규율대상이 일반적으로 규율하기 어려운 정도로 다양한 사항, 사회변화에 맞추어 수시로 규율내용을 변경하여야 할 필요가 있는 사항 등은 법률이 아닌 행정입법으로 규율하는 것이 바람직하다.

명령에 대한 위임은 구체적이어야 한다. 포괄적 일반적 수권은 헌법위반이다. 다만, 조례 등 자치법규에 대한 위임은 일반적 포괄적일 수 있다.

명령·규칙은 모법인 법률 또는 상위명령에 의하여 위임받은 사항이나 법률이 규정한 범위 내에서 법률을 현실적으로 집행하는 데 필요한 세부적인 사항만을 규정할 수 있을 뿐, 법률에 의한 위임이 없는 한 법률이 규정한 개인의 권리·의무에 관한 내용을 변경·보충하거나 법률에 규정되지 아니한 새로운 내용을 규정할 수는 없다. 위임명령(委任命令)이라 함은 법률 또는 상위명령의 위임에 의해 제정되는 명령으로서 새로운 법규사항을 정할 수 있다. 우리나라에서는 새로운 법규사항을 정하는 명령은 법률 또는 상위명령의 위임에 의해 제정되어야 한다. 집행명령(執行命令)이라 함은 상위법령의 집행을 위하여 필요한 사항(예, 신고서양식 등)을 법령의 위임(근거) 없이 직권으로 발하는 명령을 말한다. 집행명령에서는 새로운 법규사항을 정할 수 없다. 해석명령(解釋命令)은 법령을 해석하는 법규명령인데, 집행명령의 일종이라고 할 수 있다. 해석명령 규정은 상위 법령의 범위를 벗어나지 않은 경우 법적 효력이 있다. 다만, 해석 규정이 위임의 한계를 벗어난 것으로 인정될 경우에는 무효이다(대판 전원합의체 2017. 4. 20, 2015두45700). 위임명령, 집행명령, 해석명령은 입법실제에 있어서 따로따로 제정되는 예는 거의 없으며 하나의 명령에 함께 제정되고 있다.

입법실무에서 법률안에서 이해관계의 대립으로 이해관계인의 이익이 잘 조절되지 않는 경우 그 이익의 조정을 명령에 미루거나 법률안에 대한 반대가 심한 경우에 이를 피하기 위하여 명령으로 수권하는 등 법률제정의 어려움을 회피하기 위하여 명령에 수권하는 경우가 있는데, 이러한 수권은 타당하지 않다.

법규명령의 형식을 취하고 있지만 그 내용이 행정규칙의 실질을 가지는 것이 있는데, 이를 '법규명령형식의 행정규칙'이라 한다. 법규명령형식의 행정규칙은 재량권 행사의 기준(재량준칙, 특히 제재적 처분의 기준)을 법규명령의 형식으로 제정한 경우가 보통이다. 법규명령형식의 행정규칙의 문제는 본래 행정규칙의 형식으로 제정되어야 할 제재처분 등 재량처분의 구체적인 기준을 법규명령의 형식으로 제정함으로써 야기된 것이다. 그 전에 행정청은 제재처분의 기준을 행정규칙으로 정했었는데, 판례가 당해 행정규칙의 대외적 구속력을 인정하지 않았다. 이에 행정청은 당해 행정규칙을 그 형식만 바꾸어 법규명령(부령)으로 제정하였었다. 이에 대하여 판례는 행정규칙의 실질을 가지는 제재처분의 기준을 그 형식만 바꾸어 법규명령으로 정한 점 및 당해 구체적인 제재처분의 기준을 법규명령으로 보아 구속력을 인정하게 되면 행정청의 재량권을 배제하게 되어 그 기준에 따른 제재처분을 재량처분으로 규정한 상위

법령인 법률의 규정에 반하게 되는 문제가 있는 점 등을 고려하여 당해 제재처분의 기준이 법규명령의 형식을 취하고 있지만 행정규칙의 성질을 갖는 것으로 본 것이다. 이렇게 봄으로써 구체적 타당성 있는 행정도 가능하게 한 것이다. 그런데 행정청은 제재처분의 기준에 구속력을 인정함으로써 처분청의 자의를 배제하고 신속하고 통일성 있는 행정을 도모하기 위하여 제재처분의 기준을 대통령령의 형식으로 제정하기에 이른 것이다. 그리고 행정기관이 법률안을 만들 때 법률 자체에 제재처분의 기준을 부령이나 대통령령으로 정하도록 위임하는 명문의 규정을 두게 된 것이다. 이에 판례는 관련 법령 및 행위의 성질 등을 고려하여 대통령령으로 정한 제재처분의 기준을 처음에는 단순히 법규명령으로 보았고, 그 후 법규명령으로 보면서도 제재처분의 최고한도를 정한 것으로 보았다. 재량권 행사의 기준을 정하는 최근의 명령은 제재기준을 일률적으로 정하면서 특별한 사정이 있는 경우 동 제재기준을 2분의 1의 범위 내에서 감경할 수 있다는 감경규정을 두는 경우가 많다. 이러한 입법경과에 비추어 볼 때 법규명령형식의 행정규칙의 문제의 기원은 재량행위인 제재처분의 기준(재량준칙)의 대외적 구속력을 인정하지 않은 법원의 판례와 행정규칙의 실질을 갖는 제재처분의 기준을 법규명령의 형식으로 제정하고 더 나아가 대통령령의 형식으로까지 끌어 올린 행정청의 잘못된 입법방식에 있다고 할 수 있다. 재량권 행사의 기준은 본질상 법규명령의 형식이 아닌 행정규칙(재량준칙)의 형식으로 제정하여야 그 기능을 제대로 발휘할 수 있다는 것을 알아야 한다.

(2) 대통령령, 총리령 또는 부령의 선택

대통령령과 총리령·부령은 입법권자(발령권자)의 지위에 차이가 있고, 국법체계에서 차지하는 위계가 다르기는 하나,[73] 명령이라는 점에서는 그 법적 성격을 같이 하기 때문에 양자의 규율 대상을 엄밀하게 구분하기는 어렵다.

통상 상대적으로 보다 중요한 사항은 대통령령으로 정하고, 전문적인 사항 등 그 밖의 것은 총리령·부령으로 정한다. 각 부처에 공통되거나 여러 부처와 관련되는 사항에 대해서는 대통령령으로 규정해야 할 것이다. 다만, 한정된 몇 개의 부처에만 관련되는 사항이라면 관련 부처가 공동으로 발령하는 이른바 공동부령의 형식으로 규정하는 것이 타당하다. 예를 들면, 「어린이·노인 및 장애인 보호구역의 지정 및 관리에 관한 규칙」은 행정안전부(경찰청), 보건복지부, 국토교통부, 교육부의 공동부령이다.

(3) 행정입법의 제정과정

행정입법제정자는 우선 위임법률을 해석하여 위임법률의 위임의 취지 및 내용을 명확히 한다.

다음으로 행정입법과 관련된 사실조사를 행한다. 현재의 상황을 파악하고 미래에 대한 예측을 한다. 과학적인 조사(실험)가 필요한 경우에는 이를 행한다.

다음으로 입법초안을 작성하고 행정입법의 정치적, 경제적, 사회적, 행정적 영향을 분석한다. 경제적 영향분석의 하나로 비용과 편익을 분석·비교한다. 이해관계인(공익에 관한 이해관계인 포함)에 대한 영향의 조사와 이해관계인의 의견을 수렴한다. 입법의 영향분석결과에 따라 입법초안을 보완한다. 따라서 입법초안의 작성에는 정책전문가. 입법전문가(법률가), 과학자, 경제학자 등이 참여할 필요가 있다.

입법초안의 해석에 관한 견해의 대립가능성을 검토하고 입법초안의 위임법률 및 상위법령에의 위반 여부, 관련 법령과의 정합성을 검토한다.

---

73) 대통령령은 입법권자가 대통령이고 국무회의의 의결을 필요로 한다는 점이 국무총리나 각부 장관이 발령하는 총리령·부령과 다르다.

(4) 행정규칙

행정규칙(行政規則)이라 함은 행정조직내부에서의 행정의 사무처리기준으로서 제정된 일반적·추상적 규범을 말한다. 실무에서의 훈령(상급기관이 하급기관에 대하여 상당히 장기간에 걸쳐서 그 권한의 행사를 지시하기 위하여 발하는 명령),[74] 통첩, 예규(법규문서 이외의 문서로서 반복적 행정사무의 기준을 제시하는 것), 고시[75] 등이 행정규칙에 해당한다. 행정규칙은 통상 법적 근거 없이 제정되고 법규가 아닌 점에서 법규명령과 구별된다.

행정규칙은 원칙상 직접 대외적인 구속력은 없지만 행정조직 내부에서는 구속력을 가지고 있으므로, 즉 행정공무원은 내부적으로 행정규칙을 따를 의무가 있으므로, 행정의 실제에 있어서는 구속력 있는 규범으로 적용되고 있다. 또한 행정규칙이 법령보다 구체적인 행정사무의 처리기준을 정하기 때문에 행정공무원은 법령보다도 행정규칙에 따라 행정권을 행사하는 경우가 많다. 그리하여 오늘날의 행정을 법에 의한 행정이 아니라 '행정규칙에 의한 행정'이라고 부를 정도로 행정규칙은 행정의 대외적 작용을 규율하는 규범이 되고 있다.

행정규칙을 행정규칙의 규율대상 및 내용에 따라 분류하면 조직규칙(법령의 범위 내에서 행정조직 내부에서의 행정기관의 구성 및 권한배분 및 업무처리절차를 정하는 행정규칙. 예를 들면, 전결권을 정하는 직무대리규정 등), 법령해석규칙(법령의 해석을 규정한 행정규칙),[76] 재량준칙(재량권 행사의 기준을 제시하는 행정규칙) 등이 있다.

가이드라인, 매뉴얼은 업무의 처리 지침 및 기준으로서 엄밀한 의미의 행정

---

74) 훈령 중 일반적·추상적 성질을 갖는 것만이 행정규칙이다.

75) 고시 중 행정사무의 처리기준이 되는 일반적·추상적 규범의 성질을 갖는 만이 행정규칙이다.

76) 법령해석규칙은 법령집행기관의 법령해석의 어려움을 덜어 주고 통일적인 법 적용을 도모하기 위하여 제정된다.

규칙은 아니지만, 법령이 아니고 행정내부업무 처리의 기준이 된다는 점에서 행정규칙적 성격도 갖는다.

수권에 따른 법규사항은 명령(법규명령)의 형식으로 제정되는 것이 원칙이다. 그런데 입법실무(법령)에서 법규사항을 제정형식을 지정하지 않거나 행정규칙의 형식으로 제정하도록 명시하여 위임하는 경우가 있고, 이러한 수권에 의해 고시 등 행정규칙의 형식으로 법규사항을 정하는 경우가 있다. 이러한 행정규칙을 '법령보충적 행정규칙'이라 하는데, 이는 행정규칙의 형식을 취하지만, 법규명령의 효력을 갖는다. 행정규제기본법 제4조 제2항 단서는 "법령이 전문적·기술적 사항이나 경미한 사항으로서 업무의 성질상 위임이 불가피한 사항에 관하여 구체적으로 범위를 정하여 위임한 경우에는 고시 등으로 정할 수 있다"라고 법령보충적 행정규칙(고시)의 일반적 근거와 한계를 규정하고 있다. 그 밖에도 개별법령이 법령보충적 행정규칙의 근거를 규정하는 경우가 있다. 법령보충적 행정규칙은 헌법상 법규명령제정권이 인정되고 있지 않은 행정기관(예, 처장, 청장, 지방자치단체의 장 등)에게 법규명령제정권을 위임할 수 있다는 점에서 그 실익이 있다. 법령이나 판례는 원칙상 법령보충적 행정규칙의 효력발생요건으로 공포나 공표를 요구하고 있지 않지만, 법령보충적 행정규칙은 법규명령의 효력을 가지므로 예측가능성을 보장하기 위하여 최소한 '공표'되어야 하며 어떠한 방법이든지 공표하는 것이 바람직하다.

(5) 자치입법

자치법규(自治法規)란 자치단체의 기관이 제정하는 자치에 관한 법규범을 말한다.

지방자치단체의 자치법규에는 지방의회가 제정하는 조례와 지방자치단체의 집행기관이 제정하는 규칙이 있다. 규칙에는 일반사무의 집행기관(지방자치단체의 장)이 제정하는 규칙(지방자치법 제23조)과 교육집행기관(교육감)이 제정하는 교육규칙이 있다.

국·공립학교의 학칙, 국가 및 지방자치단체의 기관이외에 자율적인 공공기관(주택재개발·주택재건축 정비사업조합 등)에서 정하는 정관 등은 기타 자치법규로서 법적 구속력을 갖는다.

3. 법령의 체계

(1) 일반법과 특별법 등

일반법은 규율대상을 일반적으로 규정하는 법률을 말한다. 일반법은 특별법이나 특례법에 대응하여 학문상 인정하는 개념이고, 실정법령상 명칭은 아니다.

특별법은 일반법에서 정하고 있는 사항에 대해 특별한 규정을 정하는 독립의 법률이다. ○○특별법, ○○특별조치법, ○○특례법, ○○임시특례법, ○○임시조치법 등의 제명이 사용되고 있다. 특별법이 많아지면 전체 법체계의 이해가 어렵게 되고 법 적용상 혼란 발생의 소지가 많아지므로 적절한 입법체계 유지를 위해 최소한으로 제정해야 한다. 일반 법령체계내에 규정하기 어렵고 독립된 법률로 하는 것이 필요하고 적정한 경우에 한하여 제정하여야 한다. 현재 교원지위향상을 위한 특별법, 5·18민주화운동 등에 관한 특별법, 경제자유구역의 지정 및 운영에 관한 특별법, 국가균형발전특별법, 학교용지부담금 환급 등에 관한 특별법 등 100개 남짓한 특별법이 시행중이다. 정보격차 해소에 관한 특별법안(제안)은 국회 법사위 심사과정에서 특별법적 성격이 없다는 이유로 정보격차 해소에 관한 법률(2001년 제정)로 제명이 변경되었고, 2009년 국가정보화기본법에 흡수·규정되었다.

(2) 기본법

여러 법령에서 규정하고 있는 사항에 대한 기본원칙이나 정책방향 등을 정하는 경우에는 「○○기본법」이라는 제명을 사용한다. 기본법에서는 주로 국가와 지방자치단체의 책임, 국민의 권리·의무, 기본계획 및 시행계획의 수립, 정부의 지원 등에 관한 사항, 정부의 기본정책과 방침을 규정하지만, 법령체계상 개별법률에서 규정하는 것이 적당하지 않은 일부 구체적인 사항을 규정하는 경우도 있다.

법령 규율대상이 확대됨에 따라 기본법이 늘어나고 있다. 건축기본법, 건강가정기본법, 교육기본법, 국가정보화기본법, 재난 및 안전관리 기본법, 소방기본법, 환경정책기본법 등 현재 약 50여 개 기본법이 존재한다.

기본법의 내용을 실현하기 위해 관련 개별법률이 제정된다. 예를 들면, 교육기본법의 목적 실현을 위해 유아교육법, 초중등교육법, 고등교육법, 영재교육진흥법, 평생교육법 등이 제정되어 있다.

그런데 기본법의 명칭을 사용하는 법률은 여러 효력을 갖는다. 법제처는 기본법을 그 효력규정에 따라 ① 개별법률에 대한 우선적 효력규정을 둔 것(인적자원개발기본법[77] 등), ② 개별법령을 제정할 때에는 기본법에 부합하도록 제정하여야 한다는 규정(부합규정)이 있는 것(과학기술기본법,[78] 건강가정기본법), ③ 개별법률에 특별한 규정이 없는 경우에 일반적으로 적용한다는 규정(일반적 효력규정)을 둔 것(민원처리법[79] 등 대다수 기본법), ④ 효력에 관한 규정이 없

---

[77] 제3조(다른 법률과의 관계) 이 법은 인적자원개발에 관하여 다른 법률에 우선하여 적용한다.

[78] 제3조(다른 법률과의 관계) 과학기술에 관한 다른 법률을 제정하거나 개정할 때에는 이 법의 목적과 기본이념에 맞도록 하여야 한다.

[79] "민원에 관하여 다른 법률에 특별한 규정이 있는 경우를 제외하고는 이 법에서 정하는 바에 따른다."(제3조 제1항).

는 것(교육기본법 등)으로 분류하고 있다. 기본법 중에는 ①＋②인 경우(청소년 기본법,[80] 저탄소녹색성장기본법), ③＋②인 경우(지능정보화기본법[81])도 있다.

Ⅱ. 법령의 제정 또는 법령의 개정

법률안을 입안하는 방식으로는 제정법률안(순수제정법률안, 폐지·제정법률안), 전부개정법률안(기존 법률의 부칙의 경과규정의 존속필요 여부 판단 필요), 일부개정 법률안, 폐지법률안의 4가지 방식이 있다.

일부개정과 전부개정의 선택, 전부개정과 폐지·제정방식의 선택은 법제처 의 법령입안·심사기준(2021년) 732-733면 참조.

---

80) 제4조(다른 법률과의 관계) ① 이 법은 청소년육성에 관하여 다른 법률보다 우선하여 적 용한다. ② 청소년육성에 관한 법률을 제정하거나 개정할 때에는 이 법의 취지에 맞도록 하여야 한다.

81) 제5조(다른 법률과의 관계) ① 지능정보사회의 구현에 관한 다른 법률을 제정하거나 개정 할 때에는 이 법의 목적과 기본원칙에 맞도록 노력하여야 한다. ② 지능정보사회의 구현 에 관하여 다른 법률에 특별한 규정이 있는 경우를 제외하고는 이 법에서 정하는 바에 따른다. ③ 전자정부에 관한 사항은 이 법에 특별한 규정이 있는 경우를 제외하고는 「전 자정부법」에서 정하는 바에 따른다.

제5절 입법의 방식

I. 획일적 입법방식과 추상적 입법방식

1. 획일적 입법방식과 추상적 입법방식의 의의

획일적 입법은 규율대상을 수치 등 단순한 기준에 의해 획일적으로 정하는 입법방식을 말한다. 예를 들면, 현행 환경영향평가법령은 환경영향평가 대상사업을 63개로 명확히 제한적으로 열거하고 있고, 대상사업별로 수치(면적 또는 길이 등)에 의해 환경영향평가의 대상을 획일적으로 규정하고 있다. 예를 들면, 산업입지 개발사업은 15만m² 이상은 환경영향평가대상사업이고, 그 이하는 대상사업이 아니다. 도로신설은 4km(도시지역 폭 25m) 이상은 환경영향평가대상사업이고, 그 이하는 대상사업이 아니다.[82] 이러한 획일적 입법방식은 규율대상을 명확히 함으로써 예측가능성을 확보할 수 있고 법집행이 용이하다는 장점이 있지만, 규율대상의 다양성을 반영하지 못하고, 과도규제 또는 과소규제의 문제를 야기한다.[83] 규율대상으로 열거하여야 할 것을 규정하지 못하여 법의 공백이 생길 수도 있다. 획일적 입법방식을 취하는 경우에는 다양한 규율대상을 획일적으로 규정하여야 하므로 동시에 열거 입법방식을 취하는 경우가 많다.

그런데 비교법적으로 보면 환경영향평가대상사업의 결정기준에 관하여 다음과 같이 세 가지 입법방식이 있다. ① 환경영향평가의 대상사업을 '환경에

---

82) 환경영향평가법 제22조, 동법 시행령 제31조 제2항 <별표3>.

83) 규모는 크지만, 환경에 대한 영향이 크지 않은 경우에도 환경영향평가절차를 이행하여야 하는 문제가 있고, 환경영향평가 대상사업의 규모 보다는 작지만, 환경에 대해 중대한 영향을 미칠 우려가 있음에도 환경영향평가의 대상이 되지 않아 환경영향평가절차 없이 개발사업이 실시되는 문제가 있다.

대한 중대한 영향을 미치므로 환경영향평가가 필요한 사업'으로 일반적 추상적으로 정하고, 구체적인 개발사업 마다 스크리닝과정을 통해서 환경영향평가의 대상 여부를 개별적으로 결정하는 방법이다. 미국, 캐나다 등이 이 방식을 택하고 있다. 이 방식에 의하면 행정기관이 구체적으로 타당한(형평성있는) 결정을 할 수 있다. ② 환경영향평가 대상사업을 미리 법령에서 구체적으로 열거하여 정하는 방법이다. 그 입법방식의 예 및 장점과 단점은 위에서 본 바와 같다. ③ 양자의 절충형으로 일정한 규모 이상의 대규모사업은 법령에서 구체적으로 명확하게 열거하여 정하고, 그 이하 규모의 사업에 대해서는 스크리닝과정을 거쳐 실질적으로 환경에 대해 중대한 영향을 미쳐 환경영향평가를 하도록 하는 것이 타당한 경우에 한하여 행정청이 환경영향평가의 대상으로 결정하도록 하는 방법이다, 일본, 네덜란드 등이 채택하고 있는 입법방식이다. 이 입법방식은 획일적·열거적 입법방식의 문제점을 보완하기 위해 채택된 입법방식이다.

  추상적 입법은 규율대상 및 규율기준을 일반적 추상적 개념으로 규정하는 입법방식을 말한다. 예를 들면, 「감염병의 예방 및 관리에 관한 법률」(약칭: 감염병예방법) 제18조 제1항은 질병관리청장, 시·도지사 또는 시장·군수·구청장은 "감염병이 발생하여 유행할 우려가 있거나, 감염병 여부가 불분명하나 발병원인을 조사할 필요가 있다고 인정하면" 지체 없이 역학조사를 하여야 한다고 규정하고 있다. 일반적·포괄적으로 규정하는 방식은 법률규정이 간결하고, 규율대상을 일견 쉽게 알 수 있고, 규율대상이 매우 다양하여 일일이 열거하기 어려운 경우에 규율대상을 빠짐없이 규정하여 입법의 불비를 최소화할 수 있고, 입법이 상대적으로 용이하다는 점 등의 장점이 있다. 반면에 일반적·포괄적 입법방식은 추상적으로 규정되어 있어 해석의 여지가 있으므로 일견 명확하지 않을 수 있다는 점 등의 단점이 있다. 그런데 일반적·추상적 규율이 항상 모호한 것은 아니다. 일반적 추상적 규정도 논리법칙 및 경험법칙상 일의적으로 해석될 수 있는 경우에는 명확한 것으로 보아야 한다. 추상적 입법의 경우 규율사항이 포괄적·추상적으로 규정되기 때문에 행정권의 유권해석권 또는 재량권이 적극적이고 적정하게 행해져야 하는데, 행정권의 유권해석권 또는 재량권이 현재와 같이 소극적·보신적으로 행사되면 규제강화 등 여러 부작용을 초래할 수 있다. 또한 추상적 입법은 해석의 여지를 남기므로 규제의 불명확으로 인해 예측가능성을 침해할 수 있고, 공무원의 자의적 해석 적용의 우려가 있고, 부패가 개입될 소지도 있다.

2. 획일적 입법방식의 재검토

현행 법령은 규율대상을 수치 등에 의해 획일적으로 규정하거나 규율대상을 획일적으로 열거하는 입법방식을 취하는 경우가 많다. 그동안 법규정의 명확성을 높이기 위해 추상적 입법방식보다는 획일적 입법방식이 널리 사용되어 왔다. 그런데 과거 고속성장시대에 있어서는 수치에 의한 획일적 입법이 입법의 예측가능성을 확보해주고, 신속한 행정을 가능하게 하는 등의 장점이 있는 등 타당한 면이 있었다. 그렇지만, 이제 우리나라는 고속성장시대를 지나 고도산업사회, 지식정보사회에 진입하고 있다. 그런데 고도산업사회, 지식정보사회에서는 규율대상이 보다 다양해지고, 기업간 경쟁이 고도화함에 따라 보다 수준 높고 구체적 타당성 있는 규율과 행정이 요구된다. 그리하여 획일적 입법은 기업 및 국가의 발전에 큰 걸림돌이 되고 있다. 또한 과거 정부입법이 중심이 되고, 국회에서의 심의·의결은 형식적인 경우가 보통인 시대에는 입법에 문제가 있으면 신속하게 개정할 수 있었기 때문에 획일적 입법으로 인한 문제는 실제에 있어서 심각하지 않았지만, 민주화 이후 이해관계의 대립이 심해지고, 국회에서의 입법도 예전에 비해 처리가 늦어지면서 획일적 입법으로 인한 피해가 크게 나타나고 있다. 이와 같이 오늘날의 고도산업사회, 지식정보사회, 민주사회, 글로벌사회에서는 획일적 입법은 득보다 실이 너무 커서 더 이상 타당하지 않게 되었고, 입법대상의 다양성을 포섭할 수 있는 추상적·포괄적 입법방식이 더욱 요구되고 있다.

Ⅱ. 열거식 입법과 예시 입법방식

열거식 입법이라 함은 규율대상을 구체적으로 열거하여 규정하는 입법방식을 말한다. 예시 입법방식은 규율대상을 구체적으로 예시하여 규정하면서 예시된 것이외에 예시된 것에 준하는 것도 규율대상으로 하는 입법방식을 말한다.

열거식 입법방식의 예를 들면, 청탁금지법 제5조 제1항은 동법에서 금지하는 부정청탁을 다음과 같이 한정적으로 열거하는 입법방식을 취하고 있다: 1. 인가·허가·면허·특허·승인·검사·검정·시험·인증·확인 등 법령(조례·규칙을 포함한다. 이하 같다)에서 일정한 요건을 정하여 놓고 직무관련자로부터 신청을 받아 처리하는 직무에 대하여 법령을 위반하여 처리하도록 하는 행위, 2. 인가 또는 허가의 취소, 조세, 부담금, 과태료, 과징금, 이행강제금, 범칙금, 징계 등 각종 행정처분 또는 형벌부과에 관하여 법령을 위반하여 감경·면제하도록 하는 행위, 3. 채용·승진·전보 등 공직자등의 인사에 관하여 법령을 위반하여 개입하거나 영향을 미치도록 하는 행위, 4. 법령을 위반하여 각종 심의·의결·조정 위원회의 위원, 공공기관이 주관하는 시험·선발 위원 등 공공기관의 의사결정에 관여하는 직위에 선정 또는 탈락되도록 하는 행위, 5. 공공기관이 주관하는 각종 수상, 포상, 우수기관 선정 또는 우수자 선발에 관하여 법령을 위반하여 특정 개인·단체·법인이 선정 또는 탈락되도록 하는 행위, 6. 입찰·경매·개발·시험·특허·군사·과세 등에 관한 직무상 비밀을 법령을 위반하여 누설하도록 하는 행위, 7. 계약 관련 법령을 위반하여 특정 개인·단체·법인이 계약의 당사자, 선정 또는 탈락되도록 하는 행위, 8. 보조금·장려금·출연금·출자금·교부금·기금 등의 업무에 관하여 법령을 위반하여 특정 개인·단체·법인에 배정·지원하거나 투자·예치·대여·출연·출자하도록 개입하거나 영향을 미치도록 하는 행위, 9. 공공기관이 생산·공급·관리하는 재화 및 용역을 특정 개인·단체·법인에게 법령에서 정하는 가격 또는 정상적인 거래관행에서 벗어나 매각·교환·사용·수익·점유하도록 하는 행위, 10. 각급 학교의 입학·성적·수행평가 등의 업무에 관하여 법령을 위반하여 처리·조작하도록 하는 행위, 11. 병역판정검사, 부대 배속, 보직 부여 등 병역 관련 업무에 관하여 법령을 위반하여 처리하도록 하는 행위, 12. 공공기관이 실시하는 각종 평가·판정 업무에 관하여 법령을 위반하여 평가 또는 판정하게 하거나 결과를 조작하도록 하는 행위, 13. 법령을 위반하여 행정지도·단속·감사·조사 대상에서 특정 개인·단체·법인이 선정·배제되도록 하거나 행정지도·단속·감사·조사의 결과를 조작하거나 또는 그 위법사항을 묵인하게 하는 행위, 14. 사건의 수사·재판·심판·결정·조정·중재·화해 또는 이에 준하는 업무를 법령을 위반하여 처리하도록 하는 행위, 15. 제1호부터 제14호까지의 부정청탁의 대상이 되는 업무에 관하여 공직자등이 법령에 따라 부여받은 지위·권한을 벗어나 행사하거나 권한에 속하지 아니한 사항을 행사하도록 하는 행위(제5조 제1항). 다만, 열거된 부정청탁의 유형 중에서도 "법령", "지위·권한을 벗어나 행사하거나 권한에 속하지 아니한 사항"과 같이 불확정개념을 사용한 부분도 있어 이 부분은 일견 명확하지 못하고 해석의 여지가 있다. 그리고 청탁금지법 제5조 제2항 제1호에서 제7호는 청탁금지법을 적용하지 않는 사항, 즉 부정청탁에 해당하지 않는 것으로 보는 것을 한정적으로 열거하여 규정하고 있다. 다만, 부정청탁에 해당하지 않는 행위를 모두 예상하여 열거하기 어려우므로 부정청탁에 해당하지 않는 행위를 구체적으로 예시적으로 열거하면서도 마지막 호(제7호)에서 "그 밖에 사회상규(社會常規)에 위배되지 아니하는 것으로 인정되는 행위"라고 일반적·포괄적 적용제외 규정을 두고 있다.

금지의 대상인 부정청탁을 입법하는 방식에는 부정청탁을 일반적·추상적으로 규정하는 방식, 구체적으로 한정적으로 열거하여 규정하는 방식, 부정청탁을 정의하면서도 한정적 또는 예시적으로 열거하는 방식이 있다. 현행 청탁금지법은 두 번째 방식을 취하고 있다. 당초의 정부안(2013.8.5)에서는 부정청탁에 대한 포괄적 정의규정84)을 두었었는데, 이 포괄적 정의규정은 채택되지 않았다. 그러나 부정청탁이라는 개념은 객관적으로 해석할 수 있는 개념이므로 일반적으로 규정하고,85) 법률에서 예시적으로 또는 한정적으로 열거하거나 집행매뉴얼이나 해설집에서 구체적으로 유형화하는 방안이 보다 타당할 수도 있다. 일반 국민은 열거된 사항을 일견하여 모두 알 수는 없으므로 현행법에서와 같이 열거하더라도 이와 병행하여 부정청탁을 일반적으로 정의내리는 것이 보다 타당하다.

열거방식으로 규정하는 경우 규정의 명확성을 위해 가능한 한 한정적으로 열거하는 것이 바람직하지만, 규율대상의 복잡다양성으로 한정적으로 열거규정하기 어려운 경우에는 예시적 열거방식으로 규정하는 것이 타당하다. 한정적으로 열거하는 경우 규율대상을 망라하여 입법하지 못하면 수익적 입법의 경우 평등원칙 위반으로, 침해적 처분의 예외를 정하는 입법의 경우 비례원칙

---

84) "부정청탁이란 직무를 수행하는 공직자에게 법령을 위반하게 하거나 지위 또는 권한을 남용하게 하는 등 공정하고 청렴한 직무수행을 저해하는 청탁 또는 알선 행위"를 말한다.

85) 부정청탁의 정의로는 '공직자등에게 특정 직무에 관하여 법령을 위반하거나 지위 또는 권한을 남용하여 본인 또는 타인에게 유리한 권한 행사를 해주도록 부탁하는 행위'라고 일응 정의할 수 있을 것이다.

위반으로 위헌이 될 수 있다.

한정적 열거 입법방식은 규율대상이 명확해지는 장점이 있지만, 입법목적상 규율대상에 포함하여야 하는 것이 규율대상에서 빠지게 되는 경우가 생길 수 있는 문제가 있다.[86] 그리고 부정청탁금지입법의 예에서 보듯이 규율대상으로 열거된 규정이 많고 복잡한 경우에는 법규정을 보지 않으면 규율대상을 알기 어렵고, 전문성이 없는 일반 국민은 규제입법(예, 부정청탁 여부)을 알기 어려운 문제가 있다.

예시적 열거방식은 일반적·포괄적 입법의 해석·적용상의 구체적 기준 및 사례를 예시하여 일반적·포괄적 입법규정의 해석적용상의 어려움을 완화해줄 수 있다. 예시적 열거입법방식으로는 규정 본문에서 '구체적 열거＋등'으로 규정하거나 각 호에서 열거하고, 마지막 호에서 '그 밖에 일반적·포괄적 입법규정에 해당하는 경우'로 규정하는 방식이 있다.

첫 번째 유형으로 아래 규정을 들 수 있다.

---

86) 언론보도에서 특정기사를 빼달라는 언론사 임직원에 대한 청탁 및 예산의 배정을 잘 해달라는 청탁은 제5조 제1항에 열거된 부정청탁에 포함되어 있지 않다. 다만, 예산의 배정이 특정 개인·단체·법인에 대한 제5조 제1항 제8호의 보조금, 장려금, 출연금, 출자금, 교부금, 기금 등인 경우에는 청탁금지법의 규율대상이 된다. 또한 제재처분 등 불이익처분을 법령을 위반하여 감경·면제하도록 하는 행위만 금지하고 있으므로 제재처분 등 불이익처분을 과도하게 늦추어달라는 청탁이나 경쟁관계에 있는 기업 등에 대한 불이익처분을 가중하여 달라는 청탁은 금지되고 있지 않다. 제5조 제2항 제1호에 따르면 민원관련 "법령·기준의 제정·개정·폐지를 제안·건의하는 등 특정한 행위를 요구하는 행위"를 부정청탁이 아닌 것으로 규정하고 있으므로 엄격하게 해석하면 인허가 등을 받기 위해 행정규칙을 법령과 맞지 않게 개정하도록 특별히 부탁하는 행위는 부정청탁으로 볼 수 없다. 그렇지만, 인허가 등을 받기 위해 관련 행정규칙을 법령에 위반하거나 권한을 남용하여 개정하도록 하는 청탁은 관련 법령의 개정 등 청탁과 달리 부정청탁으로 금지하도록 할 필요가 있다. 그 이유는 법령의 개정 등은 공개적으로 행해지고 법제처의 심사 등 나름대로 신중한 절차를 거쳐서 행해지지만, 행정규칙의 개정 등은 특별한 절차없이 가능하기 때문이다.

■**군인등에게 국가배상청구권을 제한하는 국가배상법 규정**■ 국가배상법 제2조(배상책임) ① 국가나 지방자치단체는 공무원 또는 공무를 위탁받은 사인(이하 "공무원"이라 한다)이 직무를 집행하면서 고의 또는 과실로 법령을 위반하여 타인에게 손해를 입히거나, 자동차손해배상 보장법에 따라 손해배상의 책임이 있을 때에는 이 법에 따라 그 손해를 배상하여야 한다. 다만, 군인·군무원·경찰공무원 또는 예비군대원이 <u>전투·훈련 등 직무 집행</u>과 관련하여 전사(전사)·순직(순직)하거나 공상(공상)을 입은 경우에 본인이나 그 유족이 다른 법령에 따라 재해보상금·유족연금·상이연금 등의 보상을 지급받을 수 있을 때에는 이 법 및 민법」에 따른 손해배상을 청구할 수 없다.

■**외국환 지급 또는 수령의 방법의 신고대상을 규정하고 이 규정을 위반한 경우 처벌하는 경우**■ 외국환관리법 제16조(지급 또는 수령의 방법의 신고) 거주자 간, 거주자와 비거주자 간 또는 비거주자 상호 간의 거래나 행위에 따른 채권·채무를 결제할 때 거주자가 <u>다음 각 호의 어느 하나에 해당</u>하면(제18조에 따라 신고를 한 자가 그 신고된 방법으로 지급 또는 수령을 하는 경우는 제외한다) 대통령령으로 정하는 바에 따라 그 지급 또는 수령의 방법을 기획재정부장관에게 미리 신고하여야 한다. 다만, 외국환수급 안정과 대외거래 원활화를 위하여 대통령령으로 정하는 거래의 경우에는 사후에 보고하거나 신고하지 아니할 수 있다.

1. <u>상계 등의 방법</u>으로 채권·채무를 소멸시키거나 상쇄시키는 방법으로 결제하는 경우
2. 기획재정부장관이 정하는 기간을 넘겨 결제하는 경우
3. 거주자가 해당 거래의 당사자가 아닌 자와 지급 또는 수령을 하거나 해당 거래의 당사자가 아닌 거주자가 그 거래의 당사자인 비거주자와 지급 또는 수령을 하는 경우
4. 외국환업무취급기관등을 통하지 아니하고 지급 또는 수령을 하는 경우

'구체적 열거＋등'으로 규정한 경우에 "등"은 앞에서 구체적으로 열거한 것에 준하는 것으로 한정하는 것이 타당하다. 특히 해당규정이 형벌규정인 경우에는 더욱 그러하다. 그러나 그렇지 않고 보다 널리 "등"에 해당하는 것을 인정하는 판례도 있다.

■**판례**■ 외국환거래법 제16조 제1호는 채권·채무를 소멸시키거나 상쇄시키는 방

법으로 결제하는 경우에 해당하는 구체적인 사례로서 상계를 규정하는 <u>예시적 입법</u> <u>형식을 취하고 있는데, 외국환거래법 규율영역의 복잡다양성 등을 고려하여 그러한</u> <u>규정형식의 필요성을 인정하더라도</u> 그 규정이 형벌법규에 해당되는 이상 의미를 피고인들에게 불리한 방향으로 지나치게 확장 내지 유추해석하는 것은 죄형법정주의의 원칙에 비추어 허용되지 아니한다. 따라서 외국환거래법 제16조 제1호에서 정한 '상계 등'이란 채권·채무를 소멸시키거나 상쇄시키는 결제방법 중에서 법률적으로 상계와 일치하지는 아니하지만 <u>상계와 유사한 개념으로서 상계와 동일한 법적 평가</u> <u>를 받거나 적어도 상계라는 표현으로 충분히 예측가능할 만큼 유사한 행위유형이</u> <u>되어야 하는 것으로 해석하여야 한다</u>(대법원 2014. 8. 28. 선고 2013도9374 판결).

■판례■ 이 사건 면책조항(전투·훈련 등 직무 집행)은 종전 면책조항(전투·훈련·기타 직무집행)과 마찬가지로 전투·훈련 또는 이에 준하는 직무집행뿐만 아니라 일반 직무집행에 관하여도 국가나 지방자치단체의 배상책임을 제한하는 것이라고 해석하여야 한다(대법원 2011. 3. 10. 선고 2010다85942 판결).

두 번째 유형의 예를 들면 산업재해보상보험법(약칭: 산재보험법) 제37조는 다음과 같이 일반적·포괄적 입법규정인 '업무상의 재해'의 인정기준을 예시적으로 열거하고 있다.

산업재해보상보험법 제37조(업무상의 재해의 인정 기준) ① 근로자가 다음 각 호의 어느 하나에 해당하는 사유로 부상·질병 또는 장해가 발생하거나 사망하면 업무상의 재해로 본다. 다만, 업무와 재해 사이에 상당인과관계(相當因果關係)가 없는 경우에는 그러하지 아니하다.
1. 업무상 사고
   가. 근로자가 근로계약에 따른 업무나 그에 따르는 행위를 하던 중 발생한 사고
   나. 사업주가 제공한 시설물 등을 이용하던 중 그 시설물 등의 결함이나 관리소홀로 발생한 사고
   다. 삭제<2017. 10. 24.>
   라. 사업주가 주관하거나 사업주의 지시에 따라 참여한 행사나 행사준비 중에 발생한 사고
   마. 휴게시간 중 사업주의 지배관리하에 있다고 볼 수 있는 행위로 발생한 사고

바. 그 밖에 업무와 관련하여 발생한 사고

2. 업무상 질병

　가. 업무수행 과정에서 물리적 인자(因子), 화학물질, 분진, 병원체, 신체에 부담
　　을 주는 업무 등 근로자의 건강에 장해를 일으킬 수 있는 요인을 취급하거나
　　그에 노출되어 발생한 질병

　나. 업무상 부상이 원인이 되어 발생한 질병

　다. 「근로기준법」 제76조의2에 따른 직장 내 괴롭힘, 고객의 폭언 등으로 인한
　　업무상 정신적 스트레스가 원인이 되어 발생한 질병

　라. 그 밖에 업무와 관련하여 발생한 질병

3. 출퇴근 재해

　가. 사업주가 제공한 교통수단이나 그에 준하는 교통수단을 이용하는 등 사업주
　　의 지배관리하에서 출퇴근하는 중 발생한 사고

　나. 그 밖에 통상적인 경로와 방법으로 출퇴근하는 중 발생한 사고

② 근로자의 고의·자해행위나 범죄행위 또는 그것이 원인이 되어 발생한 부상·질
병·장해 또는 사망은 업무상의 재해로 보지 아니한다. 다만, 그 부상·질병·장해
또는 사망이 정상적인 인식능력 등이 뚜렷하게 낮아진 상태에서 한 행위로 발생한
경우로서 대통령령으로 정하는 사유가 있으면 업무상의 재해로 본다.

③ 제1항 제3호 나목의 사고 중에서 출퇴근 경로 일탈 또는 중단이 있는 경우에는
해당 일탈 또는 중단 중의 사고 및 그 후의 이동 중의 사고에 대하여는 출퇴근 재해
로 보지 아니한다. 다만, 일탈 또는 중단이 일상생활에 필요한 행위로서 대통령령으
로 정하는 사유가 있는 경우에는 출퇴근 재해로 본다.

④ 출퇴근 경로와 방법이 일정하지 아니한 직종으로 대통령령으로 정하는 경우에는
제1항 제3호 나목에 따른 출퇴근 재해를 적용하지 아니한다.

⑤ 업무상의 재해의 구체적인 인정 기준은 대통령령으로 정한다.

　다만, 열거방식으로 규정된 것을 명문의 규정은 없음에도 예시적 열거로 해
석한 판례가 적지 않다.[87] 예를 들면, 산업재해보상보험법 제37조 제1항 제2

---

87) 대법원 2020. 1. 9. 선고 2018두47561 판결 ; 대법원 2013. 12. 12. 선고 2013두13723
　판결.

호, 제5항, 같은 법 시행령 제34조 제3항 [별표 3](구법)의 규정 내용과 형식, 입법 취지를 종합하면, 같은 법 시행령 [별표 3](구법) '업무상 질병에 대한 구체적인 인정 기준'(구법)은 같은 법 제37조 제1항 제2호에서 규정하고 있는 '업무상 질병'에 해당하는 경우를 예시적으로 규정한 것이라고 보아야 하고, 그 기준에서 정한 것 외에 업무와 관련하여 발생한 질병을 모두 업무상 질병에서 배제하는 규정으로 볼 수는 없다(대법원 2014. 6. 12. 선고 2012두24214 판결 ; 대법원 2020. 12. 24. 선고 2020두39297판결).

산업재해보상보험법 시행령 제34조(업무상 질병의 인정기준) ① 근로자가 「근로기준법 시행령」 제44조 제1항 및 같은 법 시행령 별표 5의 업무상 질병의 범위에 속하는 질병에 걸린 경우(임신 중인 근로자가 유산·사산 또는 조산한 경우를 포함한다. 이하 이 조에서 같다) 다음 각 호의 요건 모두에 해당하면 법 제37조 제1항 제2호 가목에 따른 업무상 질병으로 본다.
1. 근로자가 업무수행 과정에서 유해·위험요인을 취급하거나 유해·위험요인에 노출된 경력이 있을 것
2. 유해·위험요인을 취급하거나 유해·위험요인에 노출되는 업무시간, 그 업무에 종사한 기간 및 업무 환경 등에 비추어 볼 때 근로자의 질병을 유발할 수 있다고 인정될 것
3. 근로자가 유해·위험요인에 노출되거나 유해·위험요인을 취급한 것이 원인이 되어 그 질병이 발생하였다고 의학적으로 인정될 것
② 업무상 부상을 입은 근로자에게 발생한 질병이 다음 각 호의 요건 모두에 해당하면 법 제37조 제1항 제2호 나목에 따른 업무상 질병으로 본다.
1. 업무상 부상과 질병 사이의 인과관계가 의학적으로 인정될 것
2. 기초질환 또는 기존 질병이 자연발생적으로 나타난 증상이 아닐 것
③ 제1항 및 제2항에 따른 업무상 질병(진폐증은 제외한다)에 대한 구체적인 인정기준은 별표 3과 같다.
④ 공단은 근로자의 업무상 질병 또는 업무상 질병에 따른 사망의 인정 여부를 판정할 때에는 그 근로자의 성별, 연령, 건강 정도 및 체질 등을 고려하여야 한다.

결론적으로 말하면 일반적·포괄적 입법을 할 것인가, 열거식 입법을 할 것

인가 그리고 한정적 열거로 할 것인가 예시적 열거로 입법할 것인가는 기본적으로 입법자의 권한에 속한다. 다만, 법률이 아닌 하위법령에서 수권법령인 상위법령(모법)에서 정한 개념규정을 구체화함에 있어서 해당 개념규정이 입법정책적 개념규정인 경우에는 한정적 열거방식으로 구체화할 수 있지만, 해당 개념규정이 판례에서 정립한 해석의 방법과 기준에 따라 해석이 가능한 법개념인 경우에는 그 구체적 열거는 성질상 예시적 열거로 하여야 하고, 한정적으로 열거하는 입법방식을 취했다고 하더라도 한정적 열거라는 것을 명시하지 않은 이상 예시적 열거로 해석하여야 한다. 다만, 침해적 규정은 엄격해석의 원칙에 따라 예시적 열거로 해석하는데 신중을 기해야 한다.

■ **참조 판례** ■ 헌법 제34조 제1항, 제5항, 장애인복지법 제1조, 제2조 제1항, 제2항, 장애인복지법 시행령 제2조 제1항[별표 1]의 체계, 장애인복지법의 취지와 장애인 등록으로 받게 되는 이익, 위임규정과 시행령 규정의 형식과 내용 등을 종합하면, 장애인복지법 제2조 제1항은 장애인의 정의를 규정하고, 제2조 제2항은 장애인복지법의 적용을 받는 신체적 장애와 정신적 장애의 종류 및 기준을 정함으로써 그에 따라 제정될 시행령의 내용에 관한 예측가능성을 부여하는 한편 행정입법에 관한 재량의 한계를 부여한 규정이라고 보아야 한다. 입법기술상 모법이 정한 장애의 종류 및 기준에 부합하는 모든 장애를 빠짐없이 시행령에 규정할 수는 없다. 그러므로 장애인복지법 시행령 제2조 제1항 [별표 1]은 위임조항의 취지에 따라 모법의 장애인에 관한 정의규정에 최대한 부합하도록 가능한 범위 내에서 15가지 종류의 장애인을 규정한 것으로 볼 수 있을 뿐이다. 따라서 장애인복지법 시행령 제2조 제1항 [별표 1]을 오로지 그 조항에 규정된 장애에 한하여 법적 보호를 부여하겠다는 취지로 보아 그 보호의 대상인 장애인을 한정적으로 열거한 것으로 새길 수는 없다(대법원 2019. 10. 31. 선고 2016두50907 판결).

행정기관은 법령을 적용하여 행정권을 행사하여야 하므로 통상 법규범이 아닌 행정규칙에서 열거한 것은 예시적 열거로 보는 것이 타당하다.

■판례■ 구 상속세법시행령 제5조 제2항 전단에 규정하는 시가로 볼 수 있는 범위를 정한 상속세법기본통칙 39…9 제1항 각 호는 상속재산의 시가로 볼 수 있는 대표적인 경우를 예시한 것에 불과하다 할 것이므로, 그 각 호에 해당하지 않는 경우라 하여 바로 시가를 산정하기 어려운 때에 해당하는 것으로 단정할 수는 없다(대법원 1994. 8. 23. 선고 94누5960 판결).

Ⅲ. 획일적 입법방식, 열거식 입법방식과 포괄적·추상적 입법방식의 선택

획일적 입법방식, 열거식 입법방식, 포괄적·추상적 입법방식 또는 절충식 입법방식은 모두 가능한 입법방식이다.

예를 들면, 항공의 안전을 위한 기장의 근무 제한에 관하여 세 가지 입법방식이 있을 수 있다.

1유형: 60세 이상인 자는 상업적 항공기를 조종할 수 없다.

2유형: 불합리한 사고의 위험을 야기하는 자는 상업용 비행기를 조종할 수 없다.

3유형: 다음 각 호에 해당하는 자는 상업용 비행기를 조종할 수 없다.

    1) 70세 이상인 자

    2) 혈압이 150 이상인 자

    3) 법령이 정하는 체력기준을 달성하지 못한 자 등등

1유형의 장단점은 다음과 같다. 1유형의 장점은 법령이 간결하고 명확하여 법집행이 용이하다는 것이다. 1유형의 단점은 자의적이고 형평성이 결여된 기준이 될 수 있고, 건강하여 불합리한 사고의 위험을 야기할 우려가 없는 자는 예외로 규정하는 방법도 있지만, 예외규정의 적용에 어려움이 있을 수 있다는 것이다.

2유형의 장단점은 아래와 같다. 2유형의 장점은 규제대상을 빠뜨리지 않고 규제할 수 있고, 예측하기 어려운 것도 규제대상에 포함할 수 있다는 것이다. 2유형은 단점은 규정이 추상적이므로 해석과 적용의 어려움이 있고, 자의적인 법적용이 될 수 있다는 것이다.

3유형의 장단점은 아래와 같다. 3유형의 장점은 법령이 명확하여 법집행이 용이하다는 것이고, 3유형의 단점은 불합리한 사고의 위험을 야기하는 자를 모두 열거하는 것은 쉽지 않을 것이므로 입법에 있어 어려움이 있고, 열거사항이 많은 경우 법규정을 전부 알기 어렵다는 것이다.

수치에 의한 구체적 규율방식, 일반적 포괄적 규율방식(+ 예시적 열거 규율방식)과 제한적 열거 규율방식을 규율대상에 따라 규율방식의 장점과 단점 그리고 전술한 좋은 법의 기준을 종합적으로 고려하여 입법정책적으로 적절하게 선택하여야 할 것이다.

규율내용을 명확히 할 필요가 있고, 규율의 공백이나 과대규제의 문제가 크지 않고, 규율의 형평성에서 큰 문제가 없는 경우에는 획일적 입법방식이 타당할 수도 있다. 성년의 자격이나 선거권을 나이로 규정하는 것은 규율내용을 명확히 하는 것이 매우 중요하기 때문이다. 획일적 입법방식에서는 규율대상의 다양성 및 규율의 형평성을 위해 획일적 입법을 보완하는 예외 등의 규정이 필요하다. 입법의 필요성은 큰 반면에 입법문제에 대한 이해가 부족하고, 따라서 입법대안에 대한 적정한 결론이 도출되지 못하고 있는 경우에는 적정한 입법대안이 도출될 때까지 최소한의 입법을 획일적으로 규정할 수 있다. 그 예로 기업 이사회의 양성평등의 실현과 성별다양성을 제고하기 위해 이사회의 성별 구성에 관한 특례를 도입한 2020.2.4. 「자본시장과 금융투자업에 관한 법률」 제165조의20을 들 수 있다. 그 규정내용은 '최근 사업연도말 현재 자산총액이 2조원 이상인 주권상장법인의 경우 이사회의 이사 전원을 특정 성(性)의 이사로 구성하지 아니하여야 한다.'는 것인데, 그 실질적 의미는 반드시 1명 이상의 여성이사를 선임하여야 한다는 것이다. 이러한 규정의 타당성, 최소한의 성별 구성비율을 얼마로 하는 것이 좋은 것인지에 관한 논란이 적지 않은 상황하에서 합의에 이를 수 있는 최소한의 획일적 입법을 한 것이다.

규율대상을 한정적으로 열거하고 구체적이고 명확하게 규정할 필요가 있는 경우에는 열거식 입법방식이 필요하다. 열거식 입법이 타당한 대표적인 예로는 정보공개법에서의 비공개사항규정이다. 정보공개가 원칙이고 비공개는 예외이며 공공기관의 비공개성향을 고려할 때 비공개사항을 가능한 한 구체적이고 명확하게 규정하기 위해 한정적으로 열거규정할 필요가 있다. 현행 정보공개법도 비공개사항을 열거하고 있다. 다만, 가능한 한 비공개사항을 보다 구체적이고 명확하게 규정할 필요가 있다.

반면에 규율대상이 다양하고 명확하지 않으며 명확한 이론도 확립되지 않아 구체적으로 열거하여 규율하는 것이 어려운 경우에는 추상적·포괄적으로 규정하는 것이 타당하다. 규제의 탄력성, 유연성과 형평성을 높일 필요가 있는 경우에도 포괄적인 입법방식을 선택하는 것이 타당하다. 예를 들면, 포괄적 규제입법은 구체적·한정적 열거식 규제입법 보다 신기술과 신산업에 대응한 입법과제를 해결하는데 보다 적합한 입법방식이라고 할 수 있다. 포괄적 개념정의는 법령에서 사용하는 주요 용어의 개념을 정의할 때 새롭게 등장하는 제품·산업·서비스 등이 포함될 수 있도록 포괄적으로 규정하여 법령 개정 없이도 해석에 의해 해당 제품·산업·서비스 등이 기존 법체계에 포함될 수 있도록 하는 입법방식이다. 예를 들면, 구 「산림자원의 조성 및 관리에 관한 법률 시행령」 제2조 제5항에서는 임산물에 포함될 수 있는 목재제품을 한정적으로 열거하고 있어, 새로운 목재제품이 임산물에 포함될 수 없었는데, 법령해석을 통해 새로운 목재제품이 임산물에 포함될 수 있도록 예시적 열거 규정으로 변경하고 임산물에 포함될 수 있는 목재제품의 범위를 "「목재의 지속가능한 이용에 관한 법률」제2조 제2호에 따른 목재제품"으로 포괄적으로 규정하였다.[88]「목재의 지속가능한 이용에 관한 법률」제2조 제2호는 "목재제품"이란 목재 또는 목재와 다른 원료를 물리적·화학적으로 가공하여 생산된 제품(수입한 제품을 포함한다)으로서 대통령령으로 정하는 비율 이상의 목재가 포함된 제품을 말한다고 정의하고 있다.

포괄적 입법은 네거티브식입법뿐만 아니라 포지티브식입법에서도 가능한 입법방식이다. 포괄적 포지티브규제입법 특히 규제대상에 대한 포괄적 개념 정의는 입법당시 예측하지 못한 새로운 신기술과 신산업을 포용하고 새로운 상황을 포섭할 수 있는 장점이 있다. 그렇지만, 신기술과 신산업을 기존의 유사한 기술 및 산업을 규제하기 위해 제정한 법령의 적용 대상으로 함으로써 불합리한 규제의 결과를 초래할 수 있다. 실증특례나 임시허가는 바로 이러한 문제점을 해결하기 위한 제도의 성격을 갖는다. 위해성평가제도를 수반하는 포괄적 네거티브규제입법은 안전 등 공익을 일반적으로 보장하는 기능을 갖지만, 보신행정과 결합하면 금지를 확대하여 과잉규제하는 부작용을, 부패와 결합하면 자의적인 행정 또는 소극적 적용으로 인해 안전 등 공익을 소홀히 하는 결과를 초래할 수 있다. 따라서 포괄적 네거티브규제입법을 하는 경우에는 민사적 책임과 형사적 책임의 강화와 함께 공무원의 전문성과 윤리성의 확보가 전제되어야 한다. 따라서 구체적 열거식 입법방식을 포괄적 입법방식으로 변경하는 경우에는 공무원의 전문성[89]과 윤리성을 높이는 방안을 함께 마련하여야 한다.

---

88) 법제처, 적극행정 법제 가이드라인, 26면.

89) 규제기관의 재량권이 넓게 인정되는 경우 규제기관이 복잡한 과학적·경제적·사회적 정보를 수집하고, 분석하고, 사용할 수 있는 인적·물적 자원을 갖고 있어야 적정한 재량권 행사를 할 수 있다.

포괄적 · 추상적 입법방식을 채택하는 경우에 동일법령에서 중요한 불확정 개념을 해석하는 규정을 두거나 구체적 기준을 예시적으로 열거하거나 하위 해석명령 또는 행정규칙으로 해석규정을 두거나 구체적 규제기준을 정하는 조치 등을 취해 입법의 명확성과 집행용이성을 높일 필요가 있다. 최근 대법원은 해석명령규정은 상위법령의 범위를 벗어나지 않는 경우 법적 효력이 있다고 보았다.[90] 가이드라인을 제정하여 보급하는 방법도 있다. 그리고 주무기관의 유권해석과 법제처의 법령해석제도를 통해 추상적 법령의 적용범위를 구체적으로 특정할 수 있다.

Ⅳ. 포지티브 입법방식과 네거티브 입법방식

네거티브입법방식은 법상 금지되는 것을 규정하고, 나머지는 모두 허용하는 입법방식을 말한다. 네거티브입법방식도 다양하다. 금지되는 사항을 포괄적 · 추상적으로 열거규정하는 방식, 한정적으로 열거하여 규정하는 방식, 예시적으로 열거하면서 그 밖에는 금지되는 사항은 포괄적 · 추상적으로 규정하는 방식 등이 있다. 네거티브입법방식 중 금지되는 사항을 한정적으로 열거하여 규정하는 방식을 네거티브리스트입법방식이라 한다. 네거티브입법방식 중 금지되는 사항을 포괄적 · 추상적으로 규정한 입법방식을 포괄적 · 추상적 네거티브입법방식이라고 할 수 있다.

포지티브입법방식은 법상 허용되는 것을 규정하고, 나머지는 모두 금지하는 입법방식을 말한다. 포지티브입법방식에도 포지티브리스트입법방식, 포괄적 · 추상적 포지티브입법방식, 허용되는 사항을 예시적으로 열거하면서 그 밖에 허용되는 사항을 포괄적 · 추상적으로 규정하는 방식 등이 있다. 허용되는

---

90) 대법원 2014. 8. 20. 선고 2012두19526 판결(중학교입학자격검정고시응시제한처분취소).

사항을 포괄적·추상적으로 규정하는 경우에는 허용요건(기준 또는 조건)을 규정하는 경우가 보통이다.

네거티브리스트규제입법과 포지티브규제입법의 장·단점 및 문제점과 대안은 앞에서 서술한 바와 같다.

Ⅴ. 미래 발전을 포섭하는 유연한 입법방식

법률은 최소 10년, 통상 20년 내지 30년 적용되므로 미래 사회발전도 고려하여 제정하여야 한다. 특히 신기술과 신산업은 그 자체가 다양할 뿐만 아니라 융합적으로 발전될 것이기 때문에 입법의 대상이 매우 다양해질 것이다. 그렇기 때문에 다양성을 포용할 수 있는 탄력적이고(유연하고) 개방적인 입법이 요구된다. 또한 신기술 및 신산업과 그에 의한 영향은 불확실하고, 다양하고, 변화가능성이 크다는 특징을 갖는다. 이에 따라 신기술 및 신산업에 대한 규제에 있어서는 변화가능성, 다양성, 불확실성을 포용할 수 있는 유연성이 요구된다.

유연한 규제입법으로는 우선 원칙중심 규제입법과 이를 구체화하는 가이드라인 등 연성규범에 의한 규제입법을 들 수 있다. 장점 중의 하나는 시대 변화에 맞춰 규제를 적응시킬 수 있다는 것이다. 가이드라인을 준수하면 제재를 면제하는 효과를 줌으로써 법적 안정성과 예측가능성을 보장할 수도 있다. 원칙중심규제시 그 원칙규제를 집행하는 행정기관의 책임이 가중되고 중요해지므로 담당공무원의 전문성과 사명감이 요구된다. 원칙중심규제가 국회입법의 원칙 특히 의회유보의 원칙에 합치하는지도 검토하여야 한다.

기준을 정하는 입법방식에는 규격(디자인)기준 입법방식, 성능(성과)기준 입법방식,[91] 목표기준 입법방식[92]이 있는데, 뒤로 갈수록 규제대상의 다양성을 포섭할 수 있다. 기술 발전기에 타당한 입법방식은 성과규제 또는 목표기준 입법방식이다. 규격규제하에서는 법령으로 정한 규격에 맞는 기술과 제품만이 허용되지만, 성과규제(performance based regulation)에서는 법에서 정한 일정한 성능만 달성되면 되고 그러한 성능을 달성하는 기술(수단)은 특정하지 않고 개방적으로 둠으로써 새로운 기술발전을 가능하게 한다.[93) 발전된 사회일수록 가치와 이해관계가 다양해지고 이와 관련한 갈등이 커진다. 그리하여 선진사회에서는 단일 기준 내지 지표에 의해서는 적정한 규제를 할 수 없는 경우가 많다. 적정한 규율을 위해서는 복수의 다양한 기준(지표)을 통해 규율하는 것이 타당한 경우가 많다. 또한 규제지표별로 중요도가 다르므로 지표별로 우선순위 또는 가중치를 부여하여야 할 경우도 있을 것이다.

유연한 분류체계라 함은 기술 발전에 따라 새롭게 등장하는 새로운 유형의 제품·산업·서비스 등이 법체계 내에 손쉽게 수용될 수 있도록 제품·산업·서비스 등의 분류체계를 유연하게 입법하는 것을 말한다. 예를 들면 이륜자동차를 "총배기량 또는 정격출력의 크기와 관계없이 1인 또는 2인의 사람을 운송하기에 적합하게 제작된 이륜의 자동차"뿐만 아니라 "그와 유사한 구조로 되어 있는 자동차"도 이륜자동차로 분류하여(자동차관리법 제3조 제1항 5호) 새로운 형태의 이륜차량이 등장하는 경우 신속한 수용을 가능하게 하는 입법방

---

91) 성과기준방식은 법에서 일정한 성과(성능)을 정하고, 그러한 성능을 달성하는 기술(수단)은 특정하지 않고 허용하는 입법방식이다.

92) 목표기준방식은 법률로 달성되어야 할 목표를 정하고, 그러한 목표달성의 수단은 규제대상에게 맡기는 방식이다.

93) 구 「환경정책기본법 시행령」 별표에서는 인간의 건강에 미치는 영향 등을 고려하여 오염물질의 종류·한도 등 환경기준을 정하면서 오염물질에 대한 측정방법을 한가지씩만 허용하고 있었는데, 반도체 방식, 광센서 방식 등 다양한 신기술이 활용될 수 있도록 측정방법을 제한하고 있던 규정을 삭제한 사례가 있다(법제처, 적극행정 법제 가이드라인, 26면). 이 사례를 네거티브리스트규제의 사례로 보는 것이 타당한 것인지 검토할 필요가 있다.

식을 말한다. 또한「옥외광고물 등의 관리와 옥외광고산업 진흥에 관한 법률 시행령」제3조에서는 옥외광고물을 16개 유형으로 한정하여 규정하고 있는 바, 정보통신기술을 이용한 최첨단 옥외광고물 등 기존 유형에 해당하지 않는 옥외광고물의 경우 행정절차만 거치면 설치가 가능하도록「옥외광고물 등의 관리와 옥외광고산업 진흥에 관한 법률 시행령」제3조를 개정하여 특정광고물(그 밖에 이 조 각 호의 분류에 해당하지 아니하는 광고물로서 법 제7조의2 제1항에 따른 옥외광고정책위원회(이하 "정책위원회"라 한다)의 심의를 거쳐 행정안전부장관이 정하여 고시한 광고물)의 유형을 신설 입법한 사례가 있다.[94]

VI. 규율대상의 다양성을 포용하는 입법방식

법률로 다양성을 포용하는 방식에는 입법대상을 유형화하여 규율하는 방법, 예외규정을 두는 방법, 특별법을 제정하는 방법, 실험법률을 제정하는 방법, 일반적인 사항만 정하고 구체적인 사항은 명령에 위임하는 방법,[95] 행정청의 재량권에 맡기는 방법,[96] 임시허가제도, 규제형평제도 등이 있다.

---

94) 법제처, 적극행정 법제 가이드라인, 25면.

95) 입법으로 일반적으로 명확한 기준을 제시하기 어려운 경우에는 법률에서는 기본적인 사항만 정하고 그 구체화를 위한 입법권을 행정권에 수권하거나 행정청에 재량권을 부여하는 입법방식을 취할 필요가 있다.

96) 불명확성, 신속성 등에 비추어 다양한 신기술 및 신산업을 법률로 정함에 있어서는 법률로 일반적인 원칙만 정하고 구체적인 사항을 행정권의 명령에 위임하거나 행정청의 재량에 맡기는 방법을 채택하는 경우가 늘 것이다.

Ⅶ. 기속규정과 재량규정

1. 기속규정과 재량규정의 선택

법치행정의 원칙하에서 행정의 법에 대한 종속의 원칙을 실현하기 위하여는 행정을 규율하는 법률을 일의적으로 명확하게 규정하고, 행정은 그 법률을 집행하게 하여야 한다.

법규범은 행정권 행사의 조건을 정하고 조건이 충족된 경우에 있어서의 법적 결과 또는 행사될 수 있는 행정권 행사의 내용을 정한다. 이 경우에 법의 적용은 다음과 같이 행해진다. ① 행정기관은 사실적 상황의 조사를 행하고, ② 법률에서 정해진 조건을 해석하여 그 내용을 결정하고, ③ 추론에 의해 사실적 상황이 법에서 정해진 적용조건에 합치하는지 여부를 판단하고, ④ 마지막으로 법을 적용하여 행정결정을 내린다.

그런데 행정에 있어서 법률에 의한 행정의 원칙뿐만 아니라 구체적 타당성(또는 합목적성) 있는 행정도 또한 중요하다.

행정권 행사의 대상이 되는 행정현실이 매우 다양하기 때문에 법에서 일률적으로 행정의 기준을 정하는 것이 어려운 경우가 적지 않은데, 이러한 경우에도 법에서 일률적으로 행정의 기준을 정한다면 합목적적인 행정이 행해질 수 없는 경우가 있다. 그리하여 법령으로 행정권 행사의 기준을 일률적 · 구체적으로 정할 수 있는 경우에는 행정권 행사의 요건과 효과를 기속규정으로 정하고, 행정권 행사의 대상이 되는 행정현실이 매우 다양하기 때문에 법령에서 일률적으로 행정의 기준을 정하는 것이 어려운 경우에는 법률에서 기본적이고 중요한 사항만을 정하고, 합목적적인 행정이 가능하도록 행정기관에게 행정권의 행사에 있어서 일정한 한계 내에서 선택의 자유, 즉 재량권(裁量權)을 인정한다.[97] 행정기관의 재량권은 구체적으로 타당한 행정을 위해 입법자가 행정기관에게 부여하는 것이다. 행정기관의 재량권은 행정행위에서만 인정되는 것이 아니라 행정입법, 행정계획, 사실행위 등에서도 인정되고, 행정권 행사 전부가 재량이 아니라 통상 기속인 부분과 재량인 부분이 있는 것이 보통이다.

행정기관의 재량권은 요건규정에서는 인정될 수 없고, 효과규정에서만 인정될 수 있다. 재량권이 행정기관에게 부여되는 경우에 행정기관이 행정권을 행사함에 있어 어떠한 행정결정을 하거나 하지 않을 수 있는 권한을 갖는 경우와 둘 이상의 조치 중 선택을 할 수 있는 권한을 갖는 경우가 있다. 전자를 결정재량권이라 하고 후자를 선택재량권이라 한다. 또한 결정재량권과 선택재량권을 모두 갖는 경우가 있다. 예를 들면, 공무원이 직무상 과실로 잘못을 저지른 경우에 행정기관은 당해 공무원에 대하여 징계처분을 하는 결정과 당해 공무원의 과거의 성실한 직무수행, 당해 공무원의 건강상태 등과 같은 사정을 고려하여 징계처분을 하지 않는 결정 사이에 선택권을 갖고(결정재량), 행정기관이 징계처분을 하기로 결정한 경우에도 당해 공무원의 과실의 중대성을 고려하여 징계처분을 내림에 있어서 여러 종류의 징계처분의 종류 사이에 선택권을 갖는다(선택재량).

법률이 행위의 요건을 규정함에 있어서 개념상으로 명확한 확정개념을 사용하는 경우도 있지만 많은 경우에 불확정개념(不確定槪念)을 사용하고 있다. 불확정개념이란 그 개념 자체로서는 그 의미가 명확하지 않고 해석의 여지가 있는 개념을 말한다. 일반적으로 불확정개념은 법개념, 즉 법원에 의해 논리법칙 또는 경험법칙에 따라 그 개념이 일의적으로 해석될 수 있는 개념으로

---

97) 재량권(裁量權)이란 행정기관이 행정권을 행사함에 있어서 둘 이상의 다른 내용의 결정 또는 행태 중에서 선택할 수 있는 권한을 말한다.

본다. 따라서 행정기관이 불확정개념으로 된 행위의 요건을 판단함에 있어 재량권을 가질 수는 없다. 다만, 일정한 경우에 행정기관이 불확정개념을 해석 · 적용함에 있어 둘 이상의 상이한 판단이 행해질 수 있는 경우 중 행정기관에게 판단여지(判斷餘地)가 인정되는 경우가 있다고 보고 행정기관에게 판단여지가 인정되는 경우(불확정개념의 판단에 행정기관의 고도로 전문적이고 기술적인 판단이나 고도로 정책적인 판단이 요구되는 경우)에는 판단의 여지 내에서 이루어진 행정기관의 판단은 법원에 의한 통제의 대상이 되지 않는다고 본다.

2. 기속규정과 재량규정의 입법례

기속규정으로 입법할지 아니면 재량규정으로 입법할지는 입법자가 결정한다. 입법자는 기속규정인지 재량규정인지를 명확하게 규정하는 것이 바람직하다.

기속규정은 일정한 요건을 정하고, 요건을 충족하면 특정한 내용의 행정권 행사를 하여야 하는 것으로 규정한다. 재량규정은 일정한 요건을 정하고, 요건을 충족하면 특정한 내용의 행정권 행사를 하거나 하지 않을 수 있는 것으로 규정하거나 여러 내용의 행정권 행사 중에서 선택하여 행정권 행사를 할 수 있는 것으로 규정한다. '(행정청은) ... (일정한 요건을 충족하면) …할 수 있다'라고 규정하고 있는 경우에는 원칙적으로 재량규정이고, '(행정청은) ... (일정한 요건을 충족하면) …하여야 한다'라고 규정하고 있는 경우에는 원칙적으로 기속규정이다. 그런데 입법실무에서는 이와 같이 기속규정인지 재량규정인지를 명확히 한 경우도 있지만, 그것을 명확히 하지 않고 입법하는 경우도 많다. 입법실무에 있어 '(행정청은) ... (일정한 요건을 충족하면) … 한다'라고 규정하거나 '민원인은 법률에서 영업활동을 하기 전에 허가를 받아야 한다'는 규정을 둘 뿐 행정청의 허가에 있어서의 재량에 관하여는 아무런 규정을 두지 않은 경우(예, … 하고자 하는 자는 … 허가를 받아야 한다)는 법률규정만으로는 기속규정인지 재량규정인지 판단할 수 없으므로 입법취지 및 입법목적 그리고 규율대상인 행위의 성질, 기본권 관련성 등을 종합적으로 고려하여 해석을 통하여 문제의 규정이 재량규정인지 기속규정인지를 판단하여야 한다.

일반적으로 인허가(학문상 허가, 특허, 인가)규정을 입법함에 있어 재량행위와 기속행위를 명확하게 규정하지 않는 경우가 많다. 기본적으로 인허가를 재량행위로 규정할 것인지 기속행위로 규정할 것인지는 규제대상의 다양성과 기속규정의 가능성 및 타당성을 고려하여 입법자가 결정한다. 그런데 이론적으로는 본래 인간의 자유에 속하는 활동을 안전을 이유로 허가요건을 정하고 그 요건에 충족한 경우에 허가하는 것으로 규정하는 경우 이른바 학문상 허가의 경우에는 기속행위로 규정하는 것이 타당하다고 본다. 그러나 학문상 허가의 경우에도 처분시 구체적 사건에서 환경의 이익 등 공익의 고려를 하기 위해 이익형량을 하는 것이 타당한 경우에는 재량행위로 규정할 수 있다. 본래 인간의 자유에 속하지 않고 국민생활에 필수적인 재화와 서비스를 제공하는 공익성이 강한 사업의 인허가의 경우 이른바 학문상 특허의 경우에는 국민생활에 필요한 재화와 서비스의 적정한 공급을 보장하기 위해 과당경쟁을 막고 배타적인 경영권을 보장해줄 필요가 있거나 구체적인 사안마다 이익형량을 할 필요가 있는 경우에는 재량행위로 규정하는 것이 타당하다는 것이 학설의 일반적 견해이다. 그러나 학문상 특허의 경우에도 특허 영업 사이에 공정한 경쟁이 가능하고 과당 경쟁으로 인해 재화와 서비스를 적절하게 제공하는데 문제가 생기지 않는 경우에는 기속행위로 규정할 수도 있다. 학문상 특허영업은 통상 공익성이 강한 사업으로서 국가나 지방자치단체가 직영하거나 공사를 통해 영위하도록 할 수도 있고, 국가나 지방자치단체 또는 공사가 운영하는 사업을 효율적인 운영을 위해 민영화를 통해 민간이 영위하도록 한 사업에 해당한다. 학문상 인가는 민간의 영역에 속하는 활동으로서 사적 자치의 원칙에 맡기는 것이 원칙이지만, 공익상 국가의 승인이 필요한 경우에 인정된다. 과거 민간의 자율적 능력이 성장하지 못한 상태에서 공익의 보장을 위해 국가의 후견적 감독이 필요한 경우에 학문상 인가는 재량행위로 규율하는 것이 타당하였지만, 민간의 자율적 능력이 성숙하여 국가의 후견적 감독이 필요 없게 된 경우에는 가능한 한 기속행위로 규정하고, 구체적 사안의 특수성을 고려하여 이익형량을 통해 구체적 타당성있는 인가를 할 필요가 있는 경우, 달리 말하면 기속규정화하기 어려운 경우에만 재량행위로 규정하는 것이 타당하다.

인허가의 경우 인허가의 요건을 기속규정으로 규정하는 것이 쉽지 않거나 재량행위로 규정하는 것이 타당한지 기속행위로 규정하는 것이 타당한 것인지 판단이 쉽지 않은 경우도 많아 입법의 실제에서는 재량규정인지 기속규정인지 명확하게 규정하지 않는 경우가 많다. 이를 위한 입법방식으로 행정청을 주어로 하지 않고 인허가의 상대방을 주어로 하여 '인허가의 상대방은 인허가를 받아야 한다'라는 방식으로 규정하고 있다. 다만, 인허가를 기속행위로 규정하는 경우에는 인허가의 기준을 '요건'으로 명확하게 규정하고 있고, 재량행위로 규정하는 경우에는 인허가의 기준을 '기준'으로 규정하면서 처분시 이익형량의 여지를 허용하고 있다.

<입법례> 재량규정임을 명확하게 규정한 경우

건축법 제11조 ① ‒ ③ (생략)
④ 허가권자는 제1항에 따른 건축허가를 하고자 하는 때에 「건축기본법」 제25조에 따른 한국건축규정의 준수 여부를 확인하여야 한다. 다만, 다음 각 호의 어느 하나에 해당하는 경우에는 이 법이나 다른 법률에도 불구하고 건축위원회의 심의를 거쳐 건축허가를 하지 아니할 수 있다.
1. 위락시설이나 숙박시설에 해당하는 건축물의 건축을 허가하는 경우 해당 대지에 건축하려는 건축물의 용도·규모 또는 형태가 주거환경이나 교육환경 등 주변 환경을 고려할 때 부적합하다고 인정되는 경우

2. 「국토의 계획 및 이용에 관한 법률」 제37조제1항제4호에 따른 방재지구(이하 "방재지구"라 한다) 및 「자연재해대책법」 제12조제1항에 따른 자연재해위험개선지구 등 상습적으로 침수되거나 침수가 우려되는 지역에 건축하려는 건축물에 대하여 지하층 등 일부 공간을 주거용으로 사용하거나 거실을 설치하는 것이 부적합하다고 인정되는 경우

<입법례> 기속규정임을 명확하게 규정한 경우

도로교통법 제85조(운전면허증의 발급 등) ① (생략)
② 시·도경찰청장은 운전면허시험에 합격한 사람에 대하여 행정안전부령으로 정하는 운전면허증을 발급하여야 한다.

<입법례> 기속규정인지 재량규정인지 명확하게 규정하지 않은 경우

농수산물 유통 및 가격안정에 관한 법률 제19조(허가기준 등) ① 도지사는 제17조 제3항에 따른 허가신청의 내용이 다음 각 호의 요건을 갖춘 경우에는 이를 허가한다.
1. 도매시장을 개설하려는 장소가 농수산물 거래의 중심지로서 적절한 위치에 있을 것
2. 제67조 제2항에 따른 기준에 적합한 시설을 갖추고 있을 것
3. 운영관리계획서의 내용이 충실하고 그 실현이 확실하다고 인정되는 것일 것

여객자동차운수사업법 제4조(면허 등) ① 여객자동차운송사업을 경영하려는 자는 사업계획을 작성하여 국토교통부령으로 정하는 바에 따라 국토교통부장관의 면허를 받아야 한다. 다만, 대통령령으로 정하는 여객자동차운송사업을 경영하려는 자는 사업계획을 작성하여 국토교통부령으로 정하는 바에 따라 특별시장·광역시장·특별자치시장·도지사·특별자치도지사(이하 "시·도지사"라 한다)의 면허를 받거나 시·도지사에게 등록하여야 한다.
제5조(면허 등의 기준)① 여객자동차운송사업의 면허기준은 다음 각 호와 같다.
1. 사업계획이 해당 노선이나 사업구역의 수송 수요와 수송력 공급에 적합할 것
2. 최저 면허기준 대수(臺數), 보유 차고 면적, 부대시설, 그 밖에 국토교통부령으로 정하는 기준에 적합할 것
3. 대통령령으로 정하는 여객자동차운송사업인 경우에는 운전 경력, 교통사고 유무, 거주지 등 국토교통부령으로 정하는 기준에 적합할 것

일반적으로 위법행위에 대한 제재조치는 위법행위자의 개별적 사정이나 위반행위의 정도 등을 종합적으로 고려하고, 관련 이익을 형량하여 행하여야 하므로 재량행위로 규정하는 것이 타당하다. 그러나 특별한 사회상황하에서 일정한 불법행위에 대하여 특별히 엄한 제재조치를 가하고자 하는 입법자의 결단이 선 경우에는 예외적으로 당해 제재조치를 기속행위로 규정할 수도 있다. 실제로 중대한 법규 위반의 경우 취소하여야 하는 것으로 규정하고 있다.[98]

<입법례>

여객자동차운수사업법 제49조의15(플랫폼가맹사업의 면허취소 등) ① 국토교통부장관 또는 시·도지사는 플랫폼가맹사업자가 다음 각 호의 어느 하나에 해당하는 때에는 그 면허를 취소하거나 6개월 이내의 기간을 정하여 그 사업의 전부 또는 일부의 정지를 명할 수 있다. 다만, 제2호 및 제7호의 경우에는 그 면허를 취소하여야 한다.

1. 제24조에 따른 여객자동차운송사업의 운전업무 종사자격이 없는 자에게 여객을 운송하게 한 경우
2. 거짓이나 그 밖의 부정한 방법으로 제49조의10 제1항에 따른 면허를 받은 경우
3. 거짓이나 그 밖의 부정한 방법으로 제49조의10 제2항에 따른 사업계획의 변경인가를 받은 경우
4. 제49조의10 제2항을 위반하여 사업계획의 변경인가를 받지 아니하거나 변경신고를 하지 아니한 경우
5. 제49조의10 제5항에 따른 면허의 기준을 충족하지 못하게 된 경우. 다만, 3개월 이내에 그 기준을 충족시킨 경우에는 그러하지 아니하다.

---

98) 도로교통법 제78조 제1항 단서 제8호의 규정에 의하면, 술에 취한 상태에 있다고 인정할 만한 상당한 이유가 있음에도 불구하고 경찰공무원의 측정에 응하지 아니한 때에는 필요적으로 운전면허를 취소하도록 되어 있어 처분청이 그 취소 여부를 선택할 수 있는 재량의 여지가 없음이 그 법문상 명백하므로, 위 법조의 요건에 해당하였음을 이유로 한 운전면허취소처분에 있어서 재량권의 일탈 또는 남용의 문제는 생길 수 없다(대법원 2004. 11. 12. 선고 2003두12042 판결).

6. 정당한 사유 없이 제49조의14에 따른 개선명령을 이행하지 아니한 경우

7. 제49조의16에서 준용하는 제6조 각 호의 어느 하나에 해당하게 된 경우. 다만, 법인의 임원 중 제6조 각 호의 어느 하나에 해당하는 자가 있는 경우 3개월 이내에 그 임원을 개임하면 취소하지 아니한다.

8. ～ 13. (생략)

위법행위에 대한 제재조치를 전부 또는 일부 재량행위로 규정하여야 함에도 기속행위로 규정한 경우에는 해당 법률규정은 전부 또는 일부가 비례의 원칙에 반하게 되고, 그 한도내에서 해당 규정은 위헌·무효가 된다. 예를 들면, 입법자가 임의적(재량적) 규정으로도 법의 목적을 실현할 수 있음에도 여객운송사업자가 지입제 경영을 한 경우 구체적 사안의 개별성과 특수성(해당 사업체의 규모, 지입차량의 비율, 지입의 경위 등)을 전혀 고려하지 않고 그 사업면허를 필요적으로(기속적으로) 취소하도록 한 여객자동차운송사업법 제76조 제1항 단서 중 제8호 부분이 비례의 원칙의 요소인 '피해최소성의 원칙' 및 '법익균형성의 원칙'에 반한다고 결정한 사례(헌재 2000. 6. 1, 99헌가11·12(병합))가 있다.

3. 행정기관의 재량권 행사

(1) 재량권 행사의 실제

행정기관은 재량준칙(재량권 행사의 기준)을 제정함이 없이 재량권을 행사하여 처분 등을 할 수 있지만, 아무런 기준없이 재량권을 행사하는 경우 자의적인 재량권 행사의 문제 등이 야기될 수 있기 때문에 공정한 재량권 행사 등을 위해 재량준칙(재량권 행사의 기준)을 제정하여 재량준칙에 따라 재량권을 행사하는 경우가 많다.

재량준칙은 행정청이 재량권을 갖는 경우 행정에 일관성을 보장하고, 재량권의 자의적인 행사를 방지하고, 행정권 행사의 편의성을 보장하기 위하여 재량권 행사의 기준을 정하면서도 합목적적인 행정(구체적 타당성이 있는 행정)이

가능하도록 특별한 사정이 있는 경우에는 재량준칙과 다른 처분을 허용하는 행정입법의 방식이다. 합리적인 이유가 있는 경우, 즉 특별한 사정이 있어서 재량준칙을 적용하지 않는 것이 타당하다고 여겨지는 경우에는 예외적으로 재량준칙을 적용하지 않아도 그러한 행정처분은 위법한 처분이 되지 않는다.

그런데 행정실무에 있어서는 재량준칙이 수치로 획일적으로 규정되는 경우가 많다. 다만, 최근 재량준칙에 제한적이나마 탄력성이 부여되고 있다. 현재 재량권 행사의 기준을 정하는 대통령령이나 총리령, 부령, 훈령 등 행정규칙 제정의 실무는 제재기준을 일률적으로 정하면서도 특별한 사정이 있는 경우 동 제재기준을 일정한 기준에 따라 감경할 수 있다는 감경규정을 두는 경우가 적지 않다. 가중 또는 감경할 수 있다는 규정을 두거나, 감면할 수 있다고 규정하는 경우도 있으나,[99] 감경의 범위를 재량기준의 1/2 이하로 규정한 경우가 많다.[100] 그런데 행정의 실무상 구체적 사정을 고려한 감경은 잘 행해지고 있지 않다. 감경기준 자체를 획일적으로 정하여 재량의 여지를 제한하는 경우도 있다. 즉, 도로교통법 제93조 및 도로교통법 시행규칙 [별표 28]은 일단 음주운전에 대한 운전면허의 취소 또는 정지의 기준을 획일적으로 규정하고 있다. 우선 술에 취한 상태에서 운전한 때 취소의 기준은 다음과 같다.

① 술에 취한 상태의 기준(혈중알콜농도 0.03퍼센트 이상)을 넘어서 운전을 하다가 교통사고로 사람을 죽게 하거나 다치게 한 때

---

99) 약사법 시행규칙 제96조 <별표 8>.

100) 식품위생법과 동법 시행령의 예를 보면 식품위생법 제75조 제1항은 허가의 취소 또는 영업정지처분을 재량행위로 규정하고 있고, 동조 제4항은 제1항의 규정에 의한 행정처분의 세부적인 기준은 위반행위의 유형과 위반의 정도를 참작하여 총리령으로 정하도록 위임하고 있다. 이 위임에 근거하여 동법 시행규칙 제89조 별표 23은 위반의 유형 및 위반의 정도에 따라 일률적인 제재처분의 기준을 정하면서도 일정한 기준에 따라 처분 기준을 감경할 수 있도록 규정하고 있다.

② 혈중알콜농도 0.08퍼센트 이상의 상태에서 운전한 때

③ 술에 취한 상태의 기준을 넘어 운전하거나 술에 취한 상태의 측정에 불응한 사람이 다시 술에 취한 상태(혈중알콜농도 0.03퍼센트 이상)에서 운전한 때

④ 술에 취한 상태에서 운전하거나 술에 취한 상태에서 운전하였다고 인정할 만한 상당한 이유가 있음에도 불구하고 경찰공무원의 측정 요구에 불응한 때

술에 취한 상태의 기준(혈중알콜농도 0.03퍼센트 이상 0.08퍼센트 미만)을 넘어서 운전한 때에는 운전면허정지처분을 내리는 것으로 규정되어 있다.

위의 운전면허 취소기준 또는 정지기준에 해당하는 경우에도 다음과 같은 경우에는 감경할 수 있는 것으로 규정하고 있다. 감경사유는 다음과 같다: 음주운전으로 운전면허 취소처분 또는 정지처분을 받은 경우 운전이 가족의 생계를 유지할 중요한 수단이 되거나, 모범운전자로서 처분당시 3년 이상 교통봉사활동에 종사하고 있거나, 교통사고를 일으키고 도주한 운전자를 검거하여 경찰서장 이상의 표창을 받은 사람으로서 다음의 어느 하나에 해당되는 경우가 없어야 한다. 1) 혈중알콜농도가 0.1퍼센트를 초과하여 운전한 경우, 2) 음주운전 중 인적피해 교통사고를 일으킨 경우, 3) 경찰관의 음주측정요구에 불응하거나 도주한 때 또는 단속경찰관을 폭행한 경우, 4) 과거 5년 이내에 3회 이상의 인적피해 교통사고의 전력이 있는 경우, 5) 과거 5년 이내에 음주운전의 전력이 있는 경우.

그런데 감경은 애초부터 처분청이 하는 것이 아니라 행정처분을 받은 날(정기 적성검사를 받지 아니하여 운전면허가 취소된 경우에는 행정처분이 있음을 안 날)부터 60일 이내에 그 행정처분에 관하여 주소지를 관할하는 시·도경찰청장에게 이의신청을 하여야 하며, 이의신청을 받은 시·도경찰청장은 제96조에 따른 운전면허행정처분 이의심의위원회의 심의·의결을 거쳐 처분을 감경할 수 있도록 규정하고 있다.

통상 행정기관은 재량준칙을 그대로 적용하여 처분을 하고 있고, 특별한 사

정을 이유로 재량준칙과 다른 처분을 하는 예는 극히 드물다. 그 이유는 공무원에게 재량준칙의 본질에 대한 이해가 부족하고, 다른 한편으로 재량권 행사의 남용을 막고 재량권 행사와 관련한 부정청탁과 부패를 막기 위함이다. 행정기관장은 하급공무원의 부패를 막고, 재량권 행사에 대한 국민의 공정성 시비를 피하기 위하여 재량권 행사의 기준을 획일적으로 정하고 이를 그대로 적용하도록 하는 경우가 많다. 실무담당 공무원도 공정성 시비와 재량권 행사의 어려움을 피하기 위하여 획일적으로 정해진 재량준칙을 그대로 적용하며 특별한 사정이 있는 경우에도 예외적인 조치를 취하지 않는 경우가 보통이다. 이러한 행정실무는 행정의 구체적 타당성을 도외시하는 것이다.

앞에서 서술한 바와 같이 판례가 제재처분의 기준을 정하는 재량준칙의 법적 구속력을 부인하자 행정권은 해당 재량준칙을 그 형식만 바꾸어 법규명령(부령)으로 제정하였고, 판례가 부령형식의 제재처분의 기준을 정하는 재량준칙의 법적 구속력을 부인하자[101] 행정권이 다시 해당 재량준칙을 대통령령의 형식으로 제정한 것은 재량권 행사의 기준도 정해진 대로 적용하여야 한다는 생각을 관철시키기 위한 것이었다고 볼 수 있다. 이러한 일련의 과정은 공무원들은 재량준칙도 특별한 사정을 고려함이 없이 그대로 적용하여야 한다는 생각을 갖고 있다는 것을 반증해주고 있다.

(2) 행정권의 구체적 타당성 있고 적정한 재량권 행사의 방식

행정권은 재량처분의 기준을 가능한 한 구체적으로 규정하여야 하고 특별한 사정[102]이 없는 한 이를 공개하여야 할 것이다. 공무원의 전문성과 청렴의식

---

101) 대법원 1984. 2. 28. 선고 83누551 판결.
102) 재량처분의 기준이 아직 확립되어 있지 않거나 재량처분의 기준을 공개하는 것이 심히 부당한 결과를 가져올 수 있는 경우에는 공개하지 않는 것이 타당할 수도 있다.

이 높지 않은 점을 고려할 때 재량기준에 따라 처분을 하도록 하는 것이 타당할 수도 있다.[103] 그렇지만 특별한 사정이 있는 경우에는 재량준칙을 변경할 수 있고, 재량준칙과 다른 처분을 하여야 한다. 구체적인 사정을 고려하여 재량준칙과 다른 처분을 하여야 하는 것이 합리적인 경우에는 적극적으로 재량준칙과 다른 처분을 하도록 하여야 할 것이다. 다만, 이 경우 그 이유를 구체적으로 명시하도록 하고, 그러한 예외조치를 공개하도록 하여야 할 것이다.

법원은 행정규칙이 구속력이 없는 것으로 단정짓지 말고, 다수학설이 주장하는 바와 같이 평등원칙을 매개로 재량준칙의 간접적 구속력을 인정하여야 할 것이다. 또한 특별한 사정이 있음에도 특별한 사정을 고려함이 없이 재량준칙을 그대로 적용하여 재량권 행사를 하는 재량권의 불행사와 해태를 적극적으로 통제하여야 할 것이다. 최근 판례는 재량권의 불행사 및 해태를 재량권의 일탈·남용의 하나로 보고 있는데,[104] 보다 적극적으로 재량권의 불행사 및 해태로 인한 재량권의 일탈·남용을 인정하여야 할 것이다.

행정권은 재량준칙으로 정할 사항을 법규명령으로 정하려는 시도를 포기하고 행정규칙의 형식으로 정하여야 한다. 왜냐하면 재량준칙을 법규명령으로 정하는 것은 법률이 행정권에 부여한 재량권의 행사를 제약하게 되고[105] 다

---

103) 공무원에게 과도한 재량권을 주면 재량권이 자의적으로 적용될 우려가 있으며 부패와 부조리의 원인이 될 수 있다.

104) 대판 2005. 9. 15, 2005두3257[과징금부과처분취소] : 행정행위를 함에 있어 이익형량을 전혀 하지 아니하거나 이익형량의 고려대상에 마땅히 포함시켜야 할 사항을 누락한 경우 …… 에는 그 행정행위는 재량권을 일탈·남용한 위법한 처분이라고 할 수밖에 없다. ; 대판 2010. 7. 15, 2010두7031[과징금부과처분취소] : '부동산 실권리자명의 등기에 관한 법률 시행령' 제3조의2 단서의 과징금 임의적 감경사유가 있음에도 이를 전혀 고려하지 않거나 감경사유에 해당하지 않는다고 오인하여 과징금을 감경하지 않은 경우, 그 과징금 부과처분은 재량권을 일탈·남용한 위법한 처분이다.

105) 최근에 행정청은 부령의 형식으로 재량권 행사의 기준을 정함에 있어 처분의 기준을 보

른 한편으로 필요 이상으로 대통령령과 부령의 인플레를 유발하기 때문이다.

음주운전에 따른 운전면허취소 또는 정지를 예로 들면 다음과 같다. 앞에서 서술한 바와 같이 도로교통법령상 음주운전에 따른 운전면허취소 또는 정지처분의 기준은 제한적 탄력성만을 보장하는 방식으로 정해져 있다. 그런데 행정심판에서는 특히 음주운전에 따른 운전면허취소처분에 대한 행정심판의 기준이 보다 다양한 지표[106])에 의해 보다 다양하게 정해져 있다. 앞에서 서술한 바와 같이 이러한 행정심판의 기준을 음주운전에 따른 운전면허취소 또는 정지처분의 기준으로 한다면 처분의 형평성을 확대할 수 있고, 이를 통하여 국민의 권익에 대한 부당한 침해를 축소하고, 행정심판의 제기건수를 줄여 행정비용을 줄일 수 있을 것이다.

다 세분화하고 있고, 규정된 처분기준을 적용하는 것이 현저하게 불합리하다고 인정되는 때에는 처분기준을 감경하여 적용할 수 있는 것으로 규정하여 제한적이나마 행정청의 재량권 행사의 여지를 보장하고 있지만, 이들 규정도 가중처분과 2분의 1 이상의 감경을 제한하는 것으로서 구체적으로 타당한 행정을 제한하는 결과를 가져온다.

106) 알콜농도, 음주운전전력, 사고발생 여부, 교통법규위반전력, 직업상 운전면허의 필요성, 음주운전자의 경제적 사정의 지표, 공훈기록, 봉사실적 등 다양한 지표를 다양한 기준에 따라 행정심판을 하고 있다.

제6절 입법의 절차

Ⅰ. 입법안 작성과정

입법문제의 인식 및 분석 → 입법의 필요성 확인 → 입법 아이디어 → 입법의 구상
(입법개요(지침(instructions) 및 입법목적(objectives)의 설정) → 입법계획(legis-
lative programme) 및 입법 로드맵(Roadmaps) 작성(입법상 문제점에 대한 검토,
입법대안에 대한 개괄적 검토(장단점 분석), 입법영향에 대한 개괄적 검토, 입법절
차(의견수렴절차) 계획 수립) → 입법초안(legislative proposals) 작성 → 의견수
렴(관계기관 및 이해관계인의 참여와 협력) → 입법영향평가 → 의견수렴(관계기
관 및 이해관계인의 참여와 협력) → 입법안(final draft)의 작성 및 법령시행계획
(implementation plans) 작성

1. 입법문제의 인식 및 조사·분석

우선 입법문제[107]를 인식하고 그에 대한 조사·분석을 하여야 한다.

입법문제가 있는 법으로는 위헌적·위법적인 법, 이익조정이 잘못된 법,[108]
시대에 뒤진 법, 불명확한 법, 법의 효과성(effectiveness) 및 효율성(efficiency)
에 문제가 있는 법, 입법의 필요 및 문제와 입법목적 사이에 불일치(mismatch)
가 있는 법 등이 있다.

입법문제를 발견하는 자로는 법을 집행하는 공무원, 법을 적용하여 재판을
하는 법관, 법문제를 연구하는 학자, 소송수행을 위해 관련법을 조사하는 변
호사, 입법문제에 관심을 갖는 시민단체 등 국민, 이해관계인, 기업체, 기업협
회 등 이익단체 등이 있다. 최근 로펌은 입법문제의 해결도 로펌의 자문업무

---

107) 입법문제라 함은 입법에 의해 해결하는 것이 필요하거나 바람직한 문제를 말한다.

108) 기업의 로비, 뇌물, 권력자에 의해 입법자가 포획(capture)되거나 영향을 받은 경우에는
    이익조정이 잘못될 가능성이 있다.

의 하나로 포함하고 있다.

국민은 입법청원을 할 수 있다. 이해관계인, 기업체, 기업협회 등 이익단체
는 입법민원을 제기할 수 있다.

2. 입법적 해결의 필요성 인식, 입법아이디어(Legislative Idea), 입법과제 (legislative project)의 발굴

(1) 입법의 필요성

1) 사회변화와 법의 공백의 해소

기술 및 사회 변화에 따라 법의 제정 또는 개정의 필요성이 발생한다. 기술
및 사회의 변화를 수용하는 입법이 필요하고, 사회변화에 장애가 되거나 규율
필요성이 없어지거나 규율을 강화하거나 완화할 필요가 있는 기존의 법령은
개폐가 필요하다.

기술 및 사회의 변화를 수용한 입법의 예로는 인터넷의 발전에 따라 제정된
주소자원관리에 관한 법률, 정보통신기반보호법, 국가사이버안보기본법 등
인터넷관련법령의 제정, 제4차산업혁명에서의 신기술과 신산업을 수용하는
규제샌드박스 관련법의 제정 등이 있다.

사회변화에 따른 기존 법령의 개폐의 예로는 물 관련 법의 개폐를 들 수 있
다. 과거 물이 풍부하거나 크게 부족하지 않은 상태에서 제정된 물 관련 법령
은 물이 양적이나 질적으로 부족한 현재에는 현실에 맞게 변경될 필요가 있
다. 물 부족으로 물의 공공성이 증대한 오늘날에는 물이 부족하지 않은 상태
에서 연안주의(Riparian Rule)[109]에 따라 인정된 민법상 제231조 제1항의 하천
수사용권을 폐지하고 혼합주의(Hybrid System)를 택하여 하천법의 허가수리권
으로 통합하는 것이 타당하다.[110] 그리고 지하수나 지하공간의 합리적 이용을

---

109) 물에 가까운 위치에 있는 자에게 물사용우선권을 주는 입법례를 말한다.

위해 토지의 소유권은 정당한 이익 있는 범위내에서 토지의 상하에 미친다고 규정하고 있는 민법 제212조의 개정을 검토할 필요가 있다. 미국의 캘리포니아와 같이 물이 부족한 지역의 경우 물을 우선 이용한 자에게 우선권을 주는 선용주의(先用主義)의 수정·보완이 필요하다는 주장도 있다.

사회변화에 따른 기존 법령의 개폐의 예로 비료공장의 건설을 공용수용을 위한 공익사업에서 제외한 것도 들 수 있다. 식량부족이 심하여 식량의 증산이 중요한 공익이었던 과거에 비료공장의 건설은 공용수용을 위한 공익사업에 해당하였지만, 식량이 부족하지 않고, 외국으로부터 비료의 수입이 용이한 오늘날에는 비료공장의 건설은 더 이상 공용수용을 위한 공익사업에 해당한다고 볼 수 없다.

2) 법의 불명확성 해소

가. 해석규정

법령상 중요한 개념이 추상적인 불확정개념으로 규정되어 있어 불명확하고 해석상 논란의 여지가 있는 경우에는 해당 개념규정을 해석하는 규정(해석규정)을 둘 필요가 있다. 해석규정은 법률로 제정하는 경우, 명령으로 제정하는 경우, 행정규칙으로 제정하는 경우가 있다. 법률이나 명령으로 제정한 해석규정은 법규로서 법적 구속력을 갖지만, 행정규칙으로 제정된 해석규칙은 유권해석으로서의 성질을 가질뿐 법적 구속력을 갖지는 못한다.

나. 불명확성을 해소하는 입법

불명확한 규정을 명확하게 하기 위해 법령을 개정할 필요가 있다. 예를 들

---

110) 박균성, 하천수 사용에 관한 공법적 연구, 토지공법연구 제44권, 한국토지공법학회, 2009.5 참조.

면, 국가배상법상의 공무원에 공무를 수탁받은 사인이 포함되는지 논란이 있었다. 이러한 불명확성을 해소하기 위해 2009년 국가배상법상 공무원에 "공무를 수탁받은 사인"을 포함하는 것으로 명시하는 국가배상법의 개정이 있었다.

법의 불명확성은 사회의 변화에 따라 발생하기도 한다. 종래 주택의 임차제도로 전세제도와 월세제도가 있었다. 그런데 최근 반전세가 늘고 있는데 반전세에 관한 법규정은 없다. 반전세에 대한 법규정이 없는 상황하에서 반전세금을 전세금으로 볼 것인가, 임차보증금으로 볼 것인가의 문제가 제기된다.

3) 정책의 시행, 공익 실현을 위한 입법

가. 정책의 시행을 위한 입법

정책의 민주성, 일관성, 명확성, 효율성, 지속성, 예산배정의 근거 등을 위해 정책의 입법화가 필요하다. 환경정책기본법 등 정책기본법은 정책의 기본원칙을 정한 법이다. 정책을 법으로 정하면 정권의 변경을 넘어 국가정책이 장기적으로 일관성있게 시행되는 것을 보장해줄 수 있고, 정책실현을 위한 예산의 배정에도 도움이 되고 있는 것이 현실이다.

또한 정책목적의 효과적인 실현을 위해 강제력있는 법규범을 제정할 필요가 있다. 그리고 법률유보의 원칙상 중요한 행정권의 행사에는 법령의 근거가 있어야 하므로 정책의 실현을 위해 공권력적인 행정권 행사가 필요한 경우에는 법령에 그 근거를 마련해주어야 한다.

나. 규제완화정책의 시행을 위한 입법

이명박 정부와 박근혜 정부의 네거티브규제정책, 문재인 정부의 포괄적 네거티브규제정책의 실현을 위해 포지티브규제방식의 입법을 가능한 한 네거티브규제방식의 입법으로 전환하고자 하는 입법정책이 추진되었다. 그러나 앞에서 서술한 바와 같이 네거티브규제방식의 입법이 타당하지 않은 경우도 있으므로 네거티브규제방식의 입법으로 입법을 할 것인지 아니면 포지티브규제방식으로 입법을 할 것인지 입법사항에 따라 결정하여야 한다.

선허용-후규제원칙의 실현을 위한 실험법률의 제정, 규제샌드박스입법의 정비 등도 규제완화의 의미를 가질 수 있다. 다만, 선허용-후규제가 기업에게 항상 유리한 것도 아니고 선허용하면 공익에 회복할 수 없는 손해를 발생시키는 경우, 선허용 후에 규제하는 것이 매우 어렵게 되는 경우도 있다는 것을 알고 이러한 경우에는 신속한 선규제입법후 허용하는 것으로 하여야 할 것이다.

다. 공익의 실현을 위한 입법

공익보장을 위해 입법이 필요한 경우가 많다. 예를 들면, 안전기준의 강화, 아동의 보호(예, 유치원내 CCTV 설치, 어린이보호구역의 설치), 환경보호의 필요, 기본권 보호, 국민 권익의 보호, 국민 불편의 해소, 탈법행위(behavioural biases)의 규제, 시장의 실패 해소, 사회보장 등을 위해 입법이 행해진다.

(2) 입법아이디어 및 입법과제의 발굴

입법아이디어 및 입법과제는 입법자가 스스로 발굴하기도 하지만 아래와 같이 다양한 경로로 입법아이디어가 발굴될 수 있다.

1) 연구논문을 통한 입법과제의 발굴

법학논문은 해석론을 연구하는 경우가 많지만, 입법론을 연구하는 경우도 적지 않다. 논문에서 제시된 입법론으로부터 입법아이디어와 입법과제를 발굴할 수 있다.

2) 판결문에서 입법과제의 발굴

법원이 법령을 구체적 사건에 적용하여 재판을 하기 위해서는 관련 법령의 위헌·위법성을 심사하고, 관련 법령을 해석하여야 하고, 관련 법령을 해당 사건에 적용하여 사건을 해결하는 것이 정의로운 것인가(형평성있는 것인가)를 검토하게 된다. 이러한 재판과정에서 법령의 문제점이 드러나는 경우가 있고, 그러한 관련 법령의 문제점을 판결문에 적시하는 경우도 있다.

예를 들면, 대법원은 1994년 3월 8일 생수시판금지위반행위에 대한 과징금부과처분취소청구사건111)에서 생수의 국내 판매를 제한했던 보건사회부고시(「식품제조영업허가기준」, 1985. 3. 11. 보건사회부고시 제8517호로 개정된 것)는 헌법상 보장된 직업의 자유와 국민의 행복추구권을 침해하는 것으로서 헌법에 위반되어 효력이 없으며, 이를 근거로 한 과징금부과처분은 위법이라 판시함으로써, 종래 논란이 되어 왔던 생수사업에 대한 시장진입규제문제에 종지부를 찍었다. 대법원은 특히 생수의 국내 판매를 제한한 고시의 법적 효력을 인정하면서도 이를 직업의 자유와 행복추구권 등 헌법상 기본권문제와 결부시켜 위헌무효라고 판단함으로써 기존 진입규제의 정당성을 박탈하는 정책적 판단을 내렸을 뿐만 아니라 이후 먹는 물에 대한 합리적인 수질관리 및 위생관리를 기하고 먹는 샘물의 제조 판매를 규율하기 위하여 「먹는물 관리법」(1995. 1. 5. 법률 제4908호)이 제정되도록 하는 입법정책적 영향을 미쳤다.112) 이 사건 판결은 단지 생수판매제한에 대한 기존 정책과 이에 대한 행정처분이 헌법적 이유로 저지되었을 뿐 아니라 행정부 주무부서인 보건사회부, 그리고 입법을 통한 최종적 결정권을 가진 국회가 내렸어야 할 생수판매규제정책의 방향전환에 대한 결정을 사법부에게 전가한 예라고 평가되기도 한다.113)

행정기관은 국가나 행정청이 당사자가 된 재판을 수행하면서 알게 된 법령

---

111) 대법원 1994. 3. 8. 선고 92누1728 판결.

112) 윤진수, 보존음료수의 판매제한과 헌법, 특별법연구 제5권, 1997, 1-33면.

113) 홍준형, 국회와 사법부의 관계, 의정연구 제4권 제2호, 1998, 38면.

의 입법상 문제점이나 법원의 판결문에 나타난 입법상 문제점으로부터 입법의 아이디어와 입법과제를 발굴하여 입법안을 작성하는 경우가 적지 않다. 재판에서 법령의 적용상의 문제점이 지적되는 경우에 행정부에서는 이를 참조하여 해당 법령을 개정하는 경우가 적지 않다.

3) 통설 및 판례를 반영한 입법

법령의 공백시에 법령을 유추적용한 판례, 확대해석하거나 축소해석한 판례가 나온 경우에는 해당 판례를 참조하여 해당 법령을 개정하는 것이 가능하다. 그리고 법령의 해석에 관한 학설의 대립이 정리되어 설득력있는 하나의 학설도 통일된 경우에는 그러한 학설을 반영하여 법령개정안을 만드는 것도 가능하다.

4) 사후입법평가(ex-post evaluation)를 통한 입법과제 발굴

법제처장은 행정 분야의 법제도 개선을 위하여 필요한 경우에는 행정기본법 제39조 제2항에 따라 현행 법령을 대상으로 입법의 효과성, 입법이 미치는 각종 영향 등에 관한 체계적인 분석(이하 "입법영향분석"이라 한다)을 실시할 수 있다(행정기본법 시행령 제17조 제1항). 법제처장은 입법영향분석 결과 해당 법령의 정비가 필요하다고 인정되는 경우에는 소관 중앙행정기관의 장과 협의하여 법령정비계획을 수립하거나 입법계획에 반영하도록 하는 등 필요한 조치를 할 수 있다(제3항). 법제처장은「정부출연연구기관 등의 설립·운영 및 육성에 관한 법률」별표에 따른 한국법제연구원으로 하여금 제1항부터 제3항까지에서 규정한 업무를 수행하기 위하여 필요한 조사·연구를 수행하게 할 수 있다(제4항).

5) 정책연구보고서로부터 입법과제 발굴

정부는 정책연구를 발주하는 경우에 관련 법제도에 대한 개선방안도 연구보고서의 연구내용으로 포함시키는 경우가 있다. 이 경우 행정기관은 정책연구보고서로부터 입법과제를 발굴한다.

6) 외국의 입법례로부터 입법과제 발굴

외국의 입법례로부터 입법과제를 발굴할 수 있다. 우리나라에는 없는 외국의 법제도, 우리나라의 법제도와 비교되는 외국의 법제도의 비교법적 연구를 통해 입법과제를 발굴할 수 있다.

7) 입법청원 또는 입법민원으로부터 입법과제 발굴

일반 국민, 시민단체, 이해관계인(기업체, 협회 등)의 입법청원 또는 정당한 입법민원으로부터 입법과제를 발굴할 수 있다.

(3) 사법부의 입법의견제출

「법원조직법」제9조 제3항에 따르면 대법원장은 법원의 조직, 인사, 운영, 재판절차, 등기, 가족관계등록 기타 법원업무에 관련된 법률의 제정 또는 개정이 필요하다고 인정하는 경우에는 국회에 서면으로 그 의견을 제출할 수 있다. 실제에 있어서도 법원조직법 개정안, 행정소송법 개정안 등이 "입법의견"의 형식으로 국회에 제출된 적이 있다.

행정소송법 제6조 제1항은 "행정소송에 대한 대법원 판결에 의하여 명령·규칙이 헌법 또는 법률에 위반된다는 것이 확정된 경우에는 대법원은 지체없이 그 사유를 행정안전부장관에게 통보하여야 한다."고 규정하고 있다. 재판에서 법규명령의 위법성이 확정된 경우에 행정부는 당해 법규명령을 대체하는 법령을 제정 또는 개정하여야 한다.

법원이 「법원조직법」 제9조 제3항에서 정한 법률안(법원업무에 관련된 법률안) 이외의 법률안을 만들어 입법의견의 형식으로 입법부나 행정부에 보내는 것이 가능한지가 문제될 수 있다. 외국의 입법례 중에는 행정부가 법원에 입법의견을 묻는 경우도 있다. 예를 들면, 프랑스의 최고사법관회의는 대통령의 자문요청이 있는 경우 이에 대하여 입법의견을 제시하고 있다. 미국의 경우 미국의 사법회의는 입법과정 중에 있는 법안에 대한 입법부의 자문요청에 응하고 있다. 또한 연방법률안의 문법적 오류와 법안작성상의 오류, 그 밖의 소송을 촉발할 수 있는 법문언의 모호성 등에 관한 의견을 법원이 검토하여 의회에 전달하는 Statutory Housekeeping 제도가 1990년대 초반 이후 시행되고 있다.

재판시 드러난 법령의 문제점을 입법부나 행정부에 전달하여 법령정비에 참고하도록 하는 것을 제도화하는 것을 검토할 필요가 있다. 그러한 제도가 없더라도 사법부가 재판시 드러난 법령의 문제점을 입법부나 행정부에 전달하는 것은 권력분립의 원리에 반하는 것은 아니며 오히려 바람직한 것이다.

3. 입법을 통한 해결과 입법이외의 방법을 통한 해결의 선택

입법이외의 방법(기존 법령의 적용, 자율규제 등)에 의해서도 입법목적을 실효성있게 달성할 수 있는 경우에는 가능한 한 입법이외의 방법을 택하는 것이 바람직하다.

입법할 여건이 조성되지 않은 경우에는 여건 조성을 기다려 입법하는 것이 바람직할 수 있다. 이 경우 입법공백을 메우기 위해 가이드라인이나 자율규제, 사법(私法)을 포함한 기존 법령의 적용, 행정지도 등을 활용할 수 있다.

학설의 대립이 심하거나 중대한 사회 변화가 예상되는 경우 등에는 해석을 통한 해결(판례를 통한 해결)이 바람직한 경우도 있다. 이러한 연유로 입법의 불비가 있음에도 의도적으로 입법하지 않는 것을 '의도된 입법의 불비'라고 한다. 예를 들면, 국가배상법은 공무원의 피해자에 대한 개인책임규정을 두지 않고, 그 문제의 해결을 학설 및 판례의 발전에 맡기고 있다.

4. 입법안(Bill)의 작성(Construction, drafting)

입법기술이라 함은 정해진 입법내용을 조문화하는 기술을 말한다. 법률용어, 법률문장, 법령의 체계 및 조문의 위치의 선택·결정, 관련 법령과의 관계 정립, 경과규정, 시행일의 결정 등이 이에 해당한다.

(1) 입법초안(draft legislation) 및 입법안의 작성

입법초안은 통상 입법실무담당자가 작성한다.

정부법률안은 통상 주무 행정기관의 담당과에서 작성한다. 앞에서 서술한 바와 같이 정책보고서에 기초하여 입법초안을 만들기도 하고, 선례가 없는 신기술 등 새로운 입법문제에 관한 입법초안은 관련 행정기관, 관련분야의 전문가, 이해관계인 대표로 구성되는 입법초안테스크포스를 구성하여 만들기도 한다.

의원입법초안은 국회의원의 책임하에 국회 법제조직(국회사무처 법제실)과 입법보좌관의 지원을 받아 작성한다. 국회의원이 정책내용을 국회 법제실에 보내면 국회 법제실에서 조문화를 통해 법률초안을 만들어 국회의원에게 전달한다. 앞에서 서술한 바와 같이 정부입법안, 협회 등 이익집단, 시민단체의 입법안이 의원입법안으로 제출되는 경우도 있다.

입법초안을 작성하는 경우 입법지침 및 입법매뉴얼(예, 법제처 입법입안·심사기준)과 입법기술에 맞게 작성하여야 한다. 그러면서도 이를 응용하여 입법주제에 맞추는 창의성을 발휘하여야 한다. 관행상 사용되는 법령용어 및 법령문장·표현을 사용하되 '알기쉬운 법령만들기사업'의 취지에 맞게 국민이 이해하기 쉬운 용어와 표현, 문장을 사용하도록 노력하여야 한다.

입법안의 작성에 있어서 통과가능성도 고려하여야 한다. 입법에 대한 반대가 심한 경우에는 아무리 좋은 입법안이라도 통과되지 못하는 경우가 있다. 그러나 입법안 중에서 입법반대가 큰 입법조항을 빼거나 추상적으로 규정하여 일단 통과시키고 추후 개정하는 입법실무는 입법이론의 관점에서 보면 문제가 있다.

(2) 법령용어

법령용어는 국민의 권리의무에 영향을 미치므로 명확한 용어를 사용하여야 한다. 그리하여 법령용어는 일상에서 사용하는 용어와 다를 수 있다. 예를 들면, 법령상 철회라는 용어는 본래 적법한 행위를 해당 행위 후의 사정을 이유로 효력을 상실시키는 행위를 말하는데, 일상에서는 철회 대신 취소라는 용어를 사용하기도 한다.

그런데 법령용어는 가능한 한 어려운 용어를 피하고 국민이 알기 쉬운 용어를 사용하여야 하고, 입법자 및 입법실무자의 법률전문성에는 일정한 한계가 있으므로 잘못되거나 불명확한 법령용어로 입법하는 경우도 있다. 이 경우에는 판례나 학문상으로 해당 법령용어를 다른 개념으로 사용한다. 즉 법령용어와 학문상 개념이 다른 경우가 있다. 예를 들면, 위법한 행위의 효력을 상실시키는 취소와 적법한 행위의 효력을 상실시키는 철회는 법문제의 해결을 위해 구별하는 것이 타당한데, 법령상 취소와 철회를 구별하여 사용하는 경우114)도

---

114) 국유재산법 제36조(사용허가의 취소와 철회) ① 중앙관서의 장은 행정재산의 사용허가를 받은 자가 다음 각 호의 어느 하나에 해당하면 그 허가를 <u>취소하거나 철회할 수 있다.</u>
　　1. 거짓 진술을 하거나 부실한 증명서류를 제시하거나 그 밖에 부정한 방법으로 사용허가를 받은 경우

있지만 그렇지 않은 경우도 있다. 예를 들면, 법령위반을 이유로 행위의 효력을 상실시키는 것은 철회인데, 법령상으로는 취소라는 용어를 사용한다. 즉, 도로교통법 위반을 이유로 운전면허의 효력을 상실시키는 것은 학문상 철회인데, 도로교통법은 이 경우 철회가 아니라 취소라는 용어를 사용한다.[115]

앞에서 서술한 바와 같이 학문상(행정법상) 허가, 특허, 인가를 구별하지만,

---

2. 사용허가 받은 재산을 제30조 제2항을 위반하여 다른 사람에게 사용·수익하게 한 경우
3. 해당 재산의 보존을 게을리하였거나 그 사용목적을 위배한 경우
4. 납부기한까지 사용료를 납부하지 아니하거나 제32조 제2항 후단에 따른 보증금 예치나 이행보증조치를 하지 아니한 경우
5. 중앙관서의 장의 승인 없이 사용허가를 받은 재산의 원래 상태를 변경한 경우
② 중앙관서의 장은 사용허가한 행정재산을 국가나 지방자치단체가 직접 공용이나 공공용으로 사용하기 위하여 필요하게 된 경우에는 그 허가를 철회할 수 있다.

115) 도로교통법 제93조(운전면허의 취소·정지) ① 시·도경찰청장은 운전면허(연습운전면허는 제외한다. 이하 이 조에서 같다)를 받은 사람이 다음 각 호의 어느 하나에 해당하면 행정안전부령으로 정하는 기준에 따라 운전면허(운전자가 받은 모든 범위의 운전면허를 포함한다. 이하 이 조에서 같다)를 취소하거나 1년 이내의 범위에서 운전면허의 효력을 정지시킬 수 있다. 다만, 제2호, 제3호, 제7호, 제8호, 제8호의2, 제9호(정기 적성검사 기간이 지난 경우는 제외한다), 제14호, 제16호, 제17호, 제20호의 규정에 해당하는 경우에는 운전면허를 취소하여야 하고(제8호의2에 해당하는 경우 취소하여야 하는 운전면허의 범위는 운전자가 거짓이나 그 밖의 부정한 수단으로 받은 그 운전면허로 한정한다), 제18호의 규정에 해당하는 경우에는 정당한 사유가 없으면 관계 행정기관의 장의 요청에 따라 운전면허를 취소하거나 1년 이내의 범위에서 정지하여야 한다.
1. 제44조 제1항을 위반하여 술에 취한 상태에서 자동차등을 운전한 경우
2. 제44조 제1항 또는 제2항 후단을 위반(자동차등을 운전한 경우로 한정한다. 이하 이 호 및 제3호에서 같다)한 사람이 다시 같은 조 제1항을 위반하여 운전면허 정지 사유에 해당된 경우
3. 제44조 제2항 후단을 위반하여 술에 취한 상태에 있다고 인정할 만한 상당한 이유가 있음에도 불구하고 경찰공무원의 측정에 응하지 아니한 경우
4. - 20. (생략)

실정 법령에서는 허가, 특허, 인가를 구별하지 않고, 인허가, 면허, 허가, 인가
등의 용어를 명확한 구분없이 사용(혼용)한다.

(3) 법의 구조
1) 총칙규정
가. 입법목적

입법목적을 궁극목적(예, 안전사회의 실현), 중간목적(국민의 생명·신체·재산의
보호), 직접목적(예, 자동차의 안전)으로 나누어 가능한 한 명확하게 제시하여야
한다.

법조문에서는 입법목적을 간결하게 규정하되, 별도의 입법자료(입법설명서
또는 입법해설서)에서 입법목적을 자세하게 서술하여야 할 것이다.

나. 정의규정

정의규정은 법령상 중요한 용어이면서 그 용어의 해석에 오해나 다툼이 있
을 수 있어 용어를 명확하게 정의할 필요가 있는 경우에 두어진다.

법령상 용어의 적용(포섭)범위를 명확하게 예측할 수 없는 경우에는 법령의
탄력성(포섭력)을 위해 그 용어의 해석을 판례에 맡기고 용어 정의를 하지 않
는 것이 바람직할 수도 있다.

정의규정은 총칙규정에 두는 것이 원칙인데,[116] 정의하려는 용어가 법령의 일

---

116) 토양환경보전법 제2조(정의) 이 법에서 사용하는 용어의 뜻은 다음 각 호와 같다.
    1. "토양오염"이란 사업활동이나 그 밖의 사람의 활동에 의하여 토양이 오염되는 것으로
      서 사람의 건강·재산이나 환경에 피해를 주는 상태를 말한다.
    2. "토양오염물질"이란 토양오염의 원인이 되는 물질로서 환경부령으로 정하는 것을 말
      한다.
    3. — 7. (생략)

부분에서만 사용되는 경우에는 그 용어가 사용되는 곳에서 정의하기도 한다.117)
정의규정은 상위 법령에 반하지 않는 한 법적 구속력을 갖는다.

다. 적용범위에 관한 규정

법령의 적용범위에 관한 규정을 반드시 두어야 하는 것은 아니다. 적용범위에 관한 규정은 법령의 적용범위를 명확하게 할 필요가 있는 경우, 법령의 적용범위에서 일정한 사항을 제외할 필요가 있는 경우 등에 둔다. 적용범위의 규정방식은 적용범위를 적극적으로 규정하는 방식과 법령의 적용제외대상을 소극적으로 규정하는 방식이 있다. 적용대상과 적용제외대상을 함께 규정하는 경우도 있다.

특정조항이나 일부 조항의 적용범위를 정하는 경우에는 해당 법조항 또는 그 법조항 바로 다음에 둔다.

법령의 적용범위에 관한 사항을 하위법령에 위임하는 입법실무가 있는데, 이는 바람직한 것은 아니다.

라. 다른 법령과의 관계

법령은 하나의 통일적인 법질서를 이루므로 법령은 상호 관련되는 경우가 많다.

---

117) 토양환경보전법 제15조의8(잔류성오염물질 등에 의한 토양오염) ① 토양오염이 발생한 해당 부지 또는 그 주변지역(국가가 정화책임이 있는 부지 또는 그 주변지역으로 한정한다. 이하 이 조에서 같다)이 우려기준을 넘는 토양오염물질 외에 「잔류성유기오염물질 관리법」 제2조 제1호에 따른 잔류성유기오염물질(토양오염물질로서 이 법 제15조의3 제1항에 따른 정화기준이 정하여진 물질은 제외하며, 이하 "잔류성오염물질"이라 한다)로도 함께 오염된 경우에는 이 법 또는 다른 법령에 따른 정화책임이 있는 중앙행정기관의 장(이하 이 조에서 "토양오염정화자"라 한다)은 다음 각 호의 사항이 포함된 정화계획안을 작성하여 해당 지역주민의 의견을 들어야 한다.

① **일반법임을 명확히 하는 규정**: 다른 법률에 특별한 규정이 없는 경우에는 해당 법률을 적용한다는 것을 명확히 하는 규정이다(행정기본법 제5조 제1항).

② **해당 법률의 다른 법령에 대한 우선적용을 규정**: ⅰ) 다른 법률에 대한 특별법으로서 다른 법률에 우선하여 적용하여야 한다는 것을 명확히 규정하는 경우가 있다. ⅱ) 법령을 통일적으로 규정하기 위해 일반법률을 제정한 경우에는 특별법령인 다른 개별법령의 규정 중 해당 법률규정에 저촉되는 규정의 적용을 배제하는 규정을 둘 수 있다(질서위반행위규제법 제5조). 통일적으로 규정된 일반법률규정과 저촉되는 개별법령의 규정을 삭제하는 입법정비를 하는 것이 바람직하지만, 번거로운 입법부담이 되므로 이러한 규정을 두고 저촉되는 개별법령의 규정은 차후 해당 법률의 개정이 있는 경우에 정비하도록 하려는 것이다.

③ **해당 법률과 다른 법률의 우선적용을 함께 규정하는 경우**: 예를 들면, "이 법은 행정규제를 정하고 있는 다른 법령(「행정규제기본법」은 제외한다)에 우선하여 적용한다. 다만, 다른 법령의 개정으로 이 법에 따라 완화된 행정규제 내용보다 그 규제 내용이 더 완화되는 경우에는 그 법령에서 정하는 바에 따른다."(기업활동 규제완화에 관한 특별조치법 제3조).

④ **기본법임을 명확히 하는 규정**: ⅰ) 기본법이 이념이나 구체적인 법적 구속력이 없는 원칙을 규정한 경우에는 다른 법령의 입법시 기본법에서 규정한 이념이나 원칙에 맞도록 입법하여야 한다는 것을 명확히 하는 규정을 둔다(행정기본법 제5조 제2항, 과학기술기본법 제3조 등). ⅱ) 기본법이 법령을 통일적으로 규정하기 위한 일반법의 성격을 갖는 규정을 포함하고 있는 경우에는 앞에서 서술한 바와 같이 해당 규정의 우선적용을 규정한다. 예를 들면, 토지이용규제기본법 제4조는 "지역·지구등의 지정(따로 지정 절차 없이 법령 또는 자치법규에 따라 지역·지구등의 범위가 직접 지정되는 경우를 포함한다. 이하 같다)과 운영 등에

관하여 다른 법률에 제8조와 다른 규정이 있는 경우에는 이 법에 따른다."고 규정하고 있다.

⑤ **다른 법령에 의한 입법을 금지하는 규정**: 무분별한 입법을 막기 위해 다른 법령에 의한 입법을 금지하는 경우가 있다. 예를 들면, 공익사업을 위한 토지 등의 취득 및 보상에 관한 법률(약칭 토지보상법)은 '토지보상법에 따라 토지등을 수용하거나 사용할 수 있는 사업은 동법 제4조 또는 별표에 규정된 법률에 따르지 아니하고는 정할 수 없다'고 규정하고 있다(제4조의2 제1항).

⑥ **준용(準用)규정**: 준용규정이라 함은 다른 법률에 규정된 사항을 반복하여 규정하지 않고, 성질에 반하지 않는 한 다른 법률을 적용하도록 규정하는 입법기술의 하나이다.

준용규정은 법령규정을 간소화하기 위하여 사용된다. 준용이라 함은 준용되는 규정을 그대로 적용하는 것이 아니라 성질상의 차이를 고려하여 적용하는 것을 말한다. 따라서 준용규정을 두는 경우에 법령을 간소화할 수는 있지만 준용 가능여부나 준용시 내용의 수정 여부가 명확하지 않으면 법령내용을 특정하지 못하는 문제가 있다. 따라서 준용규정은 준용하는 법령내용을 명확히 할 수 있는 경우에 한하여 인정하여야 한다. 다만, 입법실무상 일부 법령내용을 특정할 수 없고, 적정한 법령내용에 대해 견해의 대립이 있는 경우이지만, 입법의 필요성이 큰 경우에는 법령내용을 특정할 수 있는 규정은 명문화하고 그렇지 못한 규정은 일반법적 규정 또는 유사한 규정을 준용하는 것으로 규정하고, 준용을 통한 법령내용의 특정은 후일의 학설 및 판례로 해결하도록 할 필요가 있는 경우에도 준용규정방식을 활용할 수 있다. 예를 들면, 행정소송법은 입법기술상 행정소송에 대한 규율(특수한 규율 포함)을 망라하여 규정하지 않고, 행정소송에 관하여 행정소송법에 특별한 규정이 없는 사항에 대하여는 법원조직법과 민사소송법 및 민사집행법의 규정을 준용하는 것으로 규정하고 있다(제8조). 행정소송도 소송인 점에서 민사소송과 달리 규율할 이유가 없는 경우가 있고, 행정소송에 대한 특수한 규율을 망라하여 규율하는 것이 입법기술상 어렵기 때문에 행정소송에 대한 특수한 규율을 규정하면서도 그 이외의 사항은 민사소송에 관한 규정을 준용하도록 하고 있는 것이다. 따라서 행정소송법에 규정되어 있지 않는 사항에 대하여는 성질상 허용되는 한도 내에서 민사소송에 관한 규정을 그대로 적용하거나 행정소송의 특수성을 고려하여 수정하여 적용하여야 한다(예, 민사소송법 제203조의 처분권주의(대판 1987. 11. 10, 86누491), 불고불리의 원칙(대판 1999. 5. 25, 99두1052), 민사소송법상 보조참가 (대판 2013. 3. 28, 2011두13729), 소의 취하 등). 그러나 행정소송은 권리구제기능 뿐만 아니라 행정통제기능도 수행하고 있고, 공익을 위해 특수한 규율을 할 필요가 있는 경우가 있으므로 성질상 민사소송법의 규정을 준용할 수 없는 경우가 있고, 이 경우에는 민사소송법이 준용되지 아니한다. 그러한 예로는 청구의 인낙, 포기, 화해 등을 들 수 있다.

■**판례**■ [1] 법령의 규정이 특정 사항에 관하여 다른 법령의 특정 사항에 관한 규정을 포괄적·일반적으로 준용하는 형식을 취한 경우, 다른 법령의 규정이 준용될 수 있는 범위: 어느 법령의 규정이 특정 사항에 관하여 다른 법령의 특정 사항에 관한 규정을 준용한다고 정하면서 준용되는 해당 조항을 특정하거나 명시하지 아니하여 포괄적·일반적으로 준용하는 형식을 취하고 있다고 하더라도, 준용규정을 둔 법령이 규율하고자 하는 사항의 성질에 반하지 않는 한도 내에서만 다른 법령의 특정 사항에 관한 규정이 준용된다. [2] 구 국유재산법(1999. 12. 31. 법률 제6072호로 개정되기 전의 것) 제51조 제2항, 제25조 제3항 및 구 국유재산법(2004. 12. 31. 법률 제7325호로 개정되기 전의 것) 제51조 제3항에서 구 국세징수법(2011. 4. 4. 법률 제10527호로 개정되기 전의 것, 이하 같다)에서 정한 체납처분의 절차에 따라 변상금을 강제 징수할 수 있다고 포괄적·일반적인 준용규정을 두고 있다 하더라도, 그러한 사정만으로 변상금에 관한 체납처분절차에서 민사상 압류의 특칙인 구 국세징수법 제47조 제2항까지 준용된다고 볼 수는 없다(대판 2015. 8. 27, 2015두41371[국유재산변상금채무부존재확인]).

2) 본칙규정(실체규정)

① 인허가에 관한 규정: 인허가권자, 인허가의 요건 또는 기준, 인허가의 취소·정지, 변형된 과징금, 철회·변경, 인허가의제 등.

② 제재처분에 관한 규정: 제재사유, 제재처분의 종류, 제재처분의 기준, 제재처분절차 등.

③ 이행강제금에 관한 규정: 이행강제금 부과의 근거가 되는 법률에는 이행강제금에 관한 다음 각 호의 사항을 명확하게 규정하여야 한다. 다만, 제4호 또는 제5호를 규정할 경우 입법목적이나 입법취지를 훼손할 우려가 크다고 인정되는 경우로서 대통령령으로 정하는 경우는 제외한다. 1. 부과·징수 주체, 2. 부과 요건, 3. 부과 금액, 4. 부과 금액 산정기준, 5. 연간 부과 횟수나 횟수의 상한(행정기본법 제31조 제1항).

■ 판례 ■ [사회보장수급권(추상적 형태의 권리와 구체적 형태의 권리)의 권리행사기간의 입법형태] (1) 사회보장수급권은 추상적 형태의 권리와 구체적 형태의 권리로 나뉘고, 이들 각각의 권리행사는 그 목적과 방법이 서로 다르다. 개별 실정법에서는 그 권리행사의 방법을 다양하게 규정하고 있는데, 각각의 권리행사기간은 입법자가 정책적으로 결정할 사항이다. 여러 개별 실정법에 나타난 입법형태는 아래와 같이 크게 4가지 유형으로 분류할 수 있다. 1) 첫째, 각각의 권리행사기간을 병존적으로 규정한 경우이다. 일반적으로 행정법 영역에서는 추상적 권리의 행사방법과 구체적 권리의 행사방법이 다르다는 점을 고려하여 추상적 권리의 행사에 관해서는 제척기간을, 구체적 권리의 행사에 관해서는 소멸시효를 규정하는 경우가 많다(국세기본법 제26조의2, 제27조, 지방세기본법 제38조, 제39조, 질서위반행위규제법 제15조, 제19조 참조). 사회보장수급권의 경우에도 관계 법령에서 달리 규정하지 않은 이상, 수급권자의 관할 행정청에 대한 추상적 권리의 행사(급여 지급 신청)에 관한 기간은 제척기간으로, 관할 행정청의 지급결정이 있은 후 수급권자의 구체적 권리의 행사(청구, 당사자소송 제기)에 관한 기간은 소멸시효로 이해하는 것이 자연스럽다(「지뢰피해자 지원에 관한 특별법」 제8조 제2항, 제16조 참조). 2) 둘째, 추상적 권리의 행사에 관해서만 기간을 규정한 경우이다(석면피해구제법 제9조 제4항 참조). 이런 경우에는 추

상적 권리의 행사기간에 관해서는 이를 소멸시효로 한다는 명시적인 규정이 없는 이상 제척기간으로 보는 것이 타당하고, 구체적 권리의 행사기간에 관해서는 같은 법률 내에 별도의 규정이 없다고 하더라도 무제한적으로 인정되는 것이 아니라 소멸시효에 관한 일반 조항(국가재정법 제96조 제2항 등)에 따라 소멸시효가 적용된다고 보아야 한다. 3) 셋째, 추상적 권리의 행사에 관하여 아무런 기간을 규정하지 않은 경우이다(「국가유공자 등 예우 및 지원에 관한 법률」 제9조 제2항, 제15조 등 참조). 이런 경우는 다시 추상적 권리를 구체적 권리로 전환하기 위한 권리행사를 별도의 기간 제한 없이 허용하면서 그 권리행사에 따라 결정되는 구체적 권리를 권리행사 시점부터 장래에 대해서만 인정하는 취지에서 별도로 추상적 권리의 행사기간을 두지 않은 경우와 추상적 권리에 대해서도 그 권리가 발생한 때부터 일반 조항에 따라 소멸시효 규정이 적용되어야 함을 전제로 별도의 기간을 두지 않은 경우로 나눌 수 있다. 어느 경우에 해당하는지는 개별 실정법 규정과 그 권리의 성질에 따라 정할 것이다. 4) 넷째, 각각의 권리 단계를 구분하지 않고 하나의 규정으로 권리행사 기간을 규정한 경우이다(산업재해보상보험법 제112조 제1항 제1호 참조). 이런 경우에는 추상적 권리를 구체적 권리로 전환하기 위한 권리행사와 구체적 권리의 실현을 목적으로 한 권리행사에 대하여 각각의 권리가 발생한 때를 기산점으로 하여 같은 기간 규정을 적용하게 된다. (2) 제척기간은 종기를 특정일로 하여 정할 수도 있고, 또 시기와 종기를 가진 기간으로 하여 정할 수도 있다(대판 전원합의체 2021. 3. 18, 2018두47264).

3) 보칙규정

보칙규정이라 함은 법령의 총칙과 실체규정에 규정하기 적합하지 않은 보충적으로 규정할 필요가 있는 사항을 정한 규정을 말한다.

입법실무상 보칙에 정하는 사항으로는 수수료, 출입검사와 질문, 보고의무, 청문, 권한의 위임·위탁·대행, 공표, 손실보상, 손해배상, 동일 또는 유사 명칭의 사용금지, 벌칙 적용시의 공무원 의제 등이 있다(법제처, 법령입안·심사기준, 2017, 428면 이하).

4) 벌칙규정

벌칙규정에는 행정형벌규정과 행정질서벌규정이 있다.

5) 부칙

부칙이라 함은 본칙에 대응하는 규정으로서 법령의 시행에 관한 사항(시행일, 유효기간, 시행유예기간, 법령시행을 위한 준비행위, 특례사항 등), 경과조치에 관한 사항, 법령의 시행에 따른 다른 법령의 폐지 또는 개정 등에 관한 사항 등을 말한다.

가. 시행일

법률의 시행을 위해서 하위법령을 제정하여야 하는 경우, 법률시행 여건의 조성이 필요한 경우, 수범자인 국민에게도 준비가 필요한 경우 등이 있다. 이러한 법령의 시행을 위한 준비기간 등을 고려하여 적정한 시행일을 정한다.

시행일의 정함이 없는 경우 법령은 공포후 20일이 지난 후 시행된다.

나. 법령의 소급적용

원칙상 법령의 소급적용은 금지된다. 새로 제정된 법령은 법령 효력발생일 이후의 행위에 대해서만 적용되고, 법령 효력발생일 이전의 행위에 대해서는 적용(소급적용)되지 않는다(법령의 소급적용금지의 원칙).

부진정소급적용(과거에 시작되었으나 아직 완성되지 아니하고 현재 진행중에 있는 행위, 사실관계 또는 법률관계에 새로운 법령을 적용하는 것)은 소급적용이 아니다. 다만, 부진정소급적용이 법적 안정성 및 신뢰보호의 원칙에 반하면 위헌이므로 법적 안정성의 보장 및 권리 보호를 위해 필요한 경우 경과규정을 두는 것은 가능하다.

다. 소급입법

소급입법은 법적 안전성을 해치는 것이므로 원칙상 금지된다(소급입법금지의 원칙). 다만, 예외적으로 다음과 같이 소급입법이 인정된다. 즉 "(1) 진정소급입법(과거에 완성된 사실 또는 법률관계를 규율대상으로 하는 입법)이라 하더라도 기존의 법을 변경하여야 할 공익적 필요는 심히 중대한 반면에 그 법적 지위에 대한 개인의 신뢰를 보호하여야 할 필요가 상대적으로 적어 개인의 신뢰이익을 관철하는 것이 객관적으로 정당화될 수 없는 경우에는 예외적으로 허용될 수 있다. (2) 진정소급입법이 허용되는 예외적인 경우로는 일반적으로, 국민이 소급입법을 예상할 수 있었거나, 법적 상태가 불확실하고 혼란스러웠거나 하여 보호할 만한 신뢰의 이익이 적은 경우와 소급입법에 의한 당사자의 손실이 없거나 아주 경미한 경우, 그리고 신뢰보호의 요청에 우선하는 심히 중대한 공익상의 사유가 소급입법을 정당화하는 경우를 들 수 있다."(헌재 1996. 2. 16, 96헌가2; 헌재 1998. 9. 30, 97헌바38). 시혜적 소급입법도 가능하다(헌재 2002. 2. 28, 2000헌바69).

부진정소급입법(과거에 시작되었으나 아직 완성되지 아니하고 현재 진행중에 있는 사실관계 또는 법률관계를 적용대상으로 하는 입법)은 소급입법이 아니므로 원칙상 허용되지만, 신뢰보호의 원칙에 위반되면 위헌이다.

라. 경과규정

부진정소급입법의 경우에 법적 안정성(기득권)의 보호와 신뢰 보호를 위하여 필요한 경우에 부칙에 경과규정(經過規定)을 두는 등의 조치를 취하는 것이 바람직하다. 예를 들면, 새로운 법령이 정한 기준을 충족하는데 일정한 기간이 필요한 경우에 그 일정한 기간 새로운 법령을 적용하지 않는 것으로, 즉 새로운 법령의 적용을 유예하는 것으로 규정할 수 있다.

만일 경과규정을 두는 등의 신뢰보호를 위한 조치 없이 개정법령을 적용(부진정소급적용)하는 것이 헌법원칙인 법적 안정성의 원칙이나 신뢰보호의 원칙에 반하면 개정법령은 위헌이며 이에 근거한 처분은 위법하게 된다.

새로운 안전기준을 기존의 시설에도 적용하는 것으로 규정하는 것은 소급입법이 아니다. 예를 들면, 기존의 건물에서 악성종피종의 원인이 되는 석면을 제거하도록 하는 의무를 지우는 것으로 규정하는 것은 소급입법이 아니다(부진정소급입법이다). 화재에 취약한 건축자재를 사용한 기존의 건축물에서 그 건축자재를 제거하도록 규정하는 것도 소급입법이 아니다. 다만, 이 경우 기존건물의 소유자에 대한 부담을 고려하여 기존의 건물에는 새로운 안전기준을 적용하지 않는 것으로 규정하거나 기존의 건물에 새로운 안전기준을 적용하도록 하면서 경과조치로 일정한 유예기간을 주거나 제거조치에 일부 보조금을 지급하는 것으로 규정할 수는 있다.

허가제도를 변경하는 경우 기존의 허가를 새로운 허가법령에 따른 허가로 보는 것으로 규정하거나 일정한 유예기간을 주고 새로운 허가요건을 갖추도록 규정하는 것이 가능하다.

(4) 입법이유서 등 입법자료의 작성 및 발간

입법이유서에는 법령안의 제출이유, 입법정신 및 목적, 기존법령에 대한 변경의 이유가 기재되어야 한다.

입법이유서는 크게 두 부분으로 구성된다. 한 부분은 법령안이 제출된 배경(역사적, 국제적, 경제적, 사회적, 법적 등)과 입법의 주된 목적을 제시하고, 다른 부분은 개정이유를 제시한다.

현재 입법이유는 통상 제정안 또는 개정안 전체에 대하여 개괄적으로 붙여지고 있고, 그 내용도 부실한데, 원칙상 중요한 조문에 대해서는 조문별로 입법이유를 제시하는 것이 타당하다. 다만, 법령안의 조문이 매우 많고 긴 경우에는 장 별로 입법이유를 제시하도록 할 수 있을 것이다.

조문의 제정 또는 개정의 이유를 가능한 한 구체적으로 제시하고, 법조문의 내용을 간단히 요약하여 제시하여야 한다. 개정의 경우에는 종전 규정의 문제점을 지적하고, 개정의 필요성을 구체적으로 제시하여야 한다.

입법안의 작성부터 입법의 채택에 이르기까지 입법의 과정을 보여주는 자료(예, 관련 행정기관 및 이해관계인의 입법안에 대한 의견 및 처리결과 등)를 별도 자료로 발간하도록 하여야 할 것이다.

행정기본법의 제정은 입법자료가 충실하게 작성되어 보관된 드물지만, 대표적인 예이다.[118]

Ⅱ. 입법절차와 입법과정

입법절차라 함은 입법이 이루어지는 과정에서 거치는 절차를 말한다. 입법절차는 좋은 입법을 하기에 적정한 절차(Due process)가 되어야 한다.

입법과정은 입법이 이루어지는 과정을 말한다. 입법과정은 입법절차를 포함하여 입법이 결정되는 과정을 말한다. 입법과정은 입법이라는 의사결정이 내려지는 경과(history)를 말하며 의사의 합치가 이루어지는 동태적인 과정이다. 특히 특정규정의 입법과정은 그 규정을 해석하고 이해하는데 도움이 된다.

1. 의원입법절차

(1) 의원입법의 의의

의원입법이라 함은 의원이 발의한 법률안에 따른 법률을 말한다. 입법권은

---

118) 「행정기본법」 해설서도 발간되었다.

국회에 있으므로 법률안제출권이 의원에게 주어지는 것이 당연한 것이다. 국회의원은 국민을 대표하는 자이므로 국민의 의사를 반영한 법률안을 작성할 수 있으므로 의원입법은 민주주의원칙에도 부합한다.

의원입법안에는 국회의원이 발의하는 법률안(의원발의법률안)과 위원회가 발의하는 위원회안이 있다. 의원은 10명 이상의 찬성으로 연서하여 의안을 발의할 수 있다(국회법 제79조 제1항). 위원회는 그 소관에 속하는 사항에 관하여 법률안을 제출할 수 있다(국회법 제51조 제1항). 위원회안에는 위원회가 처음부터 발의하는 것과 법률안에 대한 대안으로 제안되는 것(위원회 대안)이 있다.

시민단체가 국회의원의 법률안 제출 등 입법활동을 평가하고, 그 평가가 법률안제출건수의 조사 등 양적 평가에 치중되어 있는 등의 이유로 의원입법의 수가 급속히 늘고 있다. 그러나 의원입법은 대부분 간단한 입법인 경우가 많고, 동일한 법률안에 대해 여러 의원입법안이 제출되는 경우가 많아 아직 의원입법이 입법에서 차지하는 비중은 높지 못하다. 아직도 중요한 법률안은 정부가 제출하는 경우가 많다. 그리고 정부입법절차에서 정부 부처간의 이견이 잘 조정되지 못하는 경우 정부에서 마련한 법률안이 의원입법의 형식으로 제출되는 이른바 '우회입법' 또는 '청부입법'도 없지 않다. 또한 의원입법안 중에는 각종 협회 등 이익단체의 입법초안이 의원입법안으로 제출되는 이른바 '로비입법'도 없지 않다.

(2) 의원입법의 문제점과 과제

의원제출 법률안은 정부입법절차와 달리 입법예고가 의무적인 절차로 규정되어 있지 않고, 규제심사절차를 거치지 않는 등 정부입법에 비하여 입법절차가 간소하다. 입법예고를 의무화하고, 입법청문 및 입법공청회를 확대·강화할 필요가 있다.

의원입법은 정부입법에 비하여 입법지원인력, 입법예산의 부족 등으로 입법전문성이 떨어진다. 특히 법률초안을 작성하는 인력이 매우 부족하다. 의원보좌관이나 국회사무처 법제실, 입법조사처가 의원입법을 지원하고는 있지만, 법률초안의 작성에 대한 지원은 충분하지 못하다. 국회의원과 입법지원인력의 입법역량을 강화하여야 한다.

그리고 의원입법의 질을 높이기 위해서는 정부입법에서도 그렇지만 입법이유제도를 강화하고, 입법영향평가제도를 도입하여야 한다.

(3) 의원입법절차

> 의원의 법률안의 발의·제출 → 본회의 보고 → 위원회 회부 → 위원회 심사(필요시 법안 소위 검토) → 위원회 의결(가결(원안의결, 수정안의결 또는 대안의결) 또는 폐기) → 체계·자구심사(법제사법위원회) → 심사보고서 제출 → 본회의 심의·의결

2. 정부입법절차

(1) 정부입법의 의의

정부입법이라 함은 정부에서 제출한 법률안에 따른 입법(법률)을 말한다. 이에 대하여 행정기관에 의한 입법(명령(대통령령, 부령, 규칙 등)의 제정)은 행정입법이라 한다. 우리나라는 대통령제 국가이지만 정부의 법률안제출권을 인정하고 있다(헌법 제52조). 국회의 입법권이 강화되고 있지만 아직도 중요한 법률은 정부제출법률안에 따라 제정되고 있다.

정부입법은 정부정책의 시행을 위해 필요한 입법안이 주를 이룬다. 그런데 최근 부처간 정부정책의 조정이 어려운 경우에 정책조정절차를 회피하기 위해 정부입법안이 의원입법안으로 제출되는 경우가 늘고 있다.

행정공무원 중 정부입법초안의 작성 전문가가 매우 부족하다. 연구용역 등을 통해 외부전문가의 자문을 받는 것이 필요한 경우도 있지만, 과도한 입법안 작성 아웃소싱(external studies)은 바람직한 것은 아니다.

정부입법과 행정입법의 질을 높이기 위해서는 입법담당공무원의 입법전문성을 높이고, 입법이유제도를 강화하고, 사전입법영향평가제도를 도입해야 할 것이다. 현재 행정기본법 및 동법 시행령에서 사후입법영향평가제도를 도입하고 있지만, 엄밀한 의미의 사전입법영향평가제도는 도입되어 있지 않다.

(2) 정부입법절차

1) 법률 입법절차

입법계획의 수립[119] → 소관부처의 법령안의 입안(약 30~60일) → 관계 기관과의 협의 및 당정협의(약 30~60일) → 사전 영향평가(약 15~30일) → 입법예고(약 40일) → 규제심사(약 15~20일) → 법제처 심사(약 20~30일) → 차관회의 심의(약 7~10일) → 국무회의 심의(약 5일) → 대통령 재가 및 국회제출(약 7~10일) → 국회 심의·의결 및 공포안 정부이송(약 30~60일)(국회에 장기간 계류되는 경우는 예외로 함) → 국무회의 상정(약 5일) → 공포(약 3~4일)

- 법령의 종류 및 내용 등에 따라 소요기간이 달라질 수 있음
- 관계기관과의 협의, 사전 영향평가, 입법예고는 동시에 시작할 수 있음

---

119) 입법계획제도는 입법 추진시기를 검토·조정하여 정부제출 법률안이 정기국회 등 특정 시기에 집중되지 않도록 정부차원에서 입법계획을 관리하는 제도이다. 정부입법계획 수립 절차는 다음과 같다: 법제처 입법계획 수립 지침 통보(전년도 10/31일까지) → 중앙행정기관 법제처 제출(전년도 11/30일까지) → 법제처 정부입법계획수립 → 법제처 국무회의 보고 및 국회통지(1/31일까지) → 중앙행정기관 입법추진.

2) 대통령령 입법절차

법령안의 입안 → 관계 기관과의 협의 → 사전 영향평가 → 입법예고−규제심사 → 법제처 심사 → 차관회의·국무회의 심의 → 대통령재가 및 국무총리와 관계 국무위원의 부서 → 공포

3) 총리령·부령 입법절차

법령안의 입안 → 관계 기관과의 협의 → 사전 영향평가 → 입법예고−규제심사 → 법제처 심사 → 공포

(3) 관계 기관과의 협의

법령의 제정 및 집행이 "과"중심으로 파편적으로 행해지고 있다. 따라서 관계 기관과의 협의 및 관련 법령과의 정합성 보장을 위한 연관법령의 파악 및 동시 개정이 특히 중요하다.

1) 관계 기관의 장과의 협의

법령안 주관기관의 장은 법령안의 입안 초기단계부터 관계 기관의 장(법령에 따른 협의대상기관의 장을 포함한다)과 협의하여야 하며, 법령안을 입안하였을 때에는 해당 법령안의 내용을 관계 기관의 장(법령에 따른 협의대상기관의 장을 포함하며, 지방자치단체에 영향을 미치는 법령안으로서 다음 각 호의 어느 하나에 해당하는 법령안의 경우에는「지방자치법」제182조에 따른 지방자치단체의 장 등의 협의체 또는 관계 지방자치단체의 장을 포함한다. 이하 이 조에서 같다)에게 보내 그 의견을 들어야 한다. 1. 지방자치단체의 조직·인사·재정 등에 관하여 규정하는 경우, 2. 지방자치단체 또는 그 장에게 일정한 권한을 부여하거나 의무를 부과하는 경우, 3. 일정한 사항을 지방자치단체의 조례 또는 규칙으로 정하도록 위임하는

경우, 4. 국가의 사무를 지방자치단체에 위임하여 처리하도록 하는 경우, 5. 그 밖에 지방자치단체의 행정·재정 등에 영향을 미치는 법령안으로서 법령안에 대한 협의가 필요하다고 인정하여 총리령으로 정하는 경우(법제운영규정 제11조 제1항).

법령안 주관기관의 장은 제1항에 따라 관계 기관의 장과의 협의를 거친 법령안에 관하여 다음 각 호의 어느 하나에 해당하는 사유가 발생한 경우에는 그 법령안의 내용을 관계 기관의 장에게 다시 보내 그 의견을 들어야 한다. 1. 국민의 권리·의무 또는 국민생활과 직접 관련되는 내용이 추가되는 경우, 2. 그 밖에 법령안의 취지 또는 주요 내용 등이 변경되어 다시 협의할 필요가 있는 경우(법제운영규정 제11조 제2항). 제1항과 제2항에 따른 법령안에 대한 의견회신기간은 10일 이상이 되도록 하여야 한다. 다만, 법령안을 긴급하게 추진하여야 할 사유가 발생하는 등 특별한 사정으로 인하여 의견회신기간을 10일 미만으로 하려는 경우에는 법제처장과 협의하여 의견회신기간을 줄일 수 있다(제4항).

법령안 주관기관의 장은 다음 각 호의 어느 하나에 해당하는 평가나 협의를 요청할 때에는 제30조 제1항에 따른 법제정보시스템(이하 "법제정보시스템"이라 한다)을 활용하여 제1항 및 제2항에 따라 관계 기관의 장에게 법령안을 보내면서 함께 요청하여야 한다. 이 경우 개인정보 보호위원회, 국민권익위원회, 여성가족부장관, 행정안전부장관 및 통계청장은 특별한 사정이 없으면 입법예고기간(「행정절차법」 제41조 제4항에 따라 입법예고를 다시 하는 경우 그 입법예고기간을 포함한다)이 끝나기 전까지 그 결과를 법제정보시스템을 활용하여 법령안 주관기관의 장에게 통보하여야 한다. 1. 「개인정보 보호법」 제8조의2에 따른 개인정보 침해요인 평가, 2. 「부패방지 및 국민권익위원회의 설치와 운영에 관한 법률」 제28조 및 같은 법 시행령 제30조에 따른 부패영향평가, 3. 「성별영향평가법」 제5조에 따른 성별영향평가, 4.「지방자치법 시행령」 제11조에 따른 자치분권 사전협의, 5.「통계법」 제12조의2에 따른 통계기반정책평가(법제운영규정 제11조 제6항).

2) 연관법령 동시개정을 위한 관계기관과의 협의

법령안 제·개정시 다른 법령을 함께 개정할 필요가 있는 경우에는 해당 법령(연관법령)을 동시에 함께 개정하도록 할 필요가 있다. 이에 따라 법제업무규정은 아래와 같이 '연관법령 협의제도'를 도입하고 있다.

법령안 주관기관의 장은 법령안의 내용에 다음 각 호의 어느 하나에 해당하는 사항이 포함된 경우에는 관계 기관 소관 법령을 함께 개정할 필요성에 관하여 관계 기관의 장과 협의해야 한다. 1. 다른 법령에 규정된 내용과 동일·유사한 사항을 개정하는 내용으로서 관계 기관 소관 법령과 함께 개정할 필요가 있는 사항, 2. 그 밖에 해당 법령안의 조문·용어·내용 변경 등으로 인하여 관계 기관 소관 법령을 함께 개정할 필요가 있는 사항(법제운영규정 제11조의2 제1항). 법령안 주관기관의 장 및 관계 기관의 장은 제1항에 따른 협의 결과 함께 개정할 필요성이 있는 관계 기관 소관 법령(이하 "연관법령"이라 한다)의 개정에 관한 추진방법과 추진일정 등을 포함한 연관법령 개정추진계획을 마련해야 한다(제2항). 법제처장은 법령안 주관기관의 장이 입안한 법령안의 내용에 제1항 각 호의 어느 하나에 해당하는 사항이 포함되어 있는 경우로서 특별한 사유 없이 제1항에 따른 협의를 실시하지 않는 경우에는 법령안 주관기관의 장과 관계 기관의 장에게 제1항에 따른 협의를 실시할 것을 요청할 수 있다(제3항). 법령안 주관기관의 장, 관계기관의 장 및 법제처장은 입법정책의 통일성, 일관성, 형평성 등을 확보하기 위하여 연관법령을 함께 개정하는 경우 법령안의 입안, 관계 기관 협의, 입법예고, 제11조 제6항에 따른 평가

·협의, 규제심사, 법령안 심사 등 입법절차 전반에 걸쳐 효율적인 업무협조가 이루어지도록 해야 한다(제4항).

3) 법령안에 대한 기관 간 이견의 조정 및 해소

법령안 주관기관의 장, 의원발의법률안 소관기관의 장 또는 관계 기관의 장은 제11조 제1항 및 제2항에 따른 정부입법과정에서 법리적 이견으로 입법이 지연되거나 의원발의법률안에 대한 정부의견의 통일을 위하여 필요한 경우에는 법제처장에게 그 사안을 제12조의2에 따른 정부입법정책협의회에 상정하여 줄 것을 요청할 수 있다(법제운영규정 제11조의4 제1항). 법제처장은 제1항에 따른 요청 사안 중 정부입법정책협의회에서 처리하기 어려운 사안은 지체 없이 국무조정실장 등 관련조정기관에 통보하여 조정하여 줄 것을 요청하여야 한다(제2항).

4) 훈령 · 예규등의 발령안에 대한 규제심사

중앙행정기관의 장은 「행정규제기본법」 제4조 및 제10조에 따라 같은 법 제23조에 따른 규제개혁위원회에 훈령 · 예규등의 발령안에 대하여 규제심사를 요청하는 경우 총리령으로 정하는 바에 따라 법제처장에게도 그 검토를 요청하여야 한다(법제업무운영규정 제25조 제1항). 법제처장은 제1항에 따라 요청을 받은 경우 다음 각 호의 사항을 검토하여 「행정규제기본법」 제11조에 따른 예비심사가 끝나기 전에 규제개혁위원회, 소관 중앙행정기관 및 관계 중앙행정기관의 장에게 총리령으로 정하는 바에 따라 그 검토의견을 알려야 한다. 1. 해당 훈령 · 예규등의 제정 · 개정 내용이 법령에 위반되는지 여부, 2. 해당 훈령 · 예규등의 제정 · 개정 내용이 법령에 위임 근거가 있는지 또는 법령의 위임 범위를 벗어났는지 여부, 3. 해당 훈령 · 예규등의 제정 · 개정 내용이 다른 훈령·예규등과 중복·상충되는지 여부(제2항). 중앙행정기관의 장은 훈령·예규등의 적법성을 확보하기 위하여 필요한 경우에는 제1항에 따른 규제심사를 요청하는 경우에 해당하지 아니하더라도 훈령·예규등의 발령안에 대하여 법제처장에게 검토를 요청할 수 있다(제3항).

3. 의원입법과 정부입법의 조화

의원입법의 정부입법과의 조화를 도모하기 위해서는 법제처의 의원입법안 검토(모니터링)를 강화하고, 의원입법에 대한 정부 부처 간 부처협의를 활성화하여야 한다.

법제처는 의원입법안에 대한 정부의 통일적 의견을 조정하여 국회에 제출하는 제도를 운용하고 있다.

Ⅳ. 입법예고 및 이해관계인의 의견수렴

1. 입법예고제

(1) 입법예고제의 의의

현행 행정절차법은 입법예고제를 도입하고 있다. 입법예고제라 함은 행정청으로 하여금 입법의 제정 또는 개정에 대하여 미리 이를 국민에게 예고하도록 하고 그에 대한 국민의 의견을 듣고 행정입법안에 당해 국민의 의견을 반영하도록 하는 제도이다.

(2) 적용범위

행정기관이 법령 등을 제정·개정 또는 폐지(이하 '입법'이라 한다)하고자 할 때에는 당해 입법안을 마련한 행정청은 이를 예고하여야 한다(제41조 제1항).

현행 입법예고제도는 법률과 명령을 구분하지 않고 동일하게 규율하고 있다.

다만, 입법내용이 국민의 권리·의무 또는 일상생활과 관련이 없는 경우, 입법이 긴급을 요하는 경우, 상위법령 등의 단순한 집행을 위한 경우, 예고함이 공익에 현저히 불리한 영향을 미치는 경우, 입법내용의 성질 그 밖의 사유로 예고의 필요가 없거나 곤란하다고 판단되는 경우에는 입법예고를 아니할 수 있다(제1항).

법제처장은 입법예고를 하지 아니한 법령안의 심사요청을 받은 경우에 입법예고를 하는 것이 적당하다고 판단할 때에는 당해 행정청에 입법예고를 권고하거나 직접 예고할 수 있다(제3항).

(3) 재입법예고

입법안을 마련한 행정청은 입법예고 후 예고내용에 국민생활과 직접 관련된 내용이 추가되는 등 대통령령으로 정하는 중요한 변경이 발생하는 경우에는 해당 부분에 대한 입법예고를 다시 하여야 한다. 다만, 제1항 각 호의 어느 하나에 해당하는 경우에는 예고를 하지 아니할 수 있다((제41조 제4항).

「행정절차법」 제41조 제4항 본문에서 "대통령령으로 정하는 중요한 변경이 발생하는 경우"란 다음 각 호의 어느 하나에 해당하는 경우를 말한다. 1. 국민의 권리·의무 또는 국민생활과 직접 관련되는 내용이 추가되는 경우, 2. 그밖에 법령안의 취지 또는 주요 내용 등이 변경되어 다시 의견을 수렴할 필요가 있는 경우(법제업무운영규정 제14조 제3항).

(4) 예고방법 등

행정청은 입법안의 취지, 주요 내용 또는 전문(全文)을 다음 각 호의 구분에 따른 방법으로 공고하여야 하며, 추가로 인터넷, 신문 또는 방송 등을 통하여 공고할 수 있다. 1. 법령의 입법안을 입법예고하는 경우: 관보 및 법제처장이 구축·제공하는 법제정보시스템을 통한 공고, 2. 자치법규의 입법안을 입법예고하는 경우: 공보를 통한 공고(제42조 제1항).

행정청은 대통령령을 입법예고를 하는 경우 국회 소관 상임위원회에 이를 제출하여야 한다(제2항). 행정청은 입법예고를 할 때에 입법안과 관련이 있다고 인정되는 중앙행정기관, 지방자치단체 그 밖의 단체 등이 예고사항을 알 수 있도록 예고사항을 통지하거나 그 밖의 방법으로 알려야 한다(제3항). 행정청은 제1항에 따라 예고된 입법안에 대하여 전자공청회 등을 통하여 널리 의견을 수렴할 수 있다. 이 경우 제38조의2 제2항부터 제4항까지의 규정을 준용한다(제4항). 행정청은 예고된 입법안의 전문(全文)에 대하여 열람 또는 복사를 요청받았을 때에는 특별한 사유가 없으면 그 요청에 따라야 한다(제5항). 행정청은 제5항에 따른 복사에 드는 비용을 복사를 요청한 자에게 부담시킬 수 있다(제6항).

행정규제기본법은 입법예고기간 동안 규제영향분석서를 공표하도록 하여 이해관계자 등이 규제영향분석서에 대한 의견을 제출할 수 있도록 하고 있다(제7조 제2항).

(5) 예고기간

입법예고기간은 예고할 때 정하되, 특별한 사정이 없으면 40일(자치법규는 20일)이상으로 한다(제43조).

(6) 의견제출 및 처리

누구든지 예고된 입법안에 대하여 의견을 제출할 수 있다(제44조 제1항). 행정청은 의견접수기관, 의견제출기간, 그 밖에 필요한 사항을 해당 입법안을 예고할 때 함께 공고하여야 한다(제2항). 행정청은 해당 입법안에 대한 의견이 제출된 경우 특별한 사유가 없으면 이를 존중하여 처리하여야 한다(제3항). 행정청은 의견을 제출한 자에게 그 제출된 의견의 처리결과를 통지하여야 한다(제4항).

제출된 의견의 처리방법 및 결과통지에 관하여는 대통령령으로 정한다(제5항). 법령안 주관기관의 장은 입법예고 결과 제출된 의견(전자문서 또는 법제정보시스템을 활용하여 제출된 의견을 포함한다)을 검토하여 법령안에의 반영 여부를 결정하고, 그 처리 결과 및 처리 이유 등을 지체 없이 의견제출자에게 통지하여야 한다(법제업무운영규정 제18조 제1항). 법령안 주관기관의 장은 입법예고 결과 제출된 의견 중 중요한 사항에 대해서는 그 처리 결과를 법률안 또는 대통령령안의 경우에는 국무회의 상정안에 첨부하고, 총리령안 또는 부령안의 경우에는 법제처장에게 제출하여야 한다(제2항). 법제처장은 법령안 심사 시 입법예고 결과 제출된 의견을 검토하고, 법령안 주관기관의 장이 법령안에 반영하지 아니한 의견 중 법리적인 사항 또는 입법체계적인 사항으로서 입법에 반영하는 것이 바람직하다고 판단되는 의견에 대해서는 이를 반영하도록 권고할 수 있다(제3항).

(7) 법제처장과의 협의

법령안 주관기관의 장은 「행정절차법」 제41조 제1항 각 호 외의 부분 단서 및 같은 조 제4항 단서에 따라 입법예고를 생략하려고 하거나 특별한 사정이 있어 입법예고기간을 같은 법 제43조에서 정한 법령의 최단 입법예고기간 미만으로 줄이려는 경우에는 법제처장과 협의하여야 한다(법제업무운영규정 제14조 제2항).

(8) 공청회의 개최

행정청은 입법안에 관하여 공청회를 개최할 수 있다(제45조 제1항). 공청회에 관하여는 제38조, 제38조의2, 제38조의3, 제39조 및 제39조의2를 준용한다(제2항).

(9) 입법예고제의 흠결과 보완

1) 입법예고 흠결의 효과

입법예고를 거치지 않은 대통령령 개정규정이 무효라고 한 하급심판례(서울고법 2018누71863)가 있다.

> ■판례■ 입법예고 후 예고내용에 중요한 변경이 있었음에도 추가 입법예고를 하지 않은 행정절차법 위반이고 해당 대통령령(대학설립·운영규정) 개정규정은 무효이고, 그에 근거한 처분은 위법하다고 한 사례(서울고법 2018누71863).

미국의 판례와 같이 행정입법절차의 하자를 경미한 경우를 제외하고는 행정입법의 독자적인 무효 내지 취소사유로 보아야 할 것이다. 행정기관이 발한 최종 규정(rule)이 공고된 규정안과 다른 경우에 최종 규정이 공고와 함께 시작하여 의견의 청취와 검토를 통해 확대된 결정과정의 "논리적 결과"가 아닌 경우 달리 말하면 제안된 규정을 검토하는 것으로부터 행정기관이 발한 최종 규정을 예상할 수 없는 경우에는 절차의 하자가 있는 것으로 보아야 한다.

2) 입법예고제의 보완

입법안의 전문을 공고하지 않고, 주요 내용만을 공고하는 것도 가능하도록 규정하고 있는 것은 적법절차의 원칙상 문제가 있다. 입법안의 취지 및 주요 내용을 공고할 뿐만 아니라 입법안 전문도 최소한 인터넷에는 공고하도록 하여야 한다. 또한 입법예고 후 의견 제출 등에 따라 입법안의 내용이 변경된 경우에는 변경된 내용과 최종입법안도 공고하도록 하여야 한다.

입법예고 과정 및 결과의 주요내용이 공개되어야 한다. 특히 입법예고에 대한 의견제출 및 공청회의 결과가 공개되어야 한다.

2. 이해관계인의 의견수렴(stakholder(interested parties) consultation)

입법에 있어서는 개인, 기업, 근로자, 소비자 등 다양한 이해관계인의 의견을 적극적으로 수렴하여야 한다. 여기에서 이해관계인은 법률상 이해관계인 뿐만 아니라 사실상 이해관계인도 포함하는 것으로 보아야 한다. 또한 공익의 대변자인 공익단체 및 일반 국민을 관련 공익의 이해관계인으로 보고 공익단체 및 일반 국민의 의견도 수렴하여야 한다.

이해관계인의 의견수렴은 입법 초기인 입법안의 작성단계[120]뿐만 아니라 입법 전과정 및 입법 후에도 지속적으로 최대한 광범위하게 행해져야 한다.

입법절차를 지나치게 간소화하여 이해관계인의 의견을 충분히 수렴하지 못하거나 입법상 문제점이 사전에 제대로 체크되지 못한 경우에는 입법안에 대한 이해관계인의 반발로 입법이 지체되고, 입법 후 입법의 집행에 대한 저항이 발생함으로써 정책목적이 제대로 실현될 수 없게 되어 오히려 효율성을 저하시킬 수 있다는 것을 알아야 한다. 실제로도 이러한 사례가 적지 않았다.

수정안에 대해서는 원칙상 이해관계인의 의견수렴이 다시 이루어져야 한다.

---

120) 이해관계인의 협의에 의해 입법안이 작성되는 미국의 협의에 의한 행정입법절차(Negotiated rulemaking)가 필요한 경우도 있을 것이다.

V. 법률안의 심의 및 의결

1. 국회 위원회의 법률안 심의

법률안은 소관 상임위원회가 심의한다. 상임위원회는 소관 법률안의 심사를 분담하는 둘 이상의 소위원회를 둘 수 있다(국회법 제57조 제2항). 위원회는 이견을 조정할 필요가 있는 안건(예산안, 기금운용계획안, 임대형 민자사업 한도액안 및 체계·자구 심사를 위하여 법제사법위원회에 회부된 법률안은 제외한다. 이하 이 조에서 같다)을 심사하기 위하여 재적위원 3분의 1 이상의 요구로 안건조정위원회(이하 이 조에서 "조정위원회"라 한다)를 구성하고 해당 안건을 제58조 제1항에 따른 대체토론(大體討論)이 끝난 후 조정위원회에 회부한다. 다만, 조정위원회를 거친 안건에 대해서는 그 심사를 위한 조정위원회를 구성할 수 없다(국회법 제57조의2 제1항).[121]

위원회는 소관 사항의 법률안건에 대해서 수정안이나 대안(원안을 대체하는 법률안)을 제출할 수 있다. 위원회 대안은 유사한 내용의 여러 법률안을 하나의 법률안으로 통합하는 경우에 사용되는 경우가 많다.

위원회심사단계에서 전문위원이 위원회에 회부된 법률안에 대한 검토보고를 작성하고 위원회 회의자료 및 수정안 작성을 보좌한다.[122]

위원회(소위원회를 포함한다. 이하 이 조에서 같다)는 중요한 안건 또는 전문지식이 필요한 안건을 심사하기 위하여 그 의결 또는 재적위원 3분의 1 이상의 요구로 공청회를 열 수 있다(국회법 제64조 제1항). 다만, 위원회는 제정법률안

---

121) 안건조정제도는 소수당의 의견이 무시되지 않고, 반영될 수 있도록 하기 위해 이른바 '국회선진화법'에 따라 2012년 도입된 제도이다.

122) 임종훈·이정은, 한국입법과정론, 박영사, 2021, 106면.

과 전부개정법률안에 대해서는 공청회 또는 청문회를 개최하여야 한다. 다만, 위원회의 의결로 이를 생략할 수 있다(국회법 제58조 제6항).

법제사법위원회는 위원회에서 심의한 법률안에 대해서 헌법 및 다른 법률과의 체계정합성을 심사하고, 조문의 명확성과 통일성을 위해 법안의 자구를 심사한다.

위원회에 회부된 안건(체계·자구 심사를 위하여 법제사법위원회에 회부된 안건을 포함한다)을 국회법 제85조의2 제2항에 따른 신속처리대상안건으로 지정하려는 경우 의원은 재적의원 과반수가 서명한 신속처리대상안건 지정요구 동의(動議)(이하 이 조에서 "신속처리안건 지정동의"라 한다)를 의장에게 제출하고, 안건의 소관 위원회 소속 위원은 소관 위원회 재적위원 과반수가 서명한 신속처리안건 지정동의를 소관 위원회 위원장에게 제출하여야 한다. 이 경우 의장 또는 안건의 소관 위원회 위원장은 지체 없이 신속처리안건 지정동의를 무기명투표로 표결하되, 재적의원 5분의 3 이상 또는 안건의 소관 위원회 재적위원 5분의 3 이상의 찬성으로 의결한다(제85조의2 제1항). 의장은 제1항 후단에 따라 신속처리안건 지정동의가 가결되었을 때에는 그 안건을 제3항의 기간 내에 심사를 마쳐야 하는 안건으로 지정하여야 한다. 이 경우 위원회가 전단에 따라 지정된 안건(이하 "신속처리대상안건"이라 한다)에 대한 대안을 입안한 경우 그 대안을 신속처리대상안건으로 본다(제2항). 위원회는 신속처리대상안건에 대한 심사를 그 지정일부터 180일 이내에 마쳐야 한다. 다만, 법제사법위원회는 신속처리대상안건에 대한 체계·자구 심사를 그 지정일, 제4항에 따라 회부된 것으로 보는 날 또는 제86조 제1항에 따라 회부된 날부터 90일 이내에 마쳐야 한다(제3항). 위원회(법제사법위원회는 제외한다)가 신속처리대상안건에 대하여 제3항 본문에 따른 기간 내에 심사를 마치지 아니하였을 때에는 그 기간이 끝난 다음 날에 소관 위원회에서 심사를 마치고 체계·자구 심사를 위하여 법제사법위원회로 회부된 것으로 본다. 다만, 법률안 및 국회규칙안이 아닌 안건은 바로 본회의에 부의된 것으로 본다(제4항). 법제사법위원회가 신속처리대상안건(체계·자구 심사를 위하여 법제사법위원회에 회부되었거나 제4항 본문에 따라 회부된 것으로 보는 신속처리대상안건을 포함한다)에 대하여 제3항 단서에 따른 기간 내에 심사를 마치지 아니하였을 때에는 그 기간이 끝난 다음 날에 법제사법위원회에서 심사를 마치고 바로 본회의에 부의된 것으로 본다(제5항).

위원회가 하는 법률안 의견의 형태는 원안의결, 수정의결, 대안의결, 폐기의결, 위원회안(대안 제외) 의결 등으로 구분된다.[123)]

2. 법안의 국회(본회의) 통과(a Bill's Passage through Parliament)

본회의에 상정된 법률안은 소관위원회 위원장의 심사보고나 제안설명을 들은 후 질의 및 토론을 거쳐 의결한다.[124)]

의원이 본회의에 부의된 안건에 대하여 이 법의 다른 규정에도 불구하고 시간의 제한을 받지 아니하는 토론(이하 이 조에서 "무제한토론(이른바 필리버스터)"이라 한다)을 하려는 경우에는 재적의원 3분의 1 이상이 서명한 요구서를 의장에게 제출하여야 한다. 이 경우 의장은 해당 안건에 대하여 무제한토론을 실시하여야 한다(국회법 제106조의2 제1항). 무제한토론에 대해서는 다음과 같은 제한이 있다. 무제한토론을 실시하는 안건에 대하여 무제한토론을 할 의원이 더 이상 없거나 제6항에 따라 무제한토론의 종결동의가 가결되는 경우 의장은 무제한토론의 종결을 선포한 후 해당 안건을 지체 없이 표결하여야 한다(국회법 제106조의2 제7항). 무제한토론을 실시하는 중에 해당 회기가 끝나는 경우에는 무제한토론의 종결이 선포된 것으로 본다. 이 경우 해당 안건은 바로 다음

---

123) 임종훈·이정은, 위의 책, 268면.
124) 임종훈·이정은, 위의 책, 230면.

회기에서 지체 없이 표결하여야 한다(제8항). 제7항이나 제8항에 따라 무제한토론의 종결이 선포되었거나 선포된 것으로 보는 안건에 대해서는 무제한토론을 요구할 수 없다(제9항). 예산안등과 제85조의3 제4항에 따라 지정된 세입예산안 부수 법률안에 대해서는 제1항부터 제9항까지를 매년 12월 1일까지 적용하고, 같은 항에 따라 실시 중인 무제한토론, 계속 중인 본회의, 제출된 무제한토론의 종결동의에 대한 심의절차 등은 12월 1일 밤 12시에 종료한다(제10항).

국회법 제85조의2 제4항 단서 또는 제5항에 따른 신속처리대상안건은 본회의에 부의된 것으로 보는 날부터 60일 이내에 본회의에 상정되어야 한다(제6항). 제6항에 따라 신속처리대상안건이 60일 이내에 본회의에 상정되지 아니하였을 때에는 그 기간이 지난 후 처음으로 개의되는 본회의에 상정된다(제85조의2 제7항). 의장이 각 교섭단체 대표의원과 합의한 경우에는 신속처리대상안건에 대하여 제2항부터 제7항까지의 규정을 적용하지 아니한다(제8항).

본회의에서 법률안에 대한 수정안의 제안은 30명 이상의 찬성 의원과 연서로 하여야 한다(국회법 제95조 제1항). 수정안은 원안에 앞서 먼저 표결하여야 한다(국회법 제96조).

제7절 법령의 해석 및 적용

Ⅰ. 법령의 해석

1. 의의

법의 해석이라 함은 법규정의 의미를 명확하게 하고 구체화하는 작업이다. 법규의 해석에 있어서는 문리해석(법문언을 어법 및 문법에 맞게 해석하는 것), 논리해석(법개념의 논리적 관계를 모색하는 해석), 체계적 해석(법체계 및 법구조에 합치하는 해석), 목적론적 해석(법규정의 입법목적에 합치하는 해석), 연혁적 해석(입법연혁과 입법의사를 중시하는 해석) 등의 방법을 종합적으로 사용하여 법규정의 올바른 의미를 찾아야 한다.

2. 법령해석의 기준

(1) 일반기준

대법원은 법해석의 방법과 한계에 대해 다음과 같이 일반적 기준을 제시하고 있다. 법은 원칙적으로 불특정 다수인에 대하여 동일한 구속력을 갖는 사회의 보편타당한 규범이므로 이를 해석함에 있어서는 법의 표준적 의미를 밝혀 객관적 타당성이 있도록 하여야 하고, 가급적 모든 사람이 수긍할 수 있는 일관성을 유지함으로써 법적 안정성이 손상되지 않도록 하여야 한다. 한편 실정법은 보편적이고 전형적인 사안을 염두에 두고 규정되기 마련이므로 사회현실에서 일어나는 다양한 사안에서 그 법을 적용함에 있어서는 구체적 사안에 맞는 가장 타당한 해결이 될 수 있도록 해석할 것도 또한 요구된다. 요컨대 법해석의 목표는 어디까지나 법적 안정성을 저해하지 않는 범위 내에서 구체적 타당성을 찾는 데 두어야 한다. 나아가 그러기 위해서는 가능한 한 법률에 사용된 문언의 통상적인 의미에 충실하게 해석하는 것을 원칙으로 하면서, 법률의 입법 취지와 목적, 그 제·개정 연혁, 법질서 전체와의 조화, 다른 법령과의 관계 등을 고려하는 체계적·논리적 해석방법을 추가적으로 동원함으로써, 위와 같은 법해석의 요청에 부응하는 타당한 해석을 하여야 한다(대법원 2013. 1. 17. 선고 2011다83431 전원합의체 판결).

관계 법령들 사이에 모순·충돌이 있는 것처럼 보일 때 그러한 모순·충돌을 해소하는 법령해석을 제시하는 것은 법령에 관한 최종적인 해석권한을 부여받은 대법원의 고유한 임무이다(대법원 2018. 6. 21. 선고 2015두48655 전원합의체 판결).

국가의 법체계는 그 자체로 통일체를 이루고 있으므로 상·하규범 사이의 충돌은 최대한 배제하여야 하고, 또한 규범이 무효라고 선언될 경우에 생길 수 있는 법적 혼란과 불안정 및 새로운 규범이 제정될 때까지의 법적 공백 등으로 인한 폐해를 피하여야 할 필요성에 비추어 보면, 하위법령의 규정이 상위법령의 규정에 저촉되는지 여부가 명백하지 아니한 경우에, 관련 법령의 내용과 입법 취지 및 연혁 등을 종합적으로 살펴 하위법령의 의미를 상위법령에 합치되는 것으로 해석하는 것이 가능한 경우라면, 하위법령이 상위법령에 위반된다는 이유로 쉽게 무효를 선언할 것은 아니다. 마찬가지 이유에서, 어느 하나가 적용우위에 있지 않은 서로 다른 영역의 규범들 사이에서 일견 모순·충돌이 발생하는 것처럼 보이는 경우에도 상호 조화롭게 해석하는 것이 가능하다면 양자의 모순·충돌을 이유로 쉽게 어느 일방 또는 쌍방의 무효를 선언할 것은 아니다(대법원 2018. 6. 21. 선고 2015두48655 전원합의체 판결).

(2) 법의 해석에서 법의 정책적 요소의 고려

법의 해석에서 법의 정책적 요소를 전혀 고려하지 않는 것이 전통적인 법해석방법이다. 오늘날 법의 해석에서 법의 목적을 고려하는데, 전통적 법학에서 말하는 법의 목적은 정책목적과는 다소 다르다. 법의 목적은 법이 추구하는 정의, 가치, 공공성을 말하고, 법령으로부터 객관적으로 도출하는 법령의 목적을 말하는 것이고, 정책목표와는 구별되는 것이다. 입법자의 의사도 입법자의 실제의 의사가 아니라 법령으로부터 객관적으로 추론되는 의사를 말한다. 이와 같이 법을 규범으로 보고 현실과 독립된 것으로 보는 전통적 법학의 입장은 법의 정치적 중립성, 법적 안정성과 예측가능성을 보장하고자 하는 것에서 정당성을 찾는다. 문언을 중심으로 입법을 해석하여야 한다는 입장을 문리적 해석론(textualism)이라 한다. 판례도 문언을 중심으로 해석하고 있는 것으로 보인다.

■ **판례** ■ '침익적 행정처분 근거 규정 엄격해석의 원칙'이란 단순히 행정실무상의 필요나 입법정책적 필요만을 이유로 문언의 가능한 범위를 벗어나 처분상대방에게 불리한 방향으로 확장해석하거나 유추해석해서는 안 된다는 것이지, 처분상대방에게 불리한 내용의 법령해석은 일체 허용되지 않는다는 취지가 아니다. 문언의 가능한 범위 내라면 체계적 해석과 목적론적 해석은 허용된다(대법원 2021. 2. 25. 선고 2020두51587 판결).

그러나 법은 규범이지만, 정책적 성격을 갖고 있다. 그리고 법 중에는 정책적 성격이 강한 법이 있다. 법은 규범이지만 정책의 실현수단이기도 하다. 이러한 점에 비추어 법의 해석·적용에 있어서 정책목표의 달성을 전혀 고려하지 않는 것은 타당하지 않다. 따라서 법을 해석·적용함에 있어서 일차적으로 법령의 문언에 충실한 논리적 해석을 하면서도 특히 정책적 성격이 강한 법에 있어서는 입법목적의 달성이라는 목적론적 해석을 보다 강화하고, 입법목적으로서의 입법자의 의사에 입법자의 정책목적도 포함되는 것으로 볼 필요가 있다. 입법의 정책목적은 입법의 경과 및 관련 자료를 통해 객관적으로 도출되는 것이어야 한다. 입법참여자의 개인적인 주관적 의사는 배제하는 것이 타당하다. 입법의 목적을 중시하여 입법을 해석하여야 한다는 견해를 목적론적 해석(intentionalism)이라고 한다.

미국의 경우에 입법경과(입법절차, 의사합치과정, 입법내용의 수정 등)에 관한 자료가 나름대로 잘 보관되어 있어 입법자의 실제의사를 파악하는 것이 가능할 수 있다. 이에 반하여 우리나라의 경우에는 입법경과에 관한 자료가 거의 남아 있지 않아 입법자의 실제의사를 파악하는 것이 매우 어렵다. 국회 의사록(상임위원회 의사록과 본회의 의사록)은 오랫동안 보관되고 공개되고 있지만, 국회 의사록에 법안에 관한 토의기록은 매우 적은 것이 현실이다. 그리고 국회 상임위원회에서 전문위원의 법안심사보고서가 작성되는데, 법안이 통과되기 전에는 국회 홈페이지를 통해 접근이 가능하지만, 통과된 이후에는 접근이 되지 않고 공개되지 않는 것이 현실이다. 이러한 자료가 공식적으로 보관되고 있는지도 명확하지 않다. 그리고 법안초안을 작성하기 전에 법안에 관한 보고서가 만들어지는 경우가 있는데, 이들 보고서가 법안과 함께 보관되고 있지 못하다. 정부의 공식보고서는 인터넷을 통해 공개되고는 있지만, 공식적인 보관제도가 미흡하고, 민감한 보고서라는 이유로 공개되지 않는 경우도 있다. 이러한 사정으로 법안에 관한 보고서를 일정 기간이 지나면 입수하기 어려운 것이 현실이다. 이러한 점도 문언중심의 해석을 할 수밖에 없는 실질적인 원인이 된다. 입법경과에 관한 자료의 보관 및 공개에 관한 제도를 만들 필요가 있다.

입법자의 의도는 제정 당시의 상황 및 미래 예측을 전제로 하는 것인데, 그 전제가 잘못될 수도 있고 그 전제와 다른 상황 변화가 나타날 수도 있다. 상황 변화가 있는 경우에는 법령해석에서 이를 고려하여 입법자의 입법목적을 강화하거나 완화하는 것이 타당하다.

(3) 법령상 용어와 학문상 용어의 구별

앞에서 서술한 바와 같이 법령용어는 가능한 한 어려운 용어를 피하고 국민이 알기 쉬운 용어를 사용하고, 입법자 및 입법실무자의 법률전문성에는 일정한 한계가 있으므로 법령용어로 정확한 용어를 사용하지 못하는 경우가 있다. 이 경우 판례나 학문상으로 해당 법령용어를 정확한 법률개념으로 해석하여야 한다. 예를 들면, 도로교통법상 법령위반을 이유로 한 운전면허의 "취소"는 학문상으로는 철회에 해당한다.

그리고 법령상 사용되는 용어는 모든 법령에서 동일한 의미로 사용되는 경우도 있지만, 법령에 따라 그 의미가 달라지는 경우도 있다. 예를 들면, 공무원법(국가공무원법과 지방공무원법)상 공무원과 국가배상법상 공무원의 개념은 다르다. 즉, 공무원법상의 공무원은 공무원관계법령상 신분이 공무원인 자를 말하는데, 국가배상법상의 공무원은 공무원법상의 공무원뿐만 아니라 널리 '실질적으로 공무를 수행하는 자'를 말한다. 그리고 헌법 제7조의 공무원(국민 전체에 대한 봉사자로서의 공무원)은 신분이 공무원인 자뿐만 아니라 공무를 위탁받아 수행하는 사인(私人)을 포함하여 일체의 공무수행자를 말한다.

(4) 법원의 해석과 행정기관의 해석

법률 규정의 해석에 있어서는 법원의 해석이 행정기관의 해석보다 우월한 것이 원칙이다. 그 이유는 법원이 법질서 유지의 최종 책임을 지고, 법률의 해석 등 법적인 문제에 있어서는 법원이 행정기관 보다 더 우월한 전문성을 갖고 있기 때문이다.

그런데 미국에서는 행정기관이 그 시행을 담당하고 있는(that the agency has been assigned) 법률에 대해서 한 해석(해석규정)에 있어서는 행정기관이 더 우월한 전문성을 갖고 있는 것으로 보고, 법원이 그러한 행정기관의 해석을 존중해주어야 하는 것으로 본다. 연방대법원은 Chevron판결[125] 이후 이를 긍정하는 입장을 취하고 있다.

그러나 Chevron이론은 우리나라에서는 타당하지 않다. 그 이유는 법률의 해석은 기본적으로 법문제이고, 우리 헌법 제107조 제2항은 법원에 법령의 최종적인 해석권을 부여하고 있을 뿐만 아니라 우리나라의 경우 행정부의 법령해석에 관한 전문성이 높지 못하고 법원이 법령해석에 관하여는 보다 높은 전문성을 갖고 있다고 할 수 있기 때문이다.[126] 다만, 법률에서 법률규정의 해석을 명시적으로 행정권에 위임한 경우에는 행정권은 수권의 범위내에서는 재량을 갖는 것으로 볼 여지도 있으므로 그 해석명령이 명백히 불합리하지 않

---

125) Chevron v. Natural Resources Defense Council, 467 U.S. 837(1984). 쉐브론사건은 대기정화법상의 "고정오염원(stationary source)"의 해석에 관하여 환경보호청이 고정오염원을 '대기오염물질을 방출하는 총체적 설비의 일부분으로 신축되거나 변경된 건축물 및 설비'라고 해석하는 규칙을 제정하였다가 위 규칙을 폐기하고 고정오염원의 정의를 공장단위로 하는 새로운 해석규칙으로 제정한 것에 대하여 환경단체들이 위 새로운 해석규칙의 취소를 구한 사건이다. D.C.항소법원은 고정오염원을 개별적인 시설로 해석하지 않고 공장단위로 평가하는 환경보호청의 새로운 해석을 배척하였다(김은주, 앞의 논문, 317면) 그러나 연방대법원은 오염물질배출을 공장단위로 평가하는 것을 허용하면서 하급심판결을 파기하였다. Chevron이론(doctrine) 및 그에 대한 비판에 대해서는 박균성, 미국 행정입법제도의 시사점 – 사법적 통제를 중심으로 –, 행정법연구 제46호, 행정법이론실무학회, 2016.8. 참조.

126) 행정규칙에 대하여 법원은 다음과 같은 입장을 취하고 있다. 행정규칙 중 해석규칙의 법령해석에 대해서는 전면적 통제를 하는 것으로 보인다. 해석규칙의 법적 구속력을 부인하고, 처분의 위법 여부의 판단에서 해석규칙을 고려하지 않고, 전면적 심사를 통해 처분의 법령에의 위반 여부로 처분의 위법 여부를 판단하고 있다. 재량준칙에 대해서는 재량준칙의 제정·개정도 행정기관의 재량에 속하는 것으로 보고 재량준칙이 객관적으로 보아 합리적이 아니라든가 타당하지 아니하여 재량권을 남용한 것이라고 인정되지 않는 이상 행정청의 의사는 가능한 한 존중되어야 한다고 본다(대법원 2013. 11. 14. 선고 2011두28783 판결[과징금감경결정취소청구] ; 대법원 2011. 1. 27. 선고 2010두23033 판결[국제멸종위기종용도변경승인신청반려처분취소]).

는 한 위법하지 않은 것으로 볼 수 있다.

(5) 헌법합치적 법률해석과 상위법령합치적 해석

헌법합치적 법률해석의 원칙이란 "헌법재판소가 구체적 규범통제권을 행사하기 위하여 법률조항을 해석함에 있어 당해 법률조항의 의미가 다의적이거나 넓은 적용영역을 가지는 경우에는 가능한 한 헌법에 합치하는 해석을 선택함으로써 법률조항의 효력을 유지하도록 하는 것"을 말하는데, 이러한 헌법합치적 법률해석의 원칙은 규범통제절차에 있어서의 규범유지의 원칙이나 헌법재판의 본질에서 당연한 것이다(헌재 2012. 12. 27. 2011헌바117).

상위법령합치적 법령해석의 법리란 법령은 상위법령합치적으로 해석하여야 한다는 법리이다. 즉, "하위법령은 그 규정이 상위법령의 규정에 명백히 저촉되어 무효인 경우를 제외하고는 관련 법령의 내용과 입법 취지 및 연혁 등을 종합적으로 살펴서 그 의미를 상위법령에 합치되는 것으로 해석하여야 한다(대법원 2012. 10. 25. 선고 2010두3527 판결 ; 대법원 2016. 6. 10. 선고 2016두33186 판결 등 참조)." 상위법령합치적 해석의 법리는 어느 면에서는 행정입법의 위헌·위법을 가급적 인정하지 않으려는 입장의 표현이기도 하다. 법령의 해석은 법원의 권한이라는 전제하에서 법령을 위헌·위법으로 선언했을 때의 문제점을 고려하여 가능한 한 상위법령 합치적으로 해석하려는 것이 법원의 입장으로 보인다. 그러나 상위법령합치적 해석에도 법령해석의 한계에서 오는 한계가 있다는 것을 인정하고, 문언상 명백히 상위법령에 반하는 명령은 법령의 예측가능성을 보장하기 위하여 위법한 것으로 판단하여야 한다. 법령의 해석에서는 입법취지(입법목적), 관련법규정과의 조화로운 해석도 중요하지만, 법령의 문언과 문구가 가장 중요하다. 법령의 문구나 문언과 명백히 다른 해석은 법령의 예측가능성이라는 측면에서도 문제가 있다.[127]

(6) 법령의 특성과 법령 해석

1) 침익적 행정처분의 근거가 되는 행정법규

침익적 행정처분의 근거가 되는 행정법규는 엄격하게 해석·적용하여야 하고, 행정처분의 상대방에게 불리한 방향으로 지나치게 확장해석하거나 유추해석하여서는 아니되며, 그 행정법규의 입법 취지와 목적 등을 고려한 목적론적 해석이 허용되는 경우에도 그 문언의 통상적인 의미를 벗어나지 아니하여야 한다(대법원 2016. 11. 24. 선고 2014두47686 판결).

■판례■ ① 사회복지법인이 용도비지정 후원금을 건물 신축비로 사용한 것은 후원금 사용이 금지된 용도인 토지·건물 자산취득비로 사용한 경우에 해당한다고 보기 어렵다는 이유로, 후원금의 용도외 사용에 해당함을 전제로 이에 대한 관할 행정청의 개선명령처분이 적법하다는 원심 판결을 파기한 사례(대법원 2017. 6. 29. 선고 2017두33824 판결).
② 여객자동차 운수사업법 제76조, 제85조에서 정하는 과태료처분이나 감차처분 등은 규정 위반자에 대하여 처벌 또는 제재를 가하는 것이므로 같은 법이 정하고 있는 처분대상인 위반행위를 함부로 유추해석하거나 확대해석하여서는 아니 된다(대법원 2007. 3. 30. 선고 2004두7665 판결).

2) 조세나 부담금에 관한 법령의 해석

조세나 부담금에 관한 법령의 해석은 원칙적으로 문언대로 해석·적용하여

---

127) 다음은 해석의 한계를 넘어 법령을 창조한 것으로 보인다. 즉, 국가유공자 등 예우 및 지원에 관한 법률 시행규칙 제8조의3 [별표 4]가 영 제14조 제3항 [별표 3] 7급 8122호의 장애내용에 관하여 '적절한 치료에도 불구하고 연골판 손상에 의한 외상 후 변화가 엑스선 촬영 등의 검사에서 퇴행성이 명백히 나타나는 사람'이라고 규정한 의미를 유기적·체계적으로 해석하면서 이를 '적절한 치료에도 불구하고 연골판 손상에 의한 외상 후 변화가 엑스선 촬영 등의 검사에서 퇴행성이 명백히 나타나고 그로 인하여 경도의 기능장애가 있는 사람'을 뜻한다고 해석한 것(대법원 2016. 6. 10. 선고 2016두33186 판결)은 해석의 한계를 넘은 것으로 보인다.

야 하고, 합리적 이유 없이 이를 확장해석하거나 유추해석하는 것은 허용되지 아니한다(대판 2016. 10. 27, 2014두12017).

■판례■ [1] 조세법규의 해석 원칙 및 조세법규에 관하여 합목적적 해석이 불가피한 경우: 조세법률주의의 원칙상 조세법규의 해석은 특별한 사정이 없는 한 법문대로 해석하여야 하고 합리적 이유 없이 확장해석하거나 유추해석하는 것은 허용되지 않는다. 그렇지만 법규 상호 간의 해석을 통하여 그 의미를 명백히 할 필요가 있는 경우에는 조세법률주의가 지향하는 법적 안정성 및 예측가능성을 해치지 않는 범위 내에서 입법 취지 및 목적 등을 고려한 합목적적 해석을 하는 것은 불가피하다. [2] 전기통신사업자인 甲 주식회사가 아이엠티이천 서비스는 인지세법 시행령 제4조 제2호에서 말하는 '이동전화 또는 개인휴대통신 역무'에 해당하지 않는다고 주장하면서 국가를 상대로 위 서비스의 가입신청서에 관하여 납부한 인지세 상당의 부당이득반환을 구한 사안에서, 아이엠티이천 서비스는 위 조항의 '이동전화 또는 개인휴대통신 역무'에 해당한다고 한 사례(대법원 2017. 10. 12. 선고 2016다212722 판결).

3) 형벌법규

형벌법규는 문언에 따라 엄격하게 해석·적용하여야 하고 피고인에게 불리한 방향으로 지나치게 확장해석하거나 유추해석해서는 안 된다. 그러나 형벌법규의 해석에서도 문언의 가능한 의미 안에서 입법 취지와 목적 등을 고려한 법률 규정의 체계적 연관성에 따라 문언의 논리적 의미를 분명히 밝히는 체계적·논리적 해석방법은 규정의 본질적 내용에 가장 접근한 해석을 위한 것으로서 죄형법정주의의 원칙에 부합한다(대법원 2018. 5. 11. 선고 2018도2844 판결).

4) 조약

조약은 전문·부속서를 포함하는 조약문의 문맥 및 조약의 대상과 목적에 비추어 조약의 문언에 부여되는 통상적인 의미에 따라 성실하게 해석되어야 한다. 여기서 문맥은 조약문(전문 및 부속서를 포함한다) 외에 조약의 체결과 관련하여 당사국 사이에 이루어진 조약에 관한 합의 등을 포함하며, 조약 문언의 의미가 모호하거나 애매한 경우 등에는 조약의 교섭 기록 및 체결 시의 사정 등을 보충적으로 고려하여 의미를 밝혀야 한다(대법원 2018. 10. 30. 선고 2013다 61381 전원합의체 판결).

5) 정책법률의 해석

정책법률의 성격을 갖는 행정법령은 입법자의 의도(입법목적)를 강하게 고려하여야 한다. 다만, 입법자의 의도는 제정 당시의 상황 및 미래 예측을 전제로 하는 것인데, 그 전제가 잘못될 수도 있고 그 전제와 다른 상황 변화가 있을 수도 있다. 상황 변화가 있는 경우에는 법령해석에서 이를 고려하여 입법자의 입법목적을 강화하거나 완화하는 것이 타당하다.

이해관계를 조정하는 민법 등 법규정은 법문언에 충실하면서 체계적·논리적 해석을 하는 것이 타당하다.

3. 입법과 해석의 관계

(1) 입법과 법령 해석의 밀접한 관계

입법과 법령 해석은 구분되면서도 상호 밀접한 관계를 갖는다. 헌법재판소 결정에 따르면 "규범으로서의 법률은 그 적용영역에 속하는 무수한 사례를 포괄적으로 규율해야 하기 때문에 일반적·추상적으로 규정될 수밖에 없으므로 개별적·구체적인 법적분쟁에 법률을 적용하는 경우에는 당해 사건에 적용할 가장 적합한 규범을 찾아내고 그 규범의 의미와 내용을 확정하는 사유과정인 법률해석의 과정을 거칠 수밖에 없게 되는 것이다. 따라서 법률조항은 그 자체의 법문이 아무리 간단명료하다고 하더라도 이를 개별적·구체적 사건에 적용함에 있어서는 (관념상으로라도) 법률조항에 대한 해석이 불가결하게 선행될 수밖에 없는 것이므로, 결국 법률조항과 그에 대한 해석은 서로 별개의 다른 것이 아니라 동전의 양면과 같은 것이어서 서로 분리될 수 없는 것이다."(헌재 2012. 12. 27. 2011헌바117).

(2) 입법론과 해석론의 선택

원칙상 입법사항은 입법을 통해 해결하여야 하고, 해석사항은 해석을 통해 해결할 수 있다. 입법사항을 명령에서 구체화하지 않아 법률이 집행될 수 없는 경우 행정입법부작위가 된다. 해석사항을 명령에서 구체화하지 않은 경우 법률이 직접 적용될 수 있으므로 행정입법부작위가 되지 않는다. 그러나 경우에 따라서 어떠한 법률문제를 입법에 의해 해결할 수도 있고(입법론), 해석에 의해 해결할 수도 있는 경우(해석론)도 있다.

입법문제가 현행 법령의 해석에 의해 충분히 해결될 수 있는 경우에는 입법을 하지 않고 현행 법령의 해석에 의해 문제를 해결하는 것이 바람직한 경우도 있다. 그렇지만, 법령의 해석에 의해 문제를 해결할 수 있는 경우이어도 법령의 해석과 관련하여 다양한 해석이 대립하고 있어 법령의 내용을 명확히 할 필요가 있는 경우에는 입법으로 그 법령의 내용을 명확하게 규정하는 것이 바람직하다. 그리고 입법문제가 기존 법령의 해석에 의해 해결될 수 없는 경우에는 입법으로 해결하여야 한다.

입법을 함에 있어서는 입법을 할 것인지 아니면 해석론에 맡길 것인지를 검토·결정하여야 하고, 입법을 하는 경우 해당 입법규정이 어떻게 해석될 것인지를 미리 검토·예측하는 것이 필요하다. 국민의 권리의무에 관한 중요한 사항으로서 해석에 논란의 여지가 있을 것으로 예상되는 경우에는 해석규정을 두어 그 의미내용을 명확히 규정할 것인지 아니면 법집행기관의 해석에 맡길 것인지를 결정하여야 한다.

그리고 앞에서 서술한 '의도된 입법의 불비'와 같이 입법문제를 입법으로 해결하지 않고 법령의 체계적 해석에 맡기는 경우도 있다.

입법이 불비한 경우 법령의 해석(확장해석, 유추해석, 물론해석)을 통해 입법의 불비를 보충할 수 있다.

(3) 입법정책사항과 해석사항의 구분 및 처리

입법정책사항은 그 구체화를 명령에 위임하거나 행정재량에 맡길 수 있다. 후자의 경우 행정기관은 재량준칙으로 재량권 행사의 기준을 구체화할 수 있다.

입법실무에서 해석사항을 하위법령에 위임하는 경우가 적지 않은데, 해석사항을 하위법령에 위임하는 것은 바람직하지 않다. 해석사항은 해당 법률에서 해석규정을 두거나 해석규정을 두지 않은 경우에는 행정기관이 해석규칙(행정규칙)으로 정하거나 유권해석으로 정하고, 최종적으로는 법원이 해석하는 것이 타당하다.

해석사항은 해석을 조건으로 위헌·위법 여부를 결정할 수 있지만, 정책사항 등 입법사항은 해석을 조건으로 위헌·위법 여부를 결정하는 것은 타당하지 않다.

그런데 어떠한 사항이 입법사항인지 해석사항인지 모호한 경우도 있다. 예를 들면, '업무상 재해'라는 개념을 법개념으로 보고 해석이 가능한 것으로 본다면 법령의 수권없이 해석규정으로 해당 개념을 구체화할 수 있다. '업무상 재해'를 책임의 문제로 보는 경우에도 법령의 수권없이 해석규정으로 구체화할 수 있다. 그러나 '업무상 재해'를 사회보장정책의 문제로 보면 그것을 구체화하는 명령사항은 입법사항이므로 법령의 수권이 필요하다. 만일 '업무상 재해'라는 개념을 책임이 주된 것이고 사회보장이 부수적인 것이라고 본다면 입

법사항이면서 해석사항이라고 볼 수 있다.[128]

4. 입법에서의 해석규정

법률의 해석규정은 법률로서 법적 구속력 갖는다.

해석명령은 집행명령의 일종이라고 할 수 있다. 해석명령규정은 상위법령의 범위를 벗어나지 않은 경우 법적 효력(구속력)이 있다. 다만, 해석규정이 위임의 한계를 벗어난 것으로 인정될 경우에는 무효이다(대법원 2017. 4. 20. 선고 2015두45700 전원합의체 판결).

■판례 ■ [1] 법률의 시행령이나 시행규칙은 법률에 의한 위임이 없으면 개인의 권리·의무에 관한 내용을 변경·보충하거나 법률이 규정하지 아니한 새로운 내용을 정할 수는 없지만, 법률의 시행령이나 시행규칙의 내용이 모법의 입법 취지와 관련 조항 전체를 유기적·체계적으로 살펴보아 모법의 해석상 가능한 것을 명시한 것에 지나지 아니하거나 모법 조항의 취지에 근거하여 이를 구체화하기 위한 것인 때에는 모법의 규율 범위를 벗어난 것으로 볼 수 없으므로, 모법에 이에 관하여 직접 위임하는 규정을 두지 아니하였다고 하더라도 이를 무효라고 볼 수는 없다. 이러한 법리는 지방자치단체의 교육감이 제정하는 교육규칙과 모법인 상위 법령의 관계에서도 마찬가지이다. [2] 시교육감이 '중학교 입학자격 검정고시 규칙'에 근거하여 만 12세 이상인 자를 대상으로 하는 '중학교 입학자격 검정고시 시행계획'을 공고하였는데, 초등학교에 재학하다가 취학의무를 유예받아 정원 외로 관리되던 만 9세인 甲이 응시원서를 제출하였다가 응시자격이 없다는 이유로 반려처분을 받은 사안에서, 중학교 입학자격 검정고시 응시자격을 만 12세 이상인 자로 응시연령을 제한하고 있는 위 '중학교 입학자격 검정고시 규칙' 제14조 제2호가 초등학교 취학의무 대상 연령대의 아동에 대하여 중학교 입학자격 검정고시 응시자격을 제한한 것은 구초·중등교육법(2012. 1. 26. 법률 제11219호로 개정되기 전의 것) 및 구 초·중등교육법 시행령(2012. 10. 29. 대통령령 24148호로 개정되기 전의 것, 이하 '구 초·중등교육

---

128) 장승혁, 출퇴근 재해와 관련한 헌법불합치 결정과 차별적 법해석의 시정, 행정판례연구회, 2017.4.21. 발표문 참조.

법 시행령'이라 한다)의 해석상 가능한 내용을 구체화한 것으로 볼 수 있으므로, 구 초·중등교육법 시행령 제96조 제2항의 위임 범위에서 벗어났다고 볼 수 없다고 한 사례(대법원 2014. 8. 20. 선고 2012두19526 판결[중학교입학자격검정고시응시제한처분취소]). **[해설]** 해석규정인 경우 상위법령의 (위임)범위를 벗어나지 않은 경우 법적 효력이 있는 것으로 본 판례이다. 해석규정을 일종의 집행명령으로 본 것이 아닌가 생각된다. 명시적 위임 없이도 인정되는 법형성적 해석명령을 통상의 해석명령과 구별하여 입법적 규칙(legislative rule)으로 보는 미국의 입법례를 참조할 필요가 있다.

법규명령이 인정처분의 기준의 성격을 갖는 해석규정인 경우 그 법규명령은 통상 예시적 규정으로 보는 것이 타당하다.

■**판례**■ 구 산업재해보상보험법 시행령 제34조 제3항 [별표 3]이 규정하고 있는 '업무상 질병에 대한 구체적인 인정 기준'의 법적 성격(=예시적 규정) 및 [별표 3]의 제15호 (나)목에서 정한 기준을 충족하지 않더라도 업무 수행 중 노출된 벤젠으로 백혈병 등 조혈기관 계통의 질환이 발생하였거나 발생을 촉진한 하나의 원인이 되었다고 추단할 수 있는 경우, 업무상 질병으로 인정할 수 있는지 여부(적극): 구 산업재해보상보험법(2010. 1. 27. 법률 제9988호로 개정되기 전의 것, 이하 '구 산업재해보상보험법'이라 한다) 제37조 제1항 제2호 (가)목, 제3항, 구 산업재해보상보험법 시행령(2013. 6. 28. 대통령령 제24651호로 개정되기 전의 것, 이하 '구 산업재해보상보험법 시행령'이라 한다) 제34조 제3항 [별표 3] 제15호 (나)목의 내용, 형식과 입법 취지를 종합하면, 구 산업재해보상보험법 시행령 제34조 제3항 및 [별표 3]이 규정하고 있는 '업무상 질병에 대한 구체적인 인정 기준'은 구 산업재해보상보험법 제37조 제1항 제2호 (가)목이 규정하고 있는 '업무수행 과정에서 유해·위험 요인을 취급하거나 그에 노출되어 발생한 질병'에 해당하는 경우를 예시적으로 규정한 것으로 보이고, 그 기준에서 정한 것 외에 업무와 관련하여 발생한 질병을 모두 업무상 질병에서 배제하는 규정으로 볼 수는 없다. 따라서 [별표 3]의 제15호 (나)목에서 정하고 있는 기준을 충족한 경우뿐 아니라, 기준을 충족하지 아니한 경우라도 업무 수행 중 노출된 벤젠으로 인하여 백혈병, 골수형성 이상 증후군 등 조혈기관 계통의 질환이 발생하였거나 적어도 발생을 촉진한 하나의 원인이 되었다고 추단할 수 있

으면 업무상 질병으로 인정할 수 있다(대법원 2014. 6. 12. 선고 2012두24214 판결[요양불승인처분취소]).

행정실무에서는 법규정을 해석하여 행정규칙(해석규칙)으로 정하는 경우가 있다. 해석규칙은 법적 구속력은 없지만, 행정기관은 해석규칙이 있는 경우에는 특별한 사정이 없는 한 해석규칙에 따라 법령을 적용한다.

5. 행정해석, 유권해석, 법제처의 법령해석, 법원의 해석

(1) 의의

행정해석은 행정기관이 하는 해석을 말한다. 행정해석은 법적 구속력을 갖지 않는다.

해석권한이 있는 행정기관(법령소관 중앙행정기관 및 법령해석기관인 법무부와 법제처)이 하는 행정해석을 유권해석이라 한다.

행정해석보다는 법원의 해석이 우월하다.

(2) 법령해석요청제도

행정작용의 근거가 되는 법령 등의 내용이 명확하지 아니한 경우 상대방은 해당 행정청에 그 해석을 요청할 수 있다. 이 경우 해당 행정청은 특별한 사유가 없는 한 그 요청에 따라야 한다(행정절차법 제5조).

중앙행정기관의 장은 지방자치단체의 장 또는 민원인으로부터 법률적 판단이 필요한 질의를 받는 등 법령을 운영·집행하는 과정에서 해석상 의문이 있는 경우에는 행정운영의 적법성과 타당성을 보장하기 위하여 「행정기본법」 제40조 제3항에 따른 법령해석업무를 전문으로 하는 기관(민사·상사·형사, 행정소송, 국가배상 관계 법령 및 법무부 소관 법령과 다른 법령의 벌칙조항에 대한 해석인 경우에는 법무부를 말하고, 그 밖의 모든 행정 관계 법령의 해석인 경우에는 법제처를 말한다. 이하 '법령해석기관'이라 한다)에 법령해석을 요청하여야 한다(법제업무운영규정 제26조 제1항).

지방자치단체의 장은 법령 소관 중앙행정기관의 장에게 법령해석을 요청하여 그 회신을 받은 후 법령해석기관에 법령해석을 요청할 수 있다(법제업무운영규정 제26조 제3항, 제4항).

민원인은 법령 소관 중앙행정기관의 장의 법령해석이 법령에 위반된다고 판단되는 경우에는 총리령으로 정하는 바에 따라 해당 법령 소관 중앙행정기관의 장에게 법령해석기관에 법령해석을 요청하도록 의뢰하거나 법령 소관 중앙행정기관의 장의 법령해석 의견을 덧붙여 직접 법령해석기관에 법령해석을 요청할 수 있다. 다만, 법무부장관이 민사·상사·형사, 행정소송, 국가배상 관계 법령 및 법무부 소관 법령에 대하여 법령해석을 한 경우는 제외한다(법제업무운영규정 제26조 제7항). 법령 소관 중앙행정기관의 장은 제7항에 따라 민원인으로부터 법령해석의 요청을 의뢰받으면 민원인에게 회신한 내용(민원인의 법령 질의사항을 포함한다)에 추가할 의견이 있는 경우 그 의견을 첨부하여 지체 없이 법령해석기관에 법령해석을 요청하여야 한다. 다만, 법령해석의 요청을 의뢰받은 사안이 다음 각 호의 어느 하나에 해당되는 경우에는 법령해석을 요청하지 않을 수 있으며, 해당 민원인에게 그 사유를 명시하여 통지하여야 한다. 1. 제7항에 따른 법령해석 요청 기준에 맞지 않는 경우, 2. 정립된 판례나 법령해석기관의 법령해석이 있는 경우, 3. 구체적 사실인정에 관한 사항인 경우, 4. 행정심판 또는 소송이 계속 중이거나 그 절차가 끝난 경우, 5. 이미 행해진 구체적인 처분이나 행위의 위법·부당 여부에 관한 사항인 경우, 6. 법령이 헌법 또는 상위 법령에 위반되는지에 관한 사항인 경우, 7. 법령 소관 중앙행정기관의 정책과 관련된 사항으로서 정책적 판단이나 중앙행정기관 사이의 협의를 통해 결정할 필요가 있는 경우, 8. 해석 대상 법령이 특정되지 않는 경우, 9. 법령해석을 요청하게 된 근거나 사유와 법령해석을 요청한 법령의 규정 사이에 연관성이 없는 등 법령해석 요청의 전제가 잘못되어 법령해석의 필요성이 인정되지 않는 경우, 10. 법령의 규정상 명백하여 해석이 불필요한 경우, 11. 그 밖에 제1호부터 제10호까지의 규정과 유사한 사유로서 명백히 법령해석이 필요하지 않다고 인정되는 경우(제8항).

법령해석기관은 법령을 해석할 때 법령해석에 관한 정부 견해의 통일을 꾀하고 일관성 있는 법집행을 위하여 다음 각 호의 사항을 유의하여야 한다. 1. 해당 법령의 입법 배경·취지 및 운영 실태를 명확하게 파악할 것, 2. 문제가 제기된 구체적 배경과 이유를 조사·확인할 것, 3. 법령 소관 중앙행정기관 등 관계 기관의 의견을 충분히 들을 것(제27조 제1항).

(3) 법원의 해석

행정법을 해석한 판례가 있는 경우에는 행정기관은 통상 판례를 행정문제에 적용하여 행정법을 집행한다.

법규명령이 상위 법령에 반하는 경우에 그 법규명령은 내용상 위법한데, 앞에서 서술한 바와 같이 판례는 '상위법령합치적 법령해석'이라는 법리를 세우고, 위헌·위법의 여지가 있는 법령도 해석을 통해 가능한 한 위법하지 않은 것으로 판단하려고 한다. '상위법령합치적 법령해석'은 헌법합치적 법률해석의 법리를 차용한 것으로 보이는데, 그 타당성에는 의문이 제기된다. 법률은 주권자인 일반 국민의 의사의 표현으로서의 의미를 갖고 있고, 엄격한 절차를 거쳐 제정되고, 정치적 타협과 합의의 과정을 거쳐 제정되므로 가능한 한에서 헌법합치적으로 해석하는 것이 타당할 수 있겠지만, 법규명령은 법률과 달리 행정부내에서 제정되는 것으로서 넓은 의미의 행정작용의 하나이다. 그리고 판례가 제시하는 '상위법령합치적 법령해석'의 기준은 너무 법규명령을 존중하는 입장이다. 판례의 기준에 의하면 법규명령이 상위법령에 명백히 저촉되는 경우에 한하여 위법·무효가 되고, 상위법령에 저촉되는지에 관하여 논란이 있는 경우에는 (위법하더라도) 위법·무효로 보아서는 안 된다는 것이다. 상위법령합치적 해석에도 법령해석의 한계에서 오는 한계가 있다고 보아야 한다. 법규명령이 상위법령에 위반되는지에 관하여 논란이 있음에도 위법하지 않다고 보는 것은 상위법령에 따른 일반 국민의 예측가능성을 침해할 우려가 있다. 문언상 명백히 상위법령에 반하는 명령은 법령의 예측가능성을 보장하기 위하여 위법한 것으로 판단하여야 한다. 법령의 해석에서 입법취지(입법목적), 관련법규정과의 조화로운 해석도 중요하지만, 법령의 예측가능성의 보장을 위해서는 법령의 문언과 문구를 중요시하는 것이 타당하다.

6. 사법소극주의와 사법적극주의

사법소극주의와 사법적극주의는 그 의미가 다양하고 아직은 모호한 개념이다.

사법소극주의를 사법권 고유의 영역을 지키려고 하는 것으로 보고, 사법적극주의를 권익구제의 폭을 넓히려고 하는 것으로 보는 견해가 있다. 즉, 사법소극주의는 사법만능의 폐단을 경계하고, 그럼으로써 사법의 정치화를 막고, 예방적금지소송이나 의무이행소송을 행정기관이 하는 일에 대하여 개입적 기능·대체적 기능을 담당하는 것으로 보고, 권력분립이나 책임행정의 원리에 반하는 것으로 보고, 사법적극주의는 그와 같은 소송은 행정권 고유의 영역을 침범하는 것이 아니라, 바로 법률적 판단을 사명으로 하는 사법권의 당연한 직무의 일부가 된다고 한다.[129]

권력분립의 원리와의 관계하에서 사법적극주의를 다음과 같이 정의하는 견해가 있다: "권력분립의 원리가 기초하고 있는 '견제와 균형'의 이상을 실현하

---

129) 김도창, 일반행정법론(상), 청운사, 1992, 733면 각주 5).

기 위해 행정부나 입법부의 의사나 결정에 곧잘 반대를 제기하여 두 부에 의한 권력의 남용을 적극적으로 견제하는 사법부의 태도나 철학". 사법소극주의는 입법부나 사법부의 견제에 소극적인 태도나 철학을 말하는 것으로 본다.[130]

미국에서는 사법적극주의를 "헌법, 법규나 선판례의 자구의 문어적인 의미에 얽매이지 않고 선거에 의해 뽑힌 공무원들의 정책결정을 대체하는 정책결정을 판결을 통해 감행하는 진보적인 사법부의 태도"라고 보는 견해도 있다.[131] 사법적극주의를 "판사들이 선판례에 엄격히 얽매이지 않고 상급법원의 판사들이 싫어할지도 모르는 진보적이고 새로운 사회정책을 선호하는 사법부의 철학"이라고 보는 견해도 있다.[132] 현재 미국학계에서 사법적극주의라는 말은 지나치게 적극적인 사법부 더 나아가 사법권을 남용하는 사법부를 비판하는 조소적 용어로 사용되는 것이 일반적이라고 하면서 사법입법을 기준으로 사법극소주의는 당해 분쟁만 해결하고 다른 문제는 다음 번에 해결하려는 경향을 말하고, 사법적극주의는 개별사건을 계기로 다른 사건까지 해결할 수 있는 보편적인 기준(broadly applicable principles)을 정립하려고 하는 경향이라고 사법적극주의와 사법소극주의를 정의내리는 것이 가장 합리적이라고 할 것이라고 하는 견해도 있다.[133]

이와 같이 사법적극주의와 사법소극주의는 다양한 의미를 갖는 개념으로 논자에 따라 다른 의미로 사용되고 있다. 결국 사법적극주의와 사법소극주의는 권력분립의 관점에서 사법의 기능 그리고 사법의 본질을 어떻게 보아야 하

---

130) 임지봉, 사법적극주의·사법소극주의의 개념에 관한 새로운 모색과 그 적용: 전두환·노태우 두 전직대통령에 관한 사건의 분석을 중심으로, 경희법학 제34권 제1호, 1999, 354면.

131) 임지봉, 위의 논문, 354면.

132) 임지봉, 위의 논문, 354면.

133) 문재완, 사법소극주의의 재검토, 외법논집 제27집, 2007.8, 141면, 152면.

는가에 관한 사법의 적극적 태도와 소극적 태도 및 사법에 대한 관점을 의미하는 것으로 볼 수 있다. 사법적극주의와 사법소극주의는 현재로서는 사법에 대한 두 입장을 말하는 것이며 어느 입장이 타당한지에 관하여는 심도있는 검토가 필요하다.

우선 국민의 권익구제의 폭을 넓히려고 하는 것을 사법적극주의로 보는 것은 적절하지 않은 것으로 보인다. 현행 법질서내에서 법해석을 통하여 국민의 권익구제의 폭을 넓히는 것에 대하여 반대할 사람은 적을 것이다. 사법은 법해석의 한계를 지켜야 하고 법해석의 한계를 넘어 법을 변경하거나 창조하여서는 안 된다는 점에 대하여도 의견은 일치하고 있다.

선판례의 변경에 적극적인가 소극적인가를 사법적극주의와 사법소극주의의 내용으로 보는 것도 타당하지 않다. 법과 사회의 변화에 따라 판례를 변경하는 것은 성문법국가에서는 당연한 것으로 보아야 한다.[134] 하급심이 판례의 발전이 필요한 경우에 상급심의 판례를 따라지 않는 것도 당연한 것이다. 다만, 하급심이 상급심의 판례를 따르지 않을 경우에는 상급심 판례의 문제점을 적절하게 지적하고 판례변경의 필요성에 대해 정치한 논리를 제시하여야 할 것이다. 행정사건에서 전원합의체판결이 적지 않은 점, 새로운 법리를 제시하는 행정판례가 적지 않은 점 등에 비추어 대법원도 행정판례의 변경·발전에 비교적 적극적 입장을 갖고 있는 것으로 평가할 수 있다.

사법의 정치화를 막는 것에도 이견이 없을 것이므로 사법의 정치화를 막는 것을 사법소극주의로 보는 것은 논의의 실익이 없다. 행정에 대한 '개입'을 회피하려는 사법부의 태도에 문제가 없다는 점에 대해서도 이견이 없을 것이므

---

134) 판례법 국가에서는 선판례가 법적 구속력을 가지므로 판례의 변경에 관한 적극적 태도와 소극적 태도는 법리의 논쟁이 될 수 있지만, 성문법국가에서 판례의 변경은 법리논쟁이 될 수는 없다.

로 행정에 대한 '개입'을 회피하려는 것 자체를 사법소극주의로 보는 것도 타당하지 않은 것으로 생각된다. 이와 관련하여 예방적금지소송이나 의무이행소송을 행정기관이 하는 일에 대하여 개입적 기능·대체적 기능을 담당하는 것으로 보고, 권력분립이나 책임행정의 원리에 반하는 것으로 보는 것을 사법소극주의로 보거나 그와 같은 소송은 행정권 고유의 영역을 침범하는 것이 아니라, 바로 법률적 판단을 사명으로 하는 사법권의 당연한 직무의 일부가 된다고 보는 것을 사법적극주의로 보는 것도 타당하지 않다고 생각한다. 예방적금지소송이나 의무이행소송의 인정문제는 권력분립, 사법의 개념, 재판을 받을 권리의 보장과 관련된 법리적 문제인 것이다. 오늘날 의무이행소송이 법리상 권력분립의 원칙에 반하지 않고, 입법정책적으로도 인정되어야 한다는 것이 대다수의 행정법학자의 입장이다. 예방적 금지소송이 행정권의 제1차적 판단권을 침해한다고 보는 견해도 있지만, 다수 견해는 이에 동의하지 않는다.

행정사건에서 법원이 판결을 하면서 법의 일반원칙을 발견하고, 판결의 기준 및 행정법이론을 형성하는 것도 사법적극주의와 사법적극주의의 문제와 분리하여 행정판례에 있어서의 사법기능상의 법리적 문제로 논하는 것이 타당하다. 행정법에서는 총칙규정이 없고, 법의 흠결이 있는 경우가 많다. 법원은 법이 없는 것을 이유로 재판을 거부할 수 없고, '조리'에 따라 재판을 하여야 한다. 법령의 흠결이나 불충분한 점이 있는 경우 구체적 사건에서 조리에 따라 형평성있는 분쟁해결을 하는 것에 그치고 일반적 분쟁해결기준을 제시하지 않는 것도 가능하지만, 이렇게 하면 국민이 법원의 판결에 대한 예측가능성을 가질 수 없게 된다. 또한 판결은 합리적 이유 및 적절한 논거를 제시해야 설득력을 가질 수 있다. 법원이 분쟁해결의 기준 또는 관련법이론을 제시하기 어려운 경우에는 행정판례 및 행정법이론의 형성은 학설 또는 후일의 판결에 맡기고 구체적인 분쟁의 해결에 만족할 수밖에 없겠지만, 법원이 법의 일반원칙을 발견할 수 있고, 분쟁해결의 기준 또는 법이론을 제시할 수 있는 경우에는 가능한 한 그렇게 하는 것이 바람직하다. 이를 위해서는 재판의 전문화가 이루어져야 하고, 법원과 학계와의 협력이 필요하다.

사법적극주의와 사법소극주의의 대립은 다음의 두 가지 점에서 실제적으로 의미가 있을 수 있다고 보는 것이 타당하다. 하나는 사법권이 입법권 및 행정권에 대해 견제의 기능을 갖는 것으로 볼 것인지, 견제의 기능을 갖는 경우에도 보다 적극적으로 견제하려는 태도를 가져야 하는 것으로 볼 것인지이다. 이 문제는 사법권의 독립성의 문제와도 관련이 있다. 다른 하나는 사법의 권한을 법의 규범논리적 해석에 한정하고, 분쟁의 규범논리적 해결에 한정할 것인가 아니면 법의 해석에서 법의 정책적 성격을 고려하고, 판례의 사회적·정책적 영향을 고려할 것인가 하는 문제이다.

독일식 법치주의에 따라 법의 규범성을 강조하는 입장에서는 법을 해석하고 적용함에 있어서 정책적 고려를 하는 것은 타당하지 않다고 본다. 이에 대하여 미국식 법의 지배에 따라 법의 규범성과 함께 입법의 정책적 성격을 인정하는 입장을 취하면 법의 해석 및 적용에서 입법의 정책적 취지 및 판결의 사회적·정책적 영향을 적극 고려하여야 한다고 볼 것이다.

현재 우리의 사법부는 국민의 권익구제를 확대하려는 점에서는 적극적이라고 할 수 있다. 그렇지만, 사법의 기능을 규범논리적인 분쟁해결기능으로 보면서 법원은 입법부나 행정부를 견제하는데 있어서는 극히 소극적인 태도를 취하고 있는 것으로 평가할 수 있다. 입법권이나 행정권에 대한 견제는 아예 법원의 기능으로 보지 않는 입장을 취하고 있는 것이라고 평가할 수 있다. 나아가 후술하는 바와 같이 오히려 행정부의 입장을 과도하게 고려하는 것은 아닌가 하는 생각도 든다. 그리고 법원은 법을 해석하거나 적용함에 있어 규범논리에 충실한 태도를 보이고 있고, 정책적인 고려에는 소극적인 것으로 보인다.

생각건대, 우리나라의 경우 사법부는 행정부에 비하여 힘이 약한 것이 현실이므로 행정부로부터 사법부의 독립성을 확보하는 것이 일차적으로 중요하다. 정책적 영향은 가치관이나 보는 관점에 따라 다를 수 있는 것인데, 사법부의 힘이 약한 상태에서 법원이 행정부의 입장과 다른 정책적 방향으로 판결하기는 어려울 것이다. 미국에서와 같이 사법부의 독립이 실질적으로 보장되고, 사법부가 나름의 힘을 갖고 있는 경우에는 법원이 판결시 정책적 고려를 적극적으로 하는 것이 행정부에 의해 수용될 수 있지만, 우리나라에서와 같이 사법부의 독립이 확고하지 못하고, 행정부에 비하여 사법부가 상대적으로 약한 경우에는 법원의 정책적 판결이 행정부에 의해 수용되기 어려울 것이고, 그렇게 하는 경우 사법부의 독립성에 대한 위협으로 부메랑이 되어 돌아올 수도 있다. 따라서 현재의 상황하에서는 원칙상 법의 해석 및 적용에 있어 법규범 논리에 철저한 것이 사법권의 독립을 지키면서도 행정부를 통제할 수 있는 길이 될 것이다. 법원의 판결이 법논리에 충실한 경우에 행정부는 법원의 판결에 이의를 제기하기 어려울 것이다. 그런데 대부분의 법령(특히 행정법령)은 정책을 입법을 통해 선언하고 있다. 따라서 법의 해석과 적용은 정책을 구체화하는 의미를 갖는다. 법의 해석과 적용은 정책관련성을 가질 수밖에 없다. 또한 판결이 사회와 정책에 영향을 미칠 수밖에 없다. 그러므로 판결시에 판결의 정책적인 영향을 전혀 고려하지 않는 것은 타당하지 않다. 따라서 현재의 권력분립의 현실상황에서는 원칙상 규범적 법리에 충실하면서도 부수적으로 법의 해석·적용에서 정책적 고려를 하는 것이 사법정책적으로 타당하다고 생각한다.

Ⅱ. 법령의 적용

1. 법의 적용의 의의

법의 적용이라 함은 법을 구체적인 사안에 적용하는 것을 말한다. 달리 말하면 구체적 사안을 법규정에 포섭하는 과정을 말한다.

2. 법령의 적용방법

법의 적용은 사실관계를 명확히 하고, 관련법규정을 찾아 그 의미를 명확히 하고, 사실관계를 관련법규정에 포섭하는 과정을 거친다.

■**판례**■ [1] 과학적 증거방법이 사실인정에서 상당한 정도의 구속력을 갖기 위한 요건: 과학적 증거방법이 사실인정에 있어서 상당한 정도로 구속력을 갖기 위해서는 감정인이 전문적인 지식·기술·경험을 가지고 공인된 표준 검사기법으로 분석한 후 법원에 제출하였다는 것만으로는 부족하고, 시료의 채취·보관·분석 등 모든 과정에서 시료의 동일성이 인정되고 인위적인 조작·훼손·첨가가 없었음이 담보되어야 하며 각 단계에서 시료에 대한 정확한 인수·인계 절차를 확인할 수 있는 기록이 유지되어야 한다. [2] 피고인이 메트암페타민을 투약하였다고 하여 마약류 관리에 관한 법률 위반으로 기소되었는데, 공소사실을 부인하고 있고, 투약의 일시, 장소, 방법 등이 명확하지 못하며, 투약 사실에 대한 직접적인 증거로는 피고인의 소변과 머리카락에서 메트암페타민 성분이 검출되었다는 국립과학수사연구원의 감정결과만 있는 사안에서, 감정물이 피고인으로부터 채취한 것과 동일하다고 단정하기 어려워 그 감정 결과의 증명력은 피고인의 투약사실을 인정하기에 충분하지 않다고 한 사례(대법원 2018. 2. 8. 선고 2017도14222 판결).

법을 적용함에 있어서는 현실도 고려하여야 한다. 법이 예상하지 못한 사정이 있거나 법이 예상한 사정과 다른 사정이 있고, 그러한 사정에 법을 그대로 적용하는 것이 타당하지 않은 경우에는 법의 적용에 신중을 기해 법 적용의 강도를 조절하여야 한다.

법의 제정 후 상황 변화가 있거나 법의 제정시 예측하지 못한 사정이 발생하여 법을 그대로 적용하는 것이 타당하지 않게 된 경우에는 행정기관 또는 법원 등은 해당 법을 개정하거나 폐지하도록 입법제안(피드백)을 하여야 할 것이다.

3. 위헌·위법인 법령의 효력과 통제

(1) 위헌·위법인 법령의 효력

상위법에 위반되는 하위법규정은 위법한 법규정이 된다. 상위법령(예, 법률)이 그보다 상위의 법(예, 헌법)에 반하여 위법한 경우에는 하위법(명령이나 자치법규)은 최상위의 법에 위반하지 않는 한 위법한 법이 되지 않는다.

위법한 법규정의 효력은 어떠한가. 위헌 또는 위법인 법규정은 "무효"라는 표현을 쓰는 경우가 많은 데, 그러한 표현의 사용에 대하여는 이견도 있고, 그 무효의 의미와 내용에 관하여는 견해가 대립하고 있으며 아래에서 보는 바와 같이 실정법령 및 판례에 의하면 위헌 또는 위법인 법령의 효력은 그 법령의 종류에 따라 동일하지 않고 다양하다.

① 헌법에 위반되는 법률은 법원의 위헌법률심판의 제청에 따라 헌법재판소에 의한 위헌법률심사(違憲法律審査)의 대상이 된다. 헌법재판소의 결정에 의해 위헌판결이 나면 그 법률은 장래에 향하여 효력을 상실한다. 국회의 승인을 받은 긴급명령은 법률과 같은 효력을 가지므로 법률에 준해서 헌법재판소의 위헌법률심사의 대상이 된다.

② 헌법 및 상위법령에 위반하는 명령 또는 자치법규는 구체적인 사건에서 재판의 전제가 된 경우에 법원의 심사의 대상이 된다. 위헌 또는 위법이 확인

된 명령 또는 자치법규는 당연히 효력을 상실하는 것이 아니며 당해 사건에 한하여 적용이 배제된다.

③ 처분적 명령이 무효확인소송의 대상이 되어 무효확인된 경우에는 처음부터 효력이 없었던 것으로 확인된다. 다만, 명령의 처분성을 넓게 보는 경우 당해 처분적 명령에 근거하여 무효확인판결 전에 행해진 처분에 대하여도 소급효가 미치는지에 대하여는 논란의 여지가 있다.

④ 명령에 대한 헌법소원이 인용된 경우 당해 명령의 효력은 결정의 유형(단순위법결정, 불합치결정, 한정위법결정, 한정합법결정)에 따라 다르다.

⑤ 상위법령에 반하는 조례안은 일정한 요건하에 지방자치법상의 기관소송(무효확인소송)의 대상이 된다.

⑥ 헌법재판소의 법률해석에 대법원이나 각급 법원이 구속되는 것은 아니다(대판 2009. 2. 12, 2004두10289[상속세부과처분무효확인등]).

(2) 행정입법의 위법성 심사기준

법원에 의한 행정입법의 위법성 통제에는 절차상 하자의 통제와 내용상 하자의 통제가 있다. 우리나라 판례 중 행정입법의 절차상 하자를 통제한 판례는 없다. 가장 큰 이유는 절차통제규범인 행정입법절차규범이 미국에서와 달리 미비되어 있고 발달되어 있지 않기 때문일 것이다. 그리고 절차의 하자가 행정입법의 독자적 위법사유가 될 수 있는지의 문제가 제기되는데 이에 관하여는 아직 논의조차 된 바가 없다.

법원은 행정입법의 내용에 대하여는 통제를 하고 있다. 그렇지만, 상위법령 합치적 법령해석의 법리이외에 행정입법의 내용상 하자에 대한 통제법리는 발달되어 있지 못하고, 법원의 입장도 명시적으로 표명하고 있지 않다. 그렇지만, 그동안의 판례를 통해 법원의 입장을 추론해보면 법원이 이론상 명령에 대한 전면적인 통제권한을 갖고 있는 것으로 생각하고 있는 것으로 보인다. 이러한 입장의 근거가 되는 것은 다음과 같다. 우선 헌법 제107조 제2항은 명령 등에 대한 법원의 심사권, 대법원의 최종적 심사권을 부여하고 있다. 그리고 이론상 법령의 상위법령 위반의 문제는 법의 문제이고, 법원은 법의 문제에 대한 최종적인 해결권한을 갖고 있다고 할 수 있다. 그리고 법원은 법령에 관한 최종적 해석권한은 법원에 있는 것으로 보고 행정부의 해석보다 법원의 해석을 우위에 두고 있는 것으로 보인다. 이와 같이 법원은 명령 등에 대한 전면적인 통제권한을 갖는 것으로 보고 있지만, 실제에 있어서 법원은 행정입법의 내용상 하자에 대한 통제에 적극적이지는 않은 것으로 보인다. 상위법령 합치적 해석의 법리는 어느 면에서는 행정입법의 위법을 가급적 인정하지 않으려는 입장의 표현이기도 하다. 법령의 해석은 법원의 권한이라는 전제하에서 법령을 위헌·위법으로 선언했을 때의 문제점을 고려하여 가능한 한 상위법령 합치적으로 해석하려는 것이 법원의 입장으로 보인다.

이러한 우리나라 법원의 명령 등에 대한 위법성 통제는 미국의 판례에 비추어 볼 때 재검토를 요한다. 아래와 같이 보다 유형화되고 세밀한 행정입법 통제법리를 개발할 필요가 있다.

첫째 미국의 판례와 같이 행정입법절차의 하자를 경미한 경우를 제외하고는 행정입법의 독자적인 무효 내지 취소사유로 보아야 할 것이다. 행정기관이 발한 최종규칙(rule)이 공고된 규칙안과 다른 경우에 최종규칙이 공고와 함께 시작하여 의견의 청취와 검토를 통해 확대된 결정과정의 "논리적 결과"가 아닌 경우 달리 말하면 제안된 규칙을 검토하는 것으로부터 행정기관이 발한 최종규칙을 예상할 수 없는 경우에는 절차의 하자가 있는 것으로 보아야 한다.

다음으로 법률의 해석에 대한 통제와 관련하여 행정기관이 그 시행을 담당하고 있는 법률에 대한 행정기관의 해석을 그 해석이 합리적인 한 존중해주어야 한다는 Chevron이론은 우리나라에서는 타당하지 않다. 그 이유는 법률의 해석은 기본적으로 법문제이고, 우리 헌법 제107조 제2항은 법원에 법령의 최종적인 해석권을 부여하고 있을 뿐만 아니라 우리나라의 경우 행정부의 법령해석에 관한 전문성이 높지 못하고 법원이 법령해석에 관하여는 보다 전문성이 높다고 할 수 있기 때문이다. 다만, 법률에서 법률규정의 해석을 명시적으로 행정권에 위임한 경우에는 행정권은 수권의 범위내에서는 재량을 갖는 것으로 볼 여지도 있으므로 그 해석명령이 명백히 불합리하지 않는 한 위법하지 않은 것으로 볼 수 있을 것이다.

다음으로 미국의 법과 판례를 참조하여 입법재량에 대한 통제법리를 발전시켜야 할 것이다. 위임명령의 경우에 위임의 한도내에서 행정기관은 입법재량권을 수권받은 것으로 볼 수도 있다. 이 경우 행정입법이 정책결정의 성질을 갖는 경우에는 폭넓은 입법재량이 인정될 수 있다. 우선 법의 일반원칙은 행정입법에도 적용된다. 판례 중에도 평등원칙 위반으로 위법하다고 판단한 사례,135) 신뢰보호의 원칙 위반으로 위법하다고 한 사례136)가 있다. 위임을

---

135) 구 자원의 절약과 재활용촉진에 관한 법률 시행령(2007. 3. 27. 대통령령 제19971호로 개정되기 전의 것) 제11조 [별표 2] 제7호에서 플라스틱제품의 수입업자가 부담하는 폐기물부담금의 산출기준을 아무런 제한 없이 그 수입가만을 기준으로 한 것은, 합성수지 투입량을 기준으로 한 제조업자에 비하여 과도하게 차등을 둔 것으로서 합리적 이유 없는 차별에 해당하므로, 위 조항 중 '수입의 경우 수입가의 0.7%' 부분은 헌법상 평등원칙을 위반한 입법으로서 무효이다(대법원 2008. 11. 20. 선고 2007두8287 전원합의체 판결).

136) 한약사 국가시험의 응시자격에 관하여 개정 전의 약사법 시행령 제3조의2에서 '필수 한약관련 과목과 학점을 이수하고 대학을 졸업한 자'로 규정하고 있던 것을 '한약학과를 졸업한 자'로 응시자격을 변경하면서, 그 개정 이전에 이미 한약자원학과에 입학하여 대학에 재학 중인 자에게도 개정 시행령이 적용되게 한 개정 시행령 부칙은 헌법상 신뢰보호의 원칙과 평등의 원칙에 위배되어 허용될 수 없다고 한 사례(대법원 2007. 10. 29. 선고 2005두4649 판결[한약사국가시험응시원서접수거부처분취소]).

받아 위임의 범위내에서 제정된 명령을 명백히 불합리하다는 이유로 위법하다고 볼 수 있는지가 문제된다. 미국의 경우 행정절차법에서 자의적이거나(arbitrary), 변덕스럽거나(capricious) 재량의 남용(an abuse of discretion)이 있는 경우를 위법사유로 명시적으로 규정하고 있다. 우리의 경우 그러한 규정이 없지만, 위임을 받아 위임의 범위내에서 제정된 명령이라도 입법과정이 적절하지 않은 경우와 입법내용이 명백히 불합리한 경우에는 재량권의 일탈·남용이 있는 위법한 것으로 보아야 할 것이다.

그리고 행정입법의 위법성 문제가 모두 법문제인 것은 아니고 사실문제와 법문제가 혼합되어 있다는 것도 인정하여야 할 것이다. 사실문제와 법문제에 대한 통제법리를 달리 하고 있는 미국 판례의 법리를 받아들이는 것이 타당한지는 검토를 요한다. 미국과 달리 행정입법절차에 청문절차가 도입되어 있지 않고 행정부의 전문성이 높지 않은 우리나라에서 미국법상의 '실질적 증거의 법리'를 받아들이기는 어려울 것이다. 우리나라의 경우 사실문제의 판단에서도 법원의 판단이 행정부의 판단 보다 우세하다고 보아야 한다. 다만, 사실판단에서 고도의 전문성을 요하는 경우 판단여지의 법리에 따라 법원이 행정청의 판단을 존중해줄 수는 있을 것이다.

마지막으로 상위법령합치적 해석에도 법령해석의 한계에서 오는 한계가 있다는 것을 인정하고, 문언상 명백히 상위법령에 반하는 명령은 법령의 예측가능성을 보장하기 위하여 위법한 것으로 판단하여야 한다.

Ⅲ. 법의 흠결의 보충방법

1. 유추적용

법에 흠결이 있는 사항에 유사한 사항을 규율하는 법령규정을 유추하여 적용할 수 있는데, 이를 법령의 유추적용이라 한다. 유추적용에는 법이 흠결한 사항과 유추적용할 사항 사이에 유추적용할 수 있는 유사성이 존재해야 한다는 한계가 있다.

2. 물론해석적용

물론해석적용이라 함은 특정 법령규정의 내용에 비추어 법의 흠결이 있는 사항에 해당 법령규정이 당연히 적용되는 것으로 보는 것을 말한다. 예를 들면, 헌법 제23조 제3항은 공공필요에 의한 재산권에 대한 침해에 대한 손실보상을 규정하고 있는데, 생명·신체권은 재산권보다 우월한 헌법적 가치를 가지므로 공공필요에 의한 생명·신체에 대한 침해에도 헌법 제23조 제3항이 당연히 적용되는 것으로 보아야 한다.

3. 의도된 입법의 불비와 해석을 통한 보충

예를 들면, 국가배상법은 현행 헌법이나 국가배상법은 공무원의 피해자에 대한 배상책임 및 그 범위에 관하여 규정하고 있지 않고 있는데, 이는 입법자가 공무원의 피해자에 대한 배상책임 및 그 범위를 시대상황에 맞게 해결하도록 학설 내지 판례의 발전에 맡긴 것이라고 해석하는 것이 타당하다. 판례는 오랜 기간 공무원의 피해자에 대한 개인책임을 사기업 피용자의 피해자에 대한 배상책임과 동일하게 경과실의 경우에도 인정하다가 1996년 공무원에게 고의 또는 중과실이 있는 경우에 한하여 피해자에 대해 배상책임을 진다고 달리 말하면 경과실만 있는 경우에는 피해자에 대해 배상책임을 지지 않는다고 판례를 변경하였다(대법원 1996. 2. 15. 선고 95다38677 전원합의체 판결).

찾아보기

저자약력

서울대학교 법과대학 졸업, 서울대학교 법과대학 법학석사
프랑스 엑스-마르세이유대학 법학박사
프랑스 엑스-마르세이유대학 초청교수(Professeur invité)
단국대학교 법학대학 교수, 서울대학교 · 사법연수원 강사, 정보통신부장관 표창
한국공법학회 학술장려상 수상(1996. 6), 2018년 법의 날 황조근정훈장 수훈
세계인명사전 마르퀴즈 후즈후 등재(2007. 11), 법제처 자체평가위원장
한국법학교수회 회장, 사법행정자문회의 위원, 행정기본법 제정 운영위원회 위원
국무총리 행정심판위원회 위원, 중앙행정심판위원회 위원
법원행정처 행정소송법개정위원회 위원, 헌법재판소법 개정위원회 자문위원
한국법제연구원 자문위원, 법제처 행정심판법개정심의위원회 위원
법제처 법령해석심의위원회 위원, 감사원 정책자문위원, 중앙토지수용위원회 위원
민주화운동관련자 명예회복 및 보상심의위원회 위원(대법원장 추천)
사학분쟁조정위원회 위원(대법원장 추천), 법무부 정책위원회 위원
한국공법학회 회장, 한국인터넷법학회 회장, 한국행정판례연구회 연구이사
한국토지보상법연구회 회장, 한국토지공법학회 부회장, 입법이론실무학회 회장
사법시험, 행정고시, 입법고시, 변호사시험, 승진시험, 외무고시, 변리사, 기술고시,
감정평가사, 관세사, 세무사, 서울시 · 경기도 등 공무원시험 등 시험위원
현, 경희대학교 법학전문대학원 고황명예교수
    한국공법학회 고문, 한국행정법학회 법정이사

저   서

『행정법강의』(제19판), 박영사, 2022.
『행정법 기본강의』(제14판), 박영사, 2022.
『행정법론(상)』(제21판), 박영사, 2022.
『행정법론(하)』(제20판), 박영사, 2022.
『박균성 교수의 경세치국론』, 박영북스, 2012.
『행정법연습』(제5판), 삼조사, 2015.
『행정법입문』(제8판), 박영사, 2021.
『환경법』(제10판, 공저), 박영사, 2021.
『경찰행정법』(제6판, 공저), 박영사, 2022.
『토지보상행정법』(제3판, 공저), 박영사, 2022.

정책, 규제와 입법

초판발행	2022년 5월 2일
지은이	박균성
펴낸이	안종만 · 안상준
편 집	한두희
기획/마케팅	손준호
표지디자인	이소연
제 작	고철민 · 조영환
펴낸곳	(주)**박영사**
	서울특별시 금천구 가산디지털2로 53, 210호(가산동, 한라시그마밸리)
	등록 1959. 3. 11. 제300-1959-1호(倫)
전 화	02)733-6771
f a x	02)736-4818
e-mail	pys@pybook.co.kr
homepage	www.pybook.co.kr
ISBN	979-11-303-4187-3 93360

정 가	23,000원